国家教师教育创新平台西南地区教师教育共建共享优质课程资源

Anli pulu

案例铺路：

小学语文教学案例评析

xiaoxue yuwen jiaoxue anli pingxi

语文教学经典案例200例

主　编　张先华　罗良建

副主编　付建勇　程剑容　李　静　卞　蓉

编　委（以姓氏笔画为序）

王为民　王雪梅　冯　芊　冯建华　甘雪梅

孙传文　刘晓梅　庄　敏　吕德雄　李国惊

李质敏　李春梅　李筱华　宋桂芳　余致俊

杨　明　杨　丽　罗丽梅　吴晓梅　陈　涛

陈积泽　陈　曦　卓　琼　周丽蕊　周　敏

郭凤君　钟芙蓉　温凤华　龚　萍　程　燕

赖立莉　谭　红

四川大学出版社

责任编辑：蒋姗姗
责任校对：刘玉富
封面设计：墨创文化
责任印制：王　炜

图书在版编目(CIP)数据

案例铺路：小学语文教学案例评析 / 张先华，罗良
建主编. —成都：四川大学出版社，2013.6
(2020.4重印)
ISBN 978－7－5614－6909－5

Ⅰ.①案… Ⅱ.①张… ②罗… Ⅲ.①小学语文课－
教案（教育） Ⅳ.①G623.202

中国版本图书馆 CIP 数据核字（2013）第 135721 号

书　名	**案例铺路：小学语文教学案例评析**	
主　　编	张先华　罗良建	
出　　版	四川大学出版社	
地　　址	成都市一环路南一段 24 号 (610065)	
发　　行	四川大学出版社	
书　　号	ISBN 978－7－5614－6909－5	
印　　刷	三河市兴国印务有限公司	
成品尺寸	148 mm×210 mm	
印　　张	9.25	
字　　数	257 千字	
版　　次	2013 年 6 月第 1 版	
印　　次	2020 年 4 月第 4 次印刷	
定　　价	55.80 元	

◆读者邮购本书，请与本社发行科联系。
电话:(028)85408408/(028)85401670/
(028)85408023　邮政编码:610065
◆本社图书如有印装质量问题，请
寄回出版社调换。
◆网址:http://press.scu.edu.cn

序：小案例，大道理，多启迪

有人说，世界上有两件事最难：一件是把别人的钱装进自己的口袋里，另一件是把自己的思想装进别人的脑袋里。能把别人的钱装进自己口袋里的人，是老板；能把自己的思想装进别人脑袋里的人，是老师；既能把别人的钱装进自己口袋里，又能把自己的思想装进别人脑袋里的人，是老婆。

大家姑且把这当作一个玩笑。不过，要想把自己的思想装进别人的脑袋里，的确是件难事。正因为把自己的思想装进别人的脑袋里难，才向教师教育提出了挑战和很高的要求。这也是教师教育迫切需要解决的问题。那么，怎样才能把自己的思想装进小学语文教师的脑袋里呢？

其实，思想只能自生，不能强加。你一味地灌输，他可以充耳不闻，接而不受。国际上流行的并应用于各种教育的好办法就是案例式教育。人们都说，真理是赤裸裸的，但是，我说，真理出现在教学中时应该是穿着衣服的。案例就是衣服、是情境，让人产生探究的冲动。案例式教育让你在对案例的审视中去自省自悟，自我生成。

2012年诺贝尔文学奖获得者——中国作家莫言，是一名讲故事的人。他由爱好听说书人讲故事，到自己喜欢讲故事，然后再到用笔写故事。他由讲自己的故事到讲他人的故事，由讲历史的故事到讲现实的故事。他在瑞典学院发表时长约40分钟的文学演讲，题目就是《讲故事的人》。

他以一个小说家的方式，而不是一名思想家的方式，巧妙地把话题紧紧地拴在了故事上。作为一名讲故事的人，莫言在这样一个隆重的场合下，避开了空洞的说教，没有用一种说教的方式或者用一些观念来讲他的文学创作，而是用故事说话，依然以讲故事的方式，从自己的经历说起，连讲了好几个故事。这些故事串联到一起，诠释了一个"文学的流浪汉"是怎样一步一步迈进了文学神圣的殿堂。

他说："我是一个讲故事的人。因为讲故事，我获得了诺贝尔文学奖。我获奖后发生了很多精彩的故事。这些故事让我坚信真理和正义是存在的。今后的岁月里，我将继续讲我的故事。"

莫言讲的故事，可以说就是人生案例、文学案例、教育案例（社会和家庭）。文学就是要用故事去感人，进而达到育人的目的。教师教育要具有艺术性，让人喜闻乐见，就必须要讲教书育人的故事。没有故事的人是可怜的，有故事讲不出来也是可怜的。没有故事的人生是苍白的人生，没有故事的教育是枯燥的教育。只要我们用心去体验、感悟、欣赏、反思、发现，我们教书育人的过程中就会有朵朵浪花，值得我们珍藏和品味。

本书就是以讲故事的方式把小学语文教学中的一个环节、一个片断、一朵浪花讲给读者，一事一例，非常具体。案例的评析都紧扣国家基础教育课程改革和全日制义务教育《语文课程标准（2011版）》（简称新课标），每一个案例都是新课标一个小小点上的落实，一例一个侧重点，不面面俱到地评。

本书中的"语文教学经典案例200例"是从实践活动中总结出的实例，是知识经验的沃土，是理论联系实际的桥梁。案例具有形象具体的特征，是教师教育中的"艺术形象"，使案例式教学增添了空灵之美。文学上，圣人言不尽意，故立象以尽意（《周易·系辞》）；教学上，教师言不尽意，故立象（案例）以尽意，让学生从案例中感悟无穷无尽的意（知识）。在案例式教学中，直接体验代替了强制记忆，有机的整体性的感悟代替了肤浅的面面俱的知识传授。案例式教学真正把学生纳入了学习的轨道，让学生真正做了学习的主人，自醒自悟。

与案例式教学对应的是原理教学。原理教学运用演绎思维，先接触一般原理，再落实到具体的问题，配一些例题习题（一内容对应多案例），引导学生理解掌握。教学内容和目标很明确，但封闭，只有预定结果。这种教学明摆知识，直接给学生知识。学生学习的过程就是消化（理解和掌握）知识的过程。学生是知识的消费者。这种教学的优点在于将知识转化为学生的本领，学生学会了掌握和运用知识。这种教学的缺点在于让学生首先接触的是抽象枯燥的原理，空洞说教使学生丧失了学习的兴趣、求知欲和探究热情，也遮蔽了知识的生成过程，学生会运用知识，但不会创造知识。学生知道阿基米德的浮力定律，但不知道阿基米德是怎么发现浮力定律的。

案例式教学运用归纳思维，先接触具体的问题个案，再通过对个案的剖析、处理和感悟，归纳出一些规律（一案例对应多内容），建构知识。教学内容和目标较明确，但开放，有非预定结果。这种教学隐藏知识，让学生去发现知识。学生学习的过程就是生产（探究和发现）知识的过程。学生是知识的生产者。陶行知先生将"陶知行"改为"陶行知"，体现了由演绎到归纳的转变。这种教学的优点有三点：其一，让学生首先接触的是具体鲜活的个案，能引起学生的兴趣，能激发学生的求知欲和探究热情，避免了空洞说教，"一例胜千言"，给人留下深刻印象。其二，敞开了知识的生成过程，让学生感悟、归纳和建构知识，学生学会了探究和发现知识。其三，案例内涵的丰富、多元和不定，为学生留下了探究的空间，有利于学生综合运用和整合相关知识，重建知识结构。

案例与原理结合教学，运用"归纳—演绎"思维，先让学生从具体的问题个案中悟出规律，获得学问，再让学生运用规律解决实际问题，获得本领。这种教学既使学生学会了探究发现知识，有了

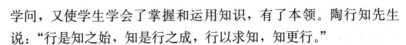

学问，又使学生学会了掌握和运用知识，有了本领。陶行知先生说："行是知之始，知是行之成，行以求知，知更行。"

《案例铺路：小学语文教学案例评析》是国家教师教育创新平台西南地区教师教育共建共享优质课程资源，还有三本是《理念指路：语文教育观念的革命》《名家引路：小学语文特级教师评介》《能力开路：小学语文教学能力训练》。这四本书作为小学语文教师专业成长、发展、教育、培训的优质课程资源，是写给小学语文教师、小学语文教育研究者及即将成为小学语文教师的师范生的。要想成为一个合格、优秀的语文教师，就得向人（小学语文特级教师）学习，向事（小学语文案例）学习。本书中一个个小学语文案例就是小学语文教学的一个个精彩的小故事。故事虽小，却蕴涵着大道理。大道理因为有小故事支撑，形象生动而不枯燥乏味，简洁而不简单。

形象大于思想。案例作为一个个形象体，其意义和价值是开放、多元的。探究学习具有很强的开放性。案例式教学有利于加强探究学习的开放性。一个案例是许多知识的综合体。教师要用这个案例来教学甲知识，学生可能从这个案例悟出甲知识，还可能悟出乙知识、丙知识……完全可以超出教师的预想，获得丰富的知识经验。案例中知识的隐蔽性也构成了知识的多元性、不定性和开放性。案例的价值不仅在于案例本身，而且在于案例显示的理念、精神、思维方式，在于给我们的启发和思考。书中案例的评析只是一个引导、一块砖，大家完全可以比评析悟得更多、更深、更高，在对案例的感悟中探索小学语文教学的规律，使小学语文教学更科学、更高效。

张先华

2013 年 3 月于绵阳师范学院

目　录

目
录

■

目
录

■

目录

第一章　拼音教学案例评析

编故事，学拼音：助人为乐的声母 y

有一位语文老师在进行拼音教学时，给学生讲了这样一个故事：有一天，声母宝宝 y、w 和单韵母宝宝 i、u、ü 在草地上玩耍。他们一会儿在草地上打滚，一会儿跑来跑去追蝴蝶，一会儿又高兴地唱歌跳舞……玩得好高兴啊！

玩了一会儿，单韵母宝宝 i 跟大家说："我们做个找朋友的游戏吧。看谁和谁的名字相同，他们两个就是好朋友，他们就组成一个新家，叫一个新名字，好不好啊？"大家一听，觉得这个游戏好玩，就都大声说："好。"于是大家就兴奋地玩起来。

小 i 跑到大 y 身边，撒娇地喊："大 y 哥哥，我俩的名字相同，我俩是好朋友了。"大 y 笑着说："好，好们，好，我们是朋友，我们组成一个新家了，以后我们的家就叫整体认读 yi 之家了。"说着伸出手拉着小 i 回家了。大 w 和小 u 的名字也相同，他们也一起兴高采烈地手拉手走到他们的新家，还挂上了一个大牌子——整体认读 wu 之家。

草地上就剩下 ü 了，他看着自己孤零零的没有朋友，好伤心啊！他越想越难过，就大声地哭了起来："呜——呜——"哭声传出好远。

大 y 和小 i 正高高兴兴地收拾新家，忽然听到外面的哭声，大

y哎呀一声说："你看，我们怎么把小 ü 给忘了呢？我赶紧去看看。"大 y 跑出去一看，小 ü 哭得好可怜啊！他急忙拉着他的手说："小 ü，小 ü，你别哭了，我和你做朋友，好不好？我们组成一个新家。"小 ü 羞羞答答地说："那当然好了，可是你不是有家了吗？"大 y 说："那我就有两个家了好了。"说着拉着小 ü 的手走到一个小屋子，他们也挂了一块牌子——整体认读 yu 之家。小 ü 这回高兴了，他用手擦掉眼泪，嘻嘻地笑了。

小 i、小 u 和大 w 看到这些，都夸大 y 是助人为乐的好宝宝，还编了儿歌唱呢。快来听听："大 y 是个好宝宝，帮助小 ü 找到家。小 ü 看见大 y 哥，擦去眼泪笑呵呵。"

【评析】

对于一年级新生而言，汉语拼音是抽象的难认又难记的符号，汉语拼音的学习相对较为枯燥。如果让学生整堂课都反复单调地认读、拼读、跟读，很不适应儿童的心理特点，学生极易感到疲惫和乏味。"儿童是用形象、色彩、声音来思维的。"（苏霍姆林斯基语）因此，在汉语拼音教学中，注意研究儿童心理，运用多种手段激发儿童的学习兴趣尤为重要。要想提高汉语拼音的教学效果，就必须千方百计地把学生的学习兴趣激发起来，引导他们积极主动地参与学习活动。

一年级的学生记得快，也忘得快。如何将暂时记忆有效化，变成长期记忆？由于低年级学生具有年龄小、好动、爱表现、记忆力强等特点，因此故事是易接受且喜闻乐见的形式，可以利用故事学习汉语拼音，解决学生常见的错误。上述案例就是"编故事，学拼音"的典范。声母 y、w 和单韵母 i、u、ü 的拼写规则是重难点，学生很容易记混淆。老师在教学时，结合本班学生的特点精编小故事，让学生去"展示自己"，让拼音教学的课堂不再枯燥，让学生因为喜欢故事而爱上拼音，从而更好地为拼音教学打下基础。

教学不仅仅是一种"告诉"，更多的是学生的一种体验、探究和感悟。课堂上，千万别让你的"告诉"扼杀了属于孩子的一切！让他们去体验，去探索，去感悟，去尽情地展示自己吧！（此案例由四川省成都市高新世纪城南路学校的邓黎老师推荐）

1.02
"ɡ k h"的趣味拼读教学

有一位语文老师在进行"ɡ k h"的拼读教学练习时，教完"ɡ k h"的音形，又该拼读了。为了节省时间，她干脆在黑板上写下左边一竖行为"ɡ k h"、右边一竖行为"a u e"这样的"阵形"。怎样才能让学生准确迅速地拼读呢？她说："'ɡ k h'三兄弟都在找朋友，先找到了'a'，谁能又快又准地拼出来，它们就成了好朋友！"同时将"ɡ"和"a"用线连起来。学生一听，顿时眼睛放光，纷纷坐直了身子，嘴里叽哩呱啦，然后，几乎同时举起小手："我来！我来！"于是，随便一抽，又准又亮，把她乐坏了。接着找朋友"u e"，学生们情绪高涨，全正确地拼了出来。她又说："'ɡ k h'三兄弟不光和'a u e'交上了朋友，更想和四个戴着帽子的孩子交朋友。"然后马上写出带调音节，排列整齐地和"ɡ、k、h"相拼。学生又纷纷扮作热情好胜的三兄弟，迫不及待地找到戴"帽子"的朋友拼读。这时，课堂节奏明显加快，学生的注意力令人吃惊的专注。她趁热打铁："有一天，'ɡ'和'a'正在河边玩耍，它俩靠在一起，'ɡa ɡa ɡa'地叫个不停。这时，'u'来了，说：'我也要和你们一起玩。'于是，它跳到了'ɡ'和'a'的中间"……她一边说，一边用不同颜色的笔将"u"写到"ɡ"和"a"的中间，组成了"ɡua"这个三拼音节。"谁能试一试，看这三个伙伴连在一起怎么读？"一个、两个、三个……学生居然毫不费力地拼出来了。看到这儿，她真是喜不自胜，没想到随口编出的故事对课堂教学起到了这么明显的推动作用。

【评析】

拼音教学中的拼读训练一直是老师和学生都感费力的难点。把大部分声母与所有单韵母标上四声调无一漏网地练习拼读，一堂课下来，口干舌燥，头晕脑胀，喉咙如针刺般疼痛。学生也筋疲力尽，越感乏味，效果可想而知。这位老师在拼读教学上耗时少、见效快，重点难点一举突破。同时，无需老师刻意地组织教学，学生主动积极地参与学习活动，自己去观察、去发现、去尝试，在玩中学、学中玩，品尝到成功的喜悦，自主学习的能力也提高了。随即还拼出了"gua、kua、hua"等三拼音节，增加了主动探究的兴趣和勇气。低年级的学生注意力集中时间短，应该在短时间吸引学生的注意力，要对他们的天真无瑕充满欣赏，加倍爱护。只要我们能遵循学生的认知规律和年龄特点去设计教学过程，就真的可以教得很轻松，在享受教育的同时引领学生，开启智慧，学会学习和创造。（这位老师就是四川省成都市武侯区龙江路小学分校的杨建老师）

1.03
创设情境，乐学拼音

有一位老师在执教一年级上册《对韵歌》的拼音复习时，作了如下设计。

师：小朋友们，你们喜欢听故事吗？

生：喜欢。

师（绘声绘色）：从前，在拼音王国里住着一位可爱的公主。有一天，拼音王国里来了一个女巫，她妒忌公主的美貌，于是，她使出魔法将公主变成了一尊石像，带回了自己的城堡。国王非常伤心，智慧姐姐告诉国王，因为公主是拼音王国的公主，所以只要用拼音这把金钥匙闯过女巫设置的关卡，就能救出公主。孩子们，你们愿意和智慧姐姐一起去营救公主吗？

生（情绪高涨）：愿意！

师：那好，我们准备出发吧！（出示课件：带调韵母"á、ū、ē……"）智慧姐姐告诉我们第一道关卡就是要想办法打开大门。只要能读准下面的带调韵母，大门就会打开！孩子们，你们有信心闯过这道难关吗？

生：有！（学生自由读、开火车读、齐读）

师：大门打开了，顺着这条路走就能找到城堡。哇！终于找到城堡了，可是有三个精灵守护着城堡，他们说，只有闯过最后这一关，才能救出公主。让我们看看这一关的难题是什么吧！（出示课件：拼读音节"pí fá""dì lǐ"……）孩子们，在过这一关之前，我们先复习一下我们学过的儿歌吧！

生：带调韵母先读准，再与声母拼一拼；声母轻短韵母重，两音相连猛一碰。（学生试着拼读音节，教师相机指导）

师：孩子们，我们在智慧姐姐的帮助下，用拼音这把金钥匙救出了公主。今天，智慧姐姐想把这把金钥匙送给大家，希望大家能用这把金钥匙认识更多的生字，学习更多的课文！下面，就让我们用这把金钥匙来学习《对韵歌》。

【评析】

汉语拼音是一串枯燥无味的字符，要想让学生想学、乐学，就要变无趣为有趣，让学生对学习汉语拼音充满兴趣。教师在课的一开始，就针对孩子们喜欢听故事的特点创设情境，将汉语拼音教学和童话故事结合起来，通过"营救公主的故事"让学生轻松掌握所学知识。

另外，学生拼读音节的难点：一是带调韵母读不准，二是没有掌握正确的拼读方法。因此，教师在教学中通过闯关情境，首先让学生读准带调韵母，然后启发学生，根据儿歌"带调韵母先读准，再与声母拼一拼；声母轻短韵母重，两音相连猛一碰"教给学生拼读方法，最后，再让学生拼读音节。这样降低了拼读难度，增加了学生的自信心，激发了学生学习汉语拼音的兴趣。（此案例由四川省成都市成师附小万科分校的王荔平老师推荐）

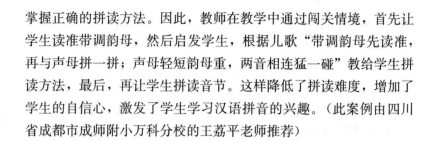

1.04
引导探究学习：声母"j"的教学

有一位小学语文老师在教学汉语拼音"j"时，给学生们带来了拼音卡片。学生们马上试着开始自己认一认、读一读。老师接着说道："有的小朋友已经读出来了，你读得准确吗？一会儿就知道了。打开书第45页，第一行是三幅图，下面是我们要学的声母。大家一起看第一个字母和第一幅图，你发现了什么？"学生回答："发现有小鸡。"老师接着追问："还有什么发现？"学生接着回答："'j'下面有小鸡，'j'和鸡的读音一样。"

老师进一步说道："这真是个重大发现，但'j'和鸡的读音一样吗？听老师读，仔细听它们的读音一样不一样。"学生听完老师范读后明白了："'j'读得短，鸡读得长。"接下来，老师又以指名学生读、全班跟读的方式加强学生对这个声母的认识，知道读的时候要又轻又短。

最后，老师再一次问大家还有什么发现。学生回答："鸡头像'j'的点，鸡翘起尾巴的身子像'j'下面的身子。"老师表扬说："这又是一个重大发现，请大家把书放下，看投影。"老师边演示边说："小点像小鸡的头，弯钩像鸡身子，原来这幅图也可以帮助大家记住声母的读音和形状呢！"这样，学生们的学习兴趣很高，举一反三，很快也学会了其他声母。

【评析】

这是一个拼音教学课的片段，教学内容是声母"j、q、x"。教师打破了以往教学拼音时"老师教，学生学，老师领读，学生跟读"的旧模式。教学的重点放在指导学生仔细观察、思考，发现声母的发音要领。这个教学既注重观察图画，又和生活实际相联系，使学生准确地掌握了字母。新课程理念倡导探究性学习，教师运用"发现了什么"的导向性提问，诱发了学生探究的动机，使学生进入了主动探究的学习状态。从学生们的发言可以看出，学生们的发现可谓独到，个性得到张扬。"还有什么发现"这样富有启发性的问题再次激起学生智慧的火花，有趣的图形能帮助学生记忆字母"j"的字形。这也说明，在低年级学生中蕴藏着巨大的积极性和学习潜力，只要相信学生，要求适当，低年级学生也能进行自主、合作、探究性学习。低年级语文教师要有开放的意识，使语文教学紧密联系生活实际，联系学生的经验世界和想象世界，加强同其他学科的联系与融合。（这位老师就是四川省成都市人北实验小学的刘燕老师）

1.05
游戏情境中的拼音总复习

有一位语文教师在进行拼音总复习教学时，创设了一种寓教于乐的游戏情境，把游戏中的"超级玛丽"请进来和学生们共同复习拼音，并且把即将开始的"旅程"目的地命名为"拼音王国"。

在复习声母时，教师运用"一起坐上火车去王国的路上"这一教学形式，用开火车的方式又快又准确地复习了一遍声母。在复习整体认读音节时，教师继续这种情境形式，告诉学生现在火车正在经过一片迷宫，需要大家跟紧并认读拼音。学生们个个兴趣昂然，

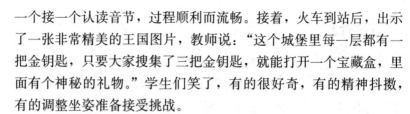

一个接一个认读音节，过程顺利而流畅。接着，火车到站后，出示了一张非常精美的王国图片，教师说："这个城堡里每一层都有一把金钥匙，只要大家搜集了三把金钥匙，就能打开一个宝藏盒，里面有个神秘的礼物。"学生们笑了，有的很好奇，有的精神抖擞，有的调整坐姿准备接受挑战。

于是，学生们就像中世纪的勇士一样，勇闯难关。每上一层楼都会解决一个拼音上的难点，并且在拿到金钥匙后，课件上会配以超级玛丽的头像和音乐。最后，在快乐的挑战中，学生们顺利地找到了三把金钥匙。大家迫不及待地打开宝藏，获得奖励。

【评析】

拼音复习一直是一年级教学的一个重点和难点。新课标要求学生能读准声母、韵母、声调和整体认读音节，能准确地拼读音节，正确书写声母、韵母和音节。但是，在实际教学中，一年级学生注意力集中时间短，感兴趣的事物转换得非常快，对于复习课来说，如果不加上游戏、情境的创设，学生们很难对自己已经学过的知识再产生浓厚的兴趣。

教师在这堂课中很好地结合游戏、动画人物、精美的课件进行感官刺激，再把握低年级学生爱接受挑战的心理，每一层楼挑战一个难点，找到的金钥匙就是一个拼音上的知识点：第一把金钥匙提示大家"拼音很有趣"，第二把金钥匙提示大家"拼音可以帮助我们说好普通话"，第三把金钥匙提示大家"拼音很有用"。在每一关的活动中，教师相应进行精神奖励，整体课堂氛围积极、热烈，教师讲授过程也轻松、愉快。整堂课上下来，学生学得快乐，学有所得，教师教得轻松，这正是我们现在正在努力探寻的教学方式。（这位教师就是四川省成都市锦江区盐道街小学得胜分校的胡莉老师）

1.06

创设情境教发音：“ai”的四个声调教

有一位语文老师在进行复韵母“ai、ei、ui”中“ai”的四个声调教学时，先请一位学生和她一起表演一个动作（老师拉过一位同学，微笑着用手抚摸他的头，然后紧紧地挨着学生），问：“同学们能用‘ai’的四个声调中的一个说一句话吗？”学生们纷纷举起小手。一个学生说：“新月紧挨着老师。”另一个学生紧接着说：“也可以说老师紧紧地挨着新月。”又一个学生说：“老师和新月站在一起，老师高，新月矮。”老师顺势引导：“要想个子长得高高的，可要多吃饭，要不就会变成小矮人啦！”学生答：“是啊，妈妈也这样说，老师像妈妈一样。老师爱我们，我们也爱老师。”在老师的引导下，学生的积极性高涨，在不知不觉中牢牢地掌握了“ai”的四个声调。

【评析】

纯粹的拼音教学是枯燥乏味的，学生不感兴趣，自然也就不爱学。在这个教学片段中，教师为学生创设“有关‘ai’的四声”的情境场面，学生有感而发，不仅拉近了师生之间的距离（教师爱学生，学生爱教师），也让学生在平等、轻松的氛围中巩固了“ai”的四声的发音。在看表演说话后，教师又让学生联系生活经验、联系语言巩固四声。丰富的感性知识激发了学生的学习积极性，拓展了思维，并且培养了学生对语言的兴趣，发展了学生的语言能力，进一步提高了学生的语文综合素养。（这位老师就是四川省成都市金堂县赵镇第二小学的米柯老师）

第一章　拼音教学案例评析

1.07

拼音教学：轻声不"轻"

有这样一位语文老师，在教学拼音中的轻声时，在区别轻声和字的本身读音的时候，一开始只是简单地告诉学生，没有声调符号的字要读得轻一点、短一点。老师先示范了两遍"木头"的拼音"mù tou"，老师本身读得很标准。接下来，老师抽读，请了三位同学起来读，但同学们还是将"头"本身的阳平调读出来。老师看学生们还没有理解，不能够模仿，又读了两遍，再请同学读，效果还是不理想。于是，这位老师故意把前面的木字读得很重，才显得"头"这个字很轻。并且，老师还辅助了身体语言，读"木"的时候，还把手向下顿一下，以加强学生对前面那个字重音的印象。老师再请同学起来读，同学们一下子就找到感觉了。于是，大家又一起读了轻声词语"zhuō zi"、"zhù zi"等。

【评析】

拼音教学始终是贯穿整个小学语文的，每个阶段的要求并不一样。一年级的拼音教学就涉及轻声，看似困难，其实是要学生正确标准地说好母语。

轻声的特点就是"轻而短"。对一年级的学生来说，发准这样的音是有难度的。在教学过程中，只有把轻声前的音节故意读得重而响，对比才强烈，学生才能辨别二者的区别。

轻声的出现，是为了让我们更完整、更准确地认识和掌握母语。在实际的教学中，也只能是蜻蜓点水略带一笔，最重要的还是识字教学、口语交际能力的培养。应该说，可以让轻声作为跳板，使学生对有感情朗读课文这一终极目标产生兴趣，达到正确流利朗读课文、读懂课文的目的。（这位老师就是崇州市中山小学的周莎

老师）

1.08

神奇的小口令：字母"a"的教学

有一位语文老师在进行《字与拼音》中字母"a"的教学时，在教学即将开始时，由于学生刚入学不久，状态还没有调整好，有的还在要弄着自己的笔或是和身边的同学小声交谈着，老师随即发出了一句小口令："乖孩子坐好了!"学生也跟着说了一句："乖孩子坐好了!"全体学生立刻挺直了腰杆，精力都集中到了老师身上。在认读了"a"的发音后，老师要和学生一起书写这个字母。于是，老师又发出了另一个小口令："小手拿出来，我就拿出来!"学生边拿出手边齐声说道："小手拿出来，我就拿出来!""半圆一竖小尾巴。"学生在轻松愉悦的氛围中掌握了这个字母的书写。最后在教学"a"的四个读音时，学生老是读不准第二声和第四声，老师的神奇小口令又来了："小手指好了，我就指好了!"学生："小手指好了，我就指好了!"学生又拿出小手和老师一起边写声调边认读，很快就能准确地区分第二声和第四声了。学生在这种良好的学习氛围中将本节课的知识重难点都掌握好了。

【评析】

字母是第一册的一个教学重点，也是一个教学难点，学生的掌握情况直接关系到教师后期的教学。但对于一年级学生来说，拥有了好的课堂纪律，才能取得良好的学习效果。如果我们仍然采用传统的教读方式，学生学习起来会觉得过于单调枯燥。在教学中适当地使用这些神奇的小口令，不仅让学生易于接受，也为课堂增添了几分轻松与活跃。正如于永正老师在他的著作《教海漫记》中说的：教一年级难就难在"大人要说小孩话"。所谓"大人要说小孩话"，就是要我们在课堂上运用浅显易懂的儿童化语言，这样学生才能融入我们的课堂，我们的语文教学才更轻松、更有实效！（这位老师就是崇州市三江镇听江小学的语文教师王庆常老师，此案例由崇州市三江镇听江小学语文教师周留芳老师推荐）

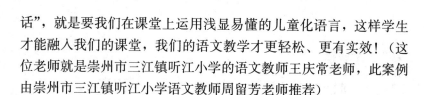

1.09
巧用顺口溜："iou"的省写教学

有一位老师在教学"iou"的省写教学时是这样的。走进教室，她和颜悦色地问学生："同学们，你们有好朋友吗？"学生纷纷回答："有。""你喜欢你的朋友吗？"学生答："喜欢。""可是，有一天，来了一位不速之客，他非要把你和你的朋友拆开，不让你俩见面，你会怎么办呢？"学生情绪有些激动了，有的说："我肯定讨厌他。"有的说："我和我的朋友分开，我会哭的。"有个学生站起来就说："我会告诉他，想把我和朋友分开，没门！"……她看到时机成熟，马上在黑板上板书出了"qiou"。"同学们，'i'和'u'也是好朋友啊，可有个小'o'总想站在他们中间，他俩也像你们一样不喜欢被别人分开啊。被分开的滋味可不好受了，有时候'i'见不到'u'都伤心得哭了。"她话锋一转，"可是，有些同学就是那个小'o'，总想着去拆散人家。弄得人家'i'和'u'老不高兴了。"教室里传来了学生快乐的笑声。一个学生站起来说："老师，我以后再也不把他俩分开了，让他们快乐地在一起。"另一个学生说："老师，以后我不当那个讨厌的小'o'了。"她趁热打铁，一首顺口溜应运而生："i和u是好朋友，从来不让o插手；要是o想挤进来，门儿都没有。"学生读一遍后便记了下来。从此，学生们的作业本上再也没有了"qiou"的身影。

【评析】

拼音教学是低段语文教学的重点和难点。学生由于年龄小不喜欢也没有能力去接受过于死板的知识点，这就要老师去开动脑筋，按照学生的年龄和心理特质去组织教学，遵循儿童记忆的规律和特点。鲜明的、简洁的、朗朗上口的，才是儿童喜爱的。找准了方法，必然让学生乐于接受，就一定会取得事半功倍的效果。

这位老师就是基于低年级学生的心理特质去创设了一个情境，让学生将自身的心理体验转换到学习中去。这样"设身处地"地体会之后再加上朗朗上口的顺口溜，进一步加深了学生的体验，形成了深刻的记忆，再也不会随意将错误的拼音写出来了。

因此，在低段教学中，老师应善于总结和发现，将呆板的知识点通过智慧的加工转换为学生乐于记忆的、节奏性强的顺口溜、口诀等，为教学增色增效。（这位老师就是四川省成都市龙泉驿区第十三小学的刘启萍老师）

1.10
巧设情境教学"an en in un ün"

有一位老师教学 an en in un ün 一课，在第一个环节设置了情境，把"an en in un ün yin yun"全部引入其中。

老师设置了这样一个情境：小新爱做梦，有一天晚上，他做了一个梦。他梦见自己来到了北京天安（引出"an"并练读）门。天安门前有一个小按钮，他轻轻一摁（引出"en"并练读），一排小脚印（引出"in"并练读）出现在了自己的面前，一直延伸到了空中。小新顺着脚印走到天上，哇，多么美呀，只听得耳边响起了嗡嗡的声音（引出"in"并练读），一看是只小蚊子。"蚊子，蚊子，你好啊！"（引出"un"并练读）蚊子说："小新你好，你脚下的白云（引出"ün"并练读）真白呀！"小新一看，脚下全是白云，像踩在棉花上，美妙极了！学生们听得很认真，完全融入了这个情节里。在第二个环节，把刚才引出的韵母以儿歌的形式提炼出来。儿歌是：天安门，an an an；摁按钮，en en en；嗡嗡的声音，in in in；蚊子蚊子，un un un；白云白云，ün ün ün。念起儿歌，学生们非常快乐，借助儿歌记住了几个韵母的读音。有些学生记韵母还有些困难，引导学生观察书上的插图，配上儿歌，就会读韵母了。

【评析】

设置合理的情境能充分激发学生学习的兴趣。老师通过创设情境，就能让课堂丰富多彩，同时学生的求知欲和好奇心也容易被激发出来。学生一旦对学习产生了兴趣，学习对他们来讲就不是一种负担，而是一种乐趣，他们就会主动投入其中。

an en in un ün 一课以情境导入，将新知识串入故事里面，学生很容易把"an"与"天安门图片"联系，把"en"与"摁按钮动作"联系，把"un"与"蚊子"联系，把"ün"、"yun"与"白云"联系。因为情境引入，学生情绪高涨，这时学生的思维处于很好的状态，他们积极主动地思考，充分感受到成功的快乐。（这位老师就是四川省成都市沙河源小学的宋娟老师）

1.11

趣味横生：教学"b p"

有一位语文老师在教学声母"b"时，手拿一根小棒和一个半圆圈，先让学生猜一猜老师要用它们做什么。学生的兴趣一下子被激发。然后，她再告诉学生老师要变魔术，并依次拼出"b p"。学生一一读出了这些字母。她告诉学生这就是要学的声母，并辅以儿歌帮助比较这两个声母的音和形。

记住"b"的读音是把"听广播"的"播"音发出来，双唇紧闭，然后突然张开，读得轻又短。记住"p"的读音则是"泼水"

的"泼"字读得轻而短，也是双唇紧闭，突然张开，把很强的气送出。在比较"b p"的读音时，则让学生把手放在嘴巴前面感受，发"p"音时有很大的气流。

记住字形采取的是编儿歌的方式。像个6字"b b b"，右下半圆"b b b"；反q"p p p"，右上半圆"p p p"。老师让学生再想一想，还可以怎么记住这两个字母。于是，学生想到了把左手拿出来握成拳头，大拇指朝上，就是"b b b"；而反过来，大拇指朝下就变成了"p p p"。学生把才学的知识和如此熟悉的手联系在了一起，都觉得特别有趣，字形也就记住了。后来，学到"d"和"q"也用这样的方法记字形，收到了很好的教学效果。

【评析】

汉语拼音教学是小学语文初始阶段的重要环节，是识字、学好普通话和查字典的基础，也是一年级语文教学的难点。要实现难点的突破，必须从学生的认知特点出发，即善于记忆具体、形象的材料，把学生熟悉的一些事物带进课堂，让学生在好奇心的驱使下发现，原来拼音可以这样学习。

这个案例就是趣味记忆拼音的典范，调动了学生的积极性。变变魔术，自己动手检验检验，拿出手来边比划边记忆，学生就是在这样的活动与游戏中体味到趣味、体味到快乐的。（这位老师就是四川省成都市新桥小学的贺晓琴老师）

1.12
情境激趣复习：整体认读音节

有一位语文老师在进行整体认读音节复习的教学时，创设情境：拼音大家族要举行运动会，让学生代表拼音家族的成员来参加运动会入场式。

首先，老师在黑板上贴出声母、韵母卡片，让学生依次取走卡片。然后，老师告诉大家拼音大家族分两个队伍，从而让学生复习声母、韵母。接下来，老师再创设情境：参加运动会的还有一支裁判队伍，拼音大家族通过商量决定由特殊的家庭——整体认读音节来担任。

在这样的情境设置下，学生兴趣高涨，非常积极地完成了老师接下来的要求，即自己按顺序背出所有裁判的名字。在学生自己复习的基础上，老师再请个别学生来背诵，考查学生对整体认读音节读音的掌握情况。

最后，老师以请学生让裁判亮相的方式来复习整体认读音节由哪些字母组成。具体方法是全班齐说一个整体认读音节，刚才拿到相应声母、韵母卡片的学生迅速起立，组成这个整体认读音节。然后，全班学生检查字母组成是否正确。

【评析】

新课标在拼音教学建议中提到："汉语拼音教学要尽可能有趣味性，宜多采用活动和游戏的形式，应与学说普通话、识字教学相结合，注意汉语拼音在现实语言生活中的运用。"可见，趣味性、活动性、实践性、生活性是拼音教学的四大重要理念。而上面的教学环节就很好地体现了这四大理念。首先"拼音大家族开运动会"的导入就是生活情境的再现，让学生感到熟悉有趣。然后把整体认读音节说成是裁判队伍，再请裁判出场，又进一步吸引了学生参与到学习活动中。接下来，举卡片的活动更充分体现了拼音教学的趣味性，学生玩得不亦乐乎，又达到了学习的目的。以上整体认读音节的复习教学充分体现了新课标精神，让全体学生全面地、全过程地复习了整体认读音节这一知识点。（这位老师就是四川省成都市新桥小学的王海宇老师）

第二章　识字教学案例评析

2.01

儿歌识字法："攀"字教学

有一位语文老师在进行"攀"字教学时，先出示"攀"字，请学生仔细观察它由哪些独体字组成。学生说："两个'木'两个'乂'，一个'大'，一个'手'。"老师接着问："同学们，这个字容易记吗?"学生齐答："真难呀!"此时，这位老师笑了笑说："同学们，老师有妙招。我知道同学们最喜欢儿歌，是吗?"学生齐答："那当然。""下面请听儿歌：两边梧桐树，中间鸦雀窝，一只大手摸。"而且边说边板书：讲"两边梧桐树"时，就在黑板上写"木木"；讲"中间鸦雀窝"时，就在"木 木"中间写上"乂"；讲"一只大手摸"时，就再板书"攀"的下半部分。完成后，让学生读"攀"，老师就把两只手做向上爬树的动作，学生边看老师的动作边思考"攀"的字意。于是，在老师的一番比划后，学生就轻而易举地说出"攀"字是上中下结构，上面两个"木"，两个"木"间有两"乂"，中间一个"大"，下面一个"手"抓住东西往上爬。

紧接着，老师顺势引导：除了"攀"字，还有许多字能用儿歌识字法来学。例如：一点一横长，一飘飘南洋，南洋一个人，他有一寸长，是"府"；四四方方一座城，城里有十万人，拿八万去打仗，留两万来守城，是"界"……

老师的教学让学生兴趣高涨。老师马上问："同学们，想一想，现实生活中，还有哪些字能用编儿歌来学习？"学生积极踊跃发言："一个人他姓王，一边包里一个糖，是'金'；王大娘，白大娘，坐在石头洗衣裳，是'碧'；'去'字头上戴斜帽，是'丢'。"

【评析】

识字教学是小学低年级语文教学的重要组成部分，要让学生在轻松愉快的环境中识字，就要选择合理的教学方法，激发学生的识字兴趣。

识字的方法有很多，如谜语识字法、故事识字法、比较识字法、儿歌识字法等，作为教师要根据所教字的构造特点来选择。

这个案例就是教师把"攀"字编成通俗易懂的易记易背的儿歌进行识字教学，变枯燥无味的呆板识字为绘声绘色的趣味识字，给学生留下深刻的印象。（这位语文老师就是四川省成都市大邑县董场镇学校的万静老师。此案例由四川省成都市大邑县董场镇学校的程丽老师推荐）

2.02
会意识字法："笔"字教学

有一位语文老师在进行"笔"字教学时，拿了一只毛笔，故意将笔头和笔杆拉开，让学生看一看它们分别是用什么材料做成的。在学生弄清笔杆是用竹子做的、笔头是用毛做的后，老师将笔杆和笔头装在一起，问学生："现在，它是什么东西了？"学生齐答："毛笔。"老师由物过渡到字："毛笔是由竹子和毛做成的，那么，毛笔的'笔'字是由哪两个字合成的呢？"学生答，老师同时在黑板上写下"竹"和"毛"两个字。

老师接着启发："'竹'和'毛'这两个字合成一个'笔'字，为什么是上下结构，而不是左右结构？"学生答："因为我们握的笔是竖着的，竹在上，毛在下。"

老师进一步启发："这两个字比较大，为了使'笔'字写得好看些，有什么好办法呢？"学生说："可以把'竹'字两竖缩短些。"于是，老师按学生说的写在黑板上，学生很快发现"竹字头"诞生了。老师再把它放到"毛"字上，"笔"字就造成了。

老师再进一步启发："我们现在用的铅笔、钢笔为什么没有毛呢？"学生答："因为这是古人造的字，那时，人们用的笔有毛，是毛笔。随着科技进步，人们用的笔也在不断发展，出现了现在的铅笔、钢笔、圆珠笔、粉笔等。"

最后，老师举一反三，进行拓展："请大家看看课文《识字3》（图与文对照）中的哪些字也是用这种方法造成的？"学生积极性高涨，很快发现了"灶""尾""看"属于这一类字。学生探得其中的奥秘，兴奋而又回味无穷。

【评析】

祖先怎么造字，我们就怎么识字。汉字造字的方法有象形造字法、指事造字法、会意造字法、形声造字法。我们遵循汉字规律，也可以对应出四种识字法：象形识字法、指事识字法、会意识字法、形声识字法。找到汉字的源头，知道汉字的产生，有利于掌握汉字规律，理解汉字文化，感受汉字的魅力，从而更好地掌握字的音、形、义。

这个案例就是会意识字法的典范。老师通过现场演示引导学生探究出了"笔"字的组成偏旁和结构，了解了笔的发展，把"笔"字包含的文化信息释放了出来，给学生留下了深刻的印象。（这位老师就是江苏省徐州市铜山区大彭镇张井小学的董艳春老师）

第二章

识字教学案例评析

2.03

会意识字法："看"字教学

有一位语文老师在进行"看"字教学时，让学生想：《西游记》里孙悟空看很远的东西时，做的是什么动作。先让学生说一说，再让学生做一做。学生做这个动作时，选择一个做得特别好的学生到讲台上示范。老师让其他学生观察这个学生的动作，说一说他做的动作是什么样的。学生反馈说，是将手放在眼睛上。

老师引导："古时候，人们没有像望远镜之类的东西来扩展和拉伸视野。因此，那时的人们为了能看得更远，也为了在太阳光下不被晃花眼，就会把手放在眼睛上面遮住阳光，让自己看东西的时候更加清楚。现在，我们来观察观察'看'字。你会有什么发现？"学生回答："'看'字的上面是一只手，下面是一个'目'字——也就是我们的眼睛。""我们现在知道了'手'和'目'组成'看'。那有没有同学告诉老师，为什么'看'字是上下结构呢？"学生答："因为我们把手放在了眼睛的上面。"老师说："所以啊，我们在记忆这个字的时候，一定要记住把手放在眼睛上就是'看'，'看'是上下结构。"

老师在黑板上写下"手"和"目"这两个字，然后让学生观察这两个字和"看"字比较，有什么区别。学生说："'手'字不一样。"老师说："为什么会不一样呢？"学生说："因为手是放在上面的，如果太长的话会不好看。"老师说："很棒！那么把它缩短是不是就好看了呢？"老师在黑板上写了一个缩短后的"手"字，学生说不好看。老师再让学生观察"看"这个动作，让学生观察：老师在做"看"这个动作时，手是什么样的？学生说手是斜着的。老师接着提示："那么我们在写'看'的时候，'手'下面的竖钩就应该写成像老师的手的这种形状。是什么呢？"老师再做一次让学生观察。学生说："是撇。"老师说："对了，我们在写'手'时，将'手'的竖钩写成撇，这样'看'字就漂亮了。"

【评析】

教师通过现场演示"看"这个动作，让学生对"看"这个字有了直观的认识，让学生对这个字的结构和组成有了深刻的印象。（这位老师就是四川省成都市大邑县花水湾镇学校的张丽霞老师）

2.04
一切景语皆情语："冢"字教学

有一位老师在教学《十五从军征》的"冢"（zhǒng）字时，指着大屏幕上的"家"字告诉学生："'家'字上面的一点是升起的太阳。只要太阳升起，'家'永远是我们心的方向。可是，太阳落山了，'家'的一点落在'豕'上，意味着生命的结束。这就是'冢'。一点之差，分隔阴阳。"此时课件上的"家"字上面的一点滑落到下面，变成"冢"字。听着老师的讲诉，教室里安静极了。

老师在短暂的停顿后，问学生："老兵问乡友'家中有阿谁'时，心情是怎样的？"学生说是满怀期待而又忐忑不安的。老师又问："他最期待什么？"学生说："希望家中亲人安好。""可是乡友却告诉他：'遥看是君家，松柏冢累累'。此时，老兵的心情又如何呢？"学生说："肯定悲伤、失望到极点了。"老师接着伤感地说："你们看，一个风尘仆仆的老人，站在曾经炊烟袅袅、庭院整洁的家的面前，孑然一身，形只影单。盼望了 65 年的家，竟无一人相迎，比想象中还要不堪十倍、百倍……这哪里还是'家'，分明是'冢'！"

【评析】

中国的古诗文往往意境悠远，意在言外。如果就字论字，就词解词，学生是无法感悟到诗歌深远的意境的。就像这首《十五从军征》，仅仅是 16 行诗，80 个字，却字字揪心，声声落泪。

"冢"这个字如果只是从字面理解很简单，就是坟墓的意思。这位老师却巧妙地将"冢"和"家"结合到一起，利用字形上的变化，不但让学生理解了字意，更是将这两个极具对比性的字眼带入了当时的情境，想象中的"家"与现实中的"冢"形成了鲜明的对比，文字与想象之间的张力将 80 岁归乡老兵的"悲"无限放大，这一切的悲景已然成了悲情。这正应了王国维说的："一切景语皆情语。"（这位老师就是四川省成都市天回小学的于银华老师，此案例由四川省成都市天回小学的张敏老师推荐）

2.05
用深情书写"善"

一个语文老师在学生的作文中发现，"善良"是学生常常用到的词，但"善"字却总因"口"字上方的四笔横写成三笔横而出错。"善"字是中华文明里一个饱含深意的会意字，学生没有"正式"地学它、懂它，只凭视觉模仿它的样子——教室里贴着大大的红字："善思"，又怎会记清"口"字上方是几笔横呢？

这个老师面对低年级的学生，既没有采用查字典的方法，也没有采用一笔一画教写的方法，而是讲起了"羊"的故事。"羊是一种温顺的食草动物，于兽类中极为可贵。同学们不都喜欢'喜羊羊家族'吗？"老师顿了顿，接着讲："羊最出名的特性在于它一出生就懂得跪着吸母乳，仿佛跪着感恩母亲，谢谢它的哺育之恩，所以更加温驯可人。"学生听到这里，专注地看着老师板书"羊"。老师又介绍到："人们剪羊毛制成毛衣，羊毫无抗拒，任人采剪；人们挤羊乳，它也无抵抗之举，完全配合，全然奉献自己。所以祖先向来就喜欢羊，视它为吉祥、美丽、善良的象征。所以，我们今天在

'善'这个字里能见到'羊'字部分。"这时，老师请学生轻轻写下"羊"字。学生都恭敬地、认真地写在了本子上。

最后，老师笑呵呵地说："羊因为心善，所以连叫声都很温顺。我们祖先希望我们的口中也能发出善良的声音，这恰是班规里的要求——起好心，说好话。人与人之间相互道祥和之语，就是一种善良。你看，在'羊'字的下方有一座嘴巴架起的桥梁。你能领会其中的奥妙吗？"

学生争着说："这是要让我们说好听的话！"老师点拨："好听的话，吉祥的话，善意的话……"说着，在"羊"字的基础上用红笔写完了整个字。老师和学生便在和谐愉悦的气氛中练习了"善"的笔顺，并组了好几个词，如善良、善意、善心等。

【评析】

"善"字最早的写法是𧥮，从羊从誩，羊于中而双言于下，观其意深而感人。老师在汉字的故事中有条不紊、循循善诱地解析、教写这个字，不仅关照了人文精神，渗透了会意字的理解，也在笔顺与组词中落实了识字、写字。课堂氛围和善，显现了低段语文教学的特色：从简单的字到有趣的学问。在讲解"善"字的源头、产生时，老师积极为学生的知识与修养、情感态度打基础，并巧妙地联系了班规、古训，在心善、言善中达到教学目标。（这位老师就是四川省成都市锦官新城小学的夏婧老师）

2.06
用深情书写"爸"

有一位语文老师在进行《竹乡之歌》中"爸"字的教学时，先写一个"父"字在黑板上，问学生："这个字怎么读？是什么意思？"一个学生说："这个字读'fù'，父亲就是爸爸。"随着学生的回答，老师在"父"字的旁边写下"爸"字，先让学生观察字的组成，再请学生比较"父"字与"父字头"的区别。细心的学生一下子就发现"父字头"的撇和捺变长了，还有学生补充说撇和捺变得很柔软。老师接着说："这撇和捺为什么既长又柔软？这里面还藏着故事呢！"思考一会儿后，一个学生说："我给大家讲个故事。有一天，父亲和巴宝贝一起出去玩，突然，天下雨了。父亲赶紧张开双臂，让巴宝贝到他怀里来躲雨，巴宝贝有点胖，父亲的双臂像有魔力一样变长了，尽管雨很大，但巴宝贝一点也没淋着，父亲的双臂真是又长又柔软。"（老师随着学生的故事提示"爸"字的关键部位）故事一讲完，学生们个个面带微笑，明亮的眼睛里写满幸福，可见都有类似的经历。老师趁热打铁："请观察'爸'字各部分在田字格里的位置，轻轻描一描再写，看谁把自己的爸爸写得最帅气。"（学生书写，老师巡视指导）

【评析】

这是一个妙趣横生、充满温情的写字教学片断。教学中，学生充分彰显自己的个性，调动自己的情感储备，课堂充溢着柔柔的亲情。

单纯的写字对一年级的学生来说是枯燥的，学生即使把字写正确，也不容易记牢，更不容易写美。教学中，这位老师不是一味地讲授，而是让学生观察、发现，唤醒学生的情感体验，写字不再是简单的横平竖直，一个个冰冷的汉字变成了一段段温馨的故事，把学生的生活、情感、语言表达与写字结合起来，这样的写字教学不仅扎实，而且温暖，学生易学、乐学。新课标要求的工具性与人文性在写字教学中得到完美的体现。（这位老师就是四川省成都市大邑县城西学校的武爱军老师）

2.07
字不离词："群"字教学

　　有一位小学语文老师在进行《雪地里的小画家》一课中生字"群"的教学时，首先让学生观察课文插图，引出句子"雪地里来了一群小画家"，让学生读通读顺。接着，老师引导学生进行知识性迁移："文中说'一群小画家'，除此以外，还可以说一群——"学生在老师的启发下思维活跃，纷纷举手："一群羊。""一群牛。""一群美女。""一群帅哥。"老师乘机在黑板上板书出大大的生字"群"，进行字形解说："是的，'群'左右结构，'君'表字音，'羊'表字义，一群羊嘛。"老师马上让学生在手中书空字形。当学生说到"一群人"时，老师顺势指着台下听课的老师，引导学生用"一群"练习说话："台下坐着——"学生回答："台下坐着一群老师。""台上坐着——""台上坐着一群学生。"当学生群情激昂、对答如流时，老师话锋一转，指着自己："我也说一句'台上站着一群老师'，这话说得对吗？"学生略微沉思，马上反应过来："不对，只能说'台上站着一位老师'。"学生的回答赢得了在场所有听课者的掌声。老师继续追问："那我请一位老师上来，变成两位老师了，可以说'台上站着一群老师'了吗？"这时，学生犹豫了，有的说能，有的说不能。当学生疑惑不解时，老师在"群"字后大大板书"众"字，然后进行讲解："我们曾经学过这个生字，三人为众。所以，有这样的词语'群众'。现在你们知道至少多少个才能称为'群'吗？"学生豁然开朗，大声回答："三个！"老师再进行启发："不错，我们还有这样的成语'三五成群'。当许多羊儿在一起时，我们称为'羊群'；当许多人在一起时，我们可以说成'人群'。你们还能用'群'组词吗？"学生学习热情高涨，纷纷发言："牛群。""马群。""群岛。""群山。""群居。"……课堂充满了快乐的氛围。

【评析】

在识字教学中，空洞地让学生认识字音、死记字形，是不会激发学生的学习热情的，这样的学习效果也是不容乐观的。所以，如何有趣、有效地引导学生进行识字，是低段语文教学的重中之重。

这个案例中，对于"群"的识字教学，步步引导，丝丝入扣。从字音到字形，再到字义；从生字到词语，再到句子。讲授朴实且扎实，灵动而有趣，课堂十分精彩。

教师先是由图到文，图文并茂，引出"群"的认读，解决了字音。接着启发学生说出带"群"的词组，在学生回答"一群羊"时，相机识记字形；在学生说出"一群人"时，巧妙利用上课现场，引导学生练习说话，同时明白"一群"至少是三个或三个以上，从而理解了字义。最后，再让学生大量积累"群"的词汇：牛群、马群、群岛、群山、群居……此时，"群"的识字教学才算彻底结束，从而在学生心里烙下深刻的印记。可以说，这样的识字教学才是生动有趣而富有实效的。（这位老师就是四川省成都市大邑县东街小学的杨红霞老师）

2.08
自创情境："氵"的字的教学

有一位语文老师在进行《小山村》和《水乡歌》两课的教学时，首先请学生齐读所学的生字，然后让学生找出生字中有共同部首的字，学生很快找出了"清、游、漂、满、河、湖、活"这七个有"氵"的字。接着，老师请学生给这七个字组词。学生纷纷举手发言："游来游去、清澈、河水、湖面、满意、满族、满天、满足、满月、活着、干活……"老师相机在黑板上写下学生所说的词语。学生充分组词完毕后，老师请学生用黑板上的任意三个或三个以上的词语说几句话。由于可选择的词语较多，词语之间没有什么必然联系，反而刺激了学生思维，促使他们积极开动脑筋，争先恐后发言。老师在学生发言其间表扬用词用得多的学生，使越来越多的学生想尽办法用更多的词语造句。于是出现了许多好句、长句。比如，有的学生说："我家门前有条小河，河水清澈见底，能看见小鱼在里面游来游去。"有的学生说："下雪了，河面和湖面都结上了厚厚的冰，我们在冰面上快活地玩耍。"有的学生说："秋天到了，叶子落了，落到了河里，河面上满是叶子，它们顺着河水漂走了。"……学生说得意犹未尽时，老师抛出问题："你们发现了吗？'氵'表示与什么有关？"学生回答："与水有关。"这时，老师引导学生将这些有"氵"的字归纳写在部首分类表里，并鼓励学生再到课外去搜集更多其他部首的字，猜猜它们与什么有关。

【评析】

汉字数量多，外形复杂，音和义也繁多。识字教学中要根据学生年龄特点和学习心理特点，恰当运用多种识字方法，逐步培养学生的识字能力。在此过程中，发展学生的思维，培养学生的创造力，并陶冶学生的审美情趣。

上述识字教学课要将学生熟识的语言因素作为主要材料，同时充分利用学生的生活经验，力求识用结合。教师巧妙地设计情境，让学生在玩中练说话，在认识汉字的同时，训练思维，发展语言。这种练习形式会让学生抢着说，一个比一个精彩。在轻松的学习中，学生既认识、了解了事物，复习、巩固了词语，又丰富、发展了语言。寓学于动，在识字中巧妙进行了语言训练，而且学生学习的积极性也被调动起来了。（这位老师就是成都市高新区锦晖小学的康文姬老师）

2.09
探究学习："氵"的字的教学

有一位语文老师在教学偏旁"氵"时，先出示了该课要写的三个生字"河、清、活"，让学生认真观察这三个字，然后问："你从中发现了什么？"一个学生说："我发现它们都是左右结构的字。"老师评价："你注意了它们的结构，再仔细看看。"另一个学生说："它们的偏旁都是'氵'。"老师评价："你看得很仔细。"老师进一步启发："它们为什么都有偏旁'氵'？"一个学生答："因为它们都与水有关。"老师接着追问："谁能讲讲它们与水有什么关系？"一个学生回答："'河'字有'氵'是因为河里就有水。"老师说："是的，那'清'和'活'字呢？"另一个学生答："'清'是指水很清澈，所以也有'氵'；'活'是因为要活着就必须要喝水，所以也与水有关。"老师评价："你的生活经验真丰富，讲得也很清楚。"

老师接着追问："现在请你们观察偏旁'氵'，把它写进田字格时，每个笔画的位置在哪儿呢？"学生仔细观察这三个字后，一个学生回答："第一画'点'在左上格，第二画'点'要点在横中线的上面，第三画'提'从左下格提到横中线停笔。"老师进一步启发："你们观察这三个字中的'氵'，是不是都像这样安排的？"学生齐答："是的。"老师接着启发："不仅仅是这三个字，我们来看看其他带有'氵'的字。左边的'氵'位置是不是也像这样写呢？"老师出示了"洒、汤、漂"，学生观察后回答："是的，也是像这样写的。"老师补充："所有偏旁是'氵'的字都是左右结构的，大多都与水有关。'氵'的位置也是固定的，都要像这样安排。你们在书上描一描'氵'，并在田字格里写一写，记住每个笔画的位置。"

老师又启发："除了这几个字，还有哪些字也带有'氵'呢？"学生又找出了"江、湖、海、洋、洁……"老师说："这些字老师不教,你能把它们漂亮地放进田字格吗?"学生齐答:"能。"老师让学生自己练习写这几个带有"氵"的字。学生发现了其中的规律,写出的字间架结构很漂亮。

【评析】

汉字的造字是有一定规律的,这里面的故事是非常有趣的,带着学生去寻找其中的秘密是一件既有趣又让学生喜欢的事。找到同一类字的规律,学生就能举一反三,掌握识字的方法和写好字的窍门。教学也才能从"教"提升到"不教"。

这个案例就是带着学生寻找到偏旁是"氵"的字的含义和写法上的相同之处,以后,再遇到带有这个偏旁的字,老师就可以放手让学生自己学习了。(这位老师就是四川省成都市成华区双水小学的朱虹宇老师)

2.10
快乐游戏学偏旁

有一位一年级语文老师在进行带有偏旁"氵"的生字的教学时,和学生玩了一个有趣的游戏。

"铃叮叮⋯⋯"电话铃声响起了,学生拿起电话问:"请问你是谁呀?"

老师回答:"我是'氵+可',你猜,你猜,我是谁?"

学生一下子就猜出来了,高兴地回答:"你是河,我是'氵+十',你猜,你猜,我是谁?"

老师答道:"你是汁。"

游戏继续进行着,其他学生积极踊跃地想要加入到游戏中。另一个学生再打电话给老师:"我是'氵+青',你猜,你猜,我是谁?"

老师回答："你是清。"

接下来还有"江""海""汀""池""汤"等，也纷纷给老师打了电话。老师相机把它们的名字列在黑板上，并请学生仔细观察这些字，说说有什么发现。

在老师的启发下，学生回答："这些带有偏旁'氵'的字都和水有关系。"

老师举一反三，进行拓展："请大家猜猜，这些字与什么有关系?"板书"炎""地""打""岩"等。学生根据这些字的偏旁部首，分别猜测出这些字可能与火、土、手、山和石头有关系。

【评析】

一年级学生，天真活泼，以形象思维为主，往往对自己感兴趣的事物才能够印象深刻。这个案例中，教师通过游戏方式完成了枯燥的带有"氵"汉字的教学，充分调动了学生学习的积极性。教师尊重儿童心理的发展，用小学生更喜欢的方式，让他们掌握一定的规律，理解汉字的文化，感受祖国语言文字的奇特，运用其间的规律认识更多的字。（这位老师就是四川省成都市行知小学的周茜老师）

2.11
从方法学习入手："大口框"的教学

有一位老师为了落实部首教学，采用了这样的教学方式。

首先，出示"团圆""汤圆""圆又圆"这些词语，引导学生发现这些汉字字形中有什么特点。很快学生发现它们都带有"大口框"。接着，老师为了落实"大口框"的名称，"开火车"让学生人人练说。

然后，"口"表示什么意思呢? 老师引导学生充分猜想为什么这些词语都有这个偏旁。有的学生说："因为团圆的意思是大家都要围在一起，所以有个'大口框'。"有的学生说："因为汤圆是圆的，'大口框'像是外面包的皮一样，里面的字就是汤圆馅儿。"有的学生说："因为'大口框'就像是圆东西的外边一圈。"在学生充分交流之后，老师再出示"囗"最早的图画：一堵长长的围墙。这就是古时候围墙的样子，人们根据它写出了一个方方正正的"囗"，读作"wéi"，表示围起来的意思。因此，今天带"囗"的字都表示围起来的意思。

接着，老师请学生举例还有哪些带"囗"的字。学生列举了很多，比如圆、园、因、回、国、困……通过举例，再引导学生对接刚才的发现，这些字是不是也和围起来有关，学生再一次发现思考。

最后，老师增加了一个小小的环节，出示"囚"，请学生猜猜这个字是什么意思。有的学生猜肯定是把一个人围起来了，有的学生猜是把一个人关在里面了。老师这时候再出示"囚"古时候的图片并讲解："一个小小的四四方方的木栅栏里，站着一个囚犯，这就是古时候犯了罪的囚犯。因此，我们的祖先就造出了这个'囚'字。今后，咱们还会碰到更多有意思的汉字呢！"此时，学生感到意犹未尽，他们眼中闪烁着探索求知的欲望……

【评析】

一年级下期教学的重要任务之一就是熟练掌握 30 个常用部件，具体要求包括：熟悉字形、名称，了解表示的意思，能举例说明。对这项要求的熟悉程度将直接影响二年级学生独立识字能力的发展。

"囗"的学习是学生第一次正式接触偏旁。在教学中，老师带领学生一步一个脚印完整地落实了部首学习的三个步骤：认识部首名称，了解部首意思，能举例进一步强化部首表义的功能。这个流程的价值在于示范，是其余偏旁学习的样板戏。

三个流程中探究部首意思相对困难，所以老师注重给予学生方法的指导，主要采用了两种方式：其一，联系自己生活经历对相关汉字大胆猜想；其二，在老师引领下通过探究汉字起源来追溯它的意思。这两种方法是学习的拐杖，学生可以在今后学习类似的部首时使用。其中，学生自己猜想最简单、最常用，学生也不难掌握。此时，老师的作用就在于提升。于是，老师用心渗透"口"的象形和"囚"的表义功能，激发了学生学习汉字的兴趣，在落实"口"本身表示的意思之外，更激发了学生在今后的学习中探究每一个汉字起源的热情。

老师最终的目的是教会学生学习的方法。透过一个"口"的学习，老师已经悄悄用心为学生学习其余部首打开了一扇小窗。（这位老师就是成都师范附属小学慧源校区的刘小燕老师）

2.12
分解字形，渗透情感："恩"字教学

有一位老师执教苏教版二年级下册《母亲的恩情》第二课时，首先激发学生与母亲间的情感，接着他抓住机会，及时将学生的情感引入生字"恩"的教学。

师："恩"是"深厚"的意思。恩情就是——（板书"恩"）

生：深厚的感情。

师：从孟郊的故事，从自己身边的小事，我们深深体验到母亲对我们深厚的爱。这爱比天高，比海深。作为子女，我们要记得感恩，懂得回报，那就从记住"恩"字开始吧。想一想，你怎样记住这个"恩"字？可以通过分解字形来记忆。

生1："恩"是上下结构。上面是"因"，下面是"心"，"因"为妈妈爱我，所以我"心"中也想着妈妈。

师：听你这么一说，老师觉得可以把"恩"字再分解开来，分成"口""大""心"。（板书："口""大""心"）

师深情讲述（配音《世上只有妈妈好》）：你们看，"口"多么像妈妈的眼睛，在妈妈的眼中，心爱的孩子慢慢地长"大"，但不管孩子长多"大"，妈妈的"心"中时刻牵挂，爱孩子的"心"永远不变。同样，"口"又多么像孩子的眼睛，在孩子的眼中，亲爱的妈妈年纪越来越"大"，孩子的"心"中也会时刻牵挂，爱妈妈的"心"永远不变。

学生听得很专注，有些学生眼眶湿润了。

师停了停说：你看，小小的"恩"字就包含如此深厚的情义。让我们提起笔写"恩"字，记住这份浓浓的恩情！（在田字格中板书）"因"小而窄，"心"宽而扁，"心"中间的"点点"滴滴都是爱。

【评析】

著名语言学家安子介说："每一个方方正正的汉字，都静静地散发着文化的气息和生命的芬芳，都代表着无穷无尽的寓意，包含着深刻的哲理。可谓一笔一故事，一字一世界。"在这一教学过程中，这位老师注重结合字形特点，恰当渗透情感教育。老师变单纯的"教授生字"为"情悟生字"，一个简简单单的"恩"字，在学生眼前顿时"活"了起来，变得富有感情。学生心中不单单是"恩"一个独立的汉字，而是一幅母子情深的画卷。

我们语文老师要从新课标出发，解读教材、研究教材、挖掘教材、活用教材，发挥用教材教的智慧，使识字教学浸润着情感气息，情感教育溶于识字教学，情由"字"生，字随"情"动，充分体现语文教学工具性和人文性的统一。（此案例由四川省成都市石室学校的吴婷婷老师推荐）

2.13

会意识字法："虐"字教学

有一位语文老师发现学生写"虐"字时，容易把"虐"字的里面部分'ﾖ'写反。在进行"虐"字教学时，学生自学后，老师让学生想想怎样记住这个难写的字，学生就想到了它和以前学过的"虎"字相似。老师问学生："那它和'虎'字哪里相同，哪里不同呢？"学生回答："它们都是虎字头，而'虎'的下面是'几'，'虐'字下面是'ﾖ'。"老师出示老虎的图片，让学生观察，问："我们以前学过虎字头，虎字头的竖撇像老虎的什么？"学生指指点点观察后，有人回答："像老虎的尾巴。"于是，老师相机又问："那'虐'字的里面像老虎的什么部位呢？"有学生答像老虎的爪子。老师接着引导："对呀，'虐'字就是从'虎'字衍生而来的，你看它的里面部分多像一个虎爪，它正伸出来捕杀猎物呢，所以意思为'残暴狠毒'。"老师再让学生组几个词，学生组了"虐待、肆虐、暴虐"等词。

怕学生把"虐"字的里面部分"ﾖ"写反，老师双手作虎爪状，接着引导："老虎残暴地捕杀猎物都是爪子向着什么方向？和尾巴方向相同还是相反？"学生模仿着老虎捕食的动作，回答："爪子扑向猎物，和尾巴方向相反。"

最后老师让学生描红并临写。学生明白了这个字的来历，理解了这个字的意思，自然就印象深刻，不会把里面再写反了。

【评析】

我们在教学识字时，常常从音、形、义的角度一遍而过，学生也无识字的兴趣，可能当堂学得快，但忘记得也快，这也是我们按常规方法一再纠正，学生还是容易写错的原因。

越是有规律、相互联系的事物，就越容易被学生掌握。这位老师充分利用汉字"因义构形"的结构特点，引导学生从观察字形入手，在观察中思考，在比较中记忆。学生从"虐"和"虎"的比较中明白了它的来历，联想到了它的字义，记忆也就特别深刻。（这位老师就是江苏射阳县明达双语小学的唐玉华老师。此案例由四川省成都市沙河堡学校的黄敏老师推荐）

2.14
借助实物，创设识字环境

有一位语文老师在教学《体育世界》单元的生字时，将所有的生词都罗列在了黑板上（在书写词语时，她故意将踢毽子的"毽"字写成了"键"），让学生自由认读。不一会儿，班上的一位亮眼睛发现了老师隐藏在这些词语中的秘密，他站起来大声地说："老师，你把踢毽子的'毽'字写错了。"

听了这个学生的话，老师立刻用红色粉笔把这个"键"字给圈了出来，启发道："谁能告诉老师，这个字错在哪儿？"这时学生都争抢着回答。一个学生说："'毽'字应该是毛字旁。"

这位老师按照学生的回答立即将错字改了过来，并进一步启发道："你们知道为什么踢毽子的'毽'是毛字旁而不是金字旁吗？"看到学生疑惑的样子，她没有立刻揭晓答案，而是拿起了事先准备好的鸡毛毽子让孩学生观察。对照着实物和生字，学生忍不住大声答道："因为毽子是鸡毛做的，所以应该是毛字旁。"

"那毽子为什么不用金属做，写成金字旁呀？"老师再进一步启发道。这时，班上的小机灵举手了，他说："如果毽子用金属做，那踢的时候就飞不起来了，而且还容易把脚踢伤。"其他学生听到他的回答都哈哈地笑了。

最后，老师趁热打铁，进行拓展："你们能用这两个字扩词吗？"学生积极性高涨，很快正确地扩出了词语。经过这样的过程，学生不仅加深了对这个字的印象，而且初步了解了形声字的结构，今后再遇到这种类型的字时一定能够正确区分。

【评析】

识字教学应该体现一定的趣味性，如果每堂课都中规中矩，显然不能很好地调动学生的积极性。因此，适当地为学生制造一些小小的麻烦，反而更能激发学生的探究欲望，让他们乐在其中；加之教师运用具体的实物因势利导，很快便为学生解除了疑惑，可谓匠心独运。

这个案例中，教师就是利用了学生眼尖嘴快的特性，通过巧设陷阱、现场演示引导学生探究出了"毽"字的结构，了解了毽子的特点，把"毽"字包含的文化信息释放了出来，给学生留下了深刻的印象。（这位老师就是四川省成都市泉水路小学的陆国芹老师）

2.15
老师范写"惯"字，学生却说写得不好

有一位语文老师在进行《不懂就问》的写字课教学时，按照常规先和学生一起观察分析字形，之后范写。挑了几个字，将字卡贴在黑板上的田字格中。

他边范写"惯"字，边讲解要领。当他认真地写完这个字，满心欢喜地让学生评价写得怎么样时，一位学生大声说"不好"。其他学生听也了纷纷说："不好。"学生还天真直率地提出了各种各样的意见。"看！右边的部分写得太大了。"

他微笑着向同学们表示歉意："是呀，这个字写得真是不怎么美观。让老师再写一个吧，大家看看我写得有没有进步。"他转身在第二个格子里又写了一遍，居然又没写好。"老师，您这次写得是有点进步，可是还不够好看。"老师看了一下，觉得说得有理，乐意地接受了学生的建议。老师说："老师再重写一遍，好不好？"这次，老师又认真观察了一遍，才开始动笔。"这次感觉怎么样？"

学生说："还可以。""我觉得比刚才那个好看。""老师，您这次写的跟卡片上一模一样。""老师，您真是一次比一次有进步呀！""对！老师一次比一次有进步！"

在学生自己练写的过程中，老师发现今天学生特别认真。

【评析】

一个理想的课堂应该能听到学生的声音，应该把学习的主动权还给学生。平时总是教师评价学生的表现，学生为何就不可以评价教师的表现呢？在这个片断中，这位教师在示范写字，几次没有写好，学生是不客气地指出，这个行为是很自然的。教师的几次书写"不成功"并未减弱学生对教师的信任，相反，却缩短了师生之间的距离，使学生真切地感受到教师与他们平等交流，是他们的学习伙伴与朋友，从而奠定了师生情感交融、共同学习的基础。

教育机智可将课堂中出现的不利因素转化为有利因素。不仅是在示范写"惯"字，更是把写好字的真谛表达出来了：一次写不好写第二次、第三次……认真写加上有方法，肯定能写好。在这个小插曲过后，学生写字热情高涨，信心十足。（这位老师就是四川省成都市天涯石小学锦东分校的杨芸老师）

2.16
形声字教学：偏旁"肖"的系列字

有一位语文老师在进行利用声旁看半边猜字的识字方法认识带"肖"的字的教学时，首先出示"肖"字，看看有谁认识它。一个学生举手回答它的读音，老师随后问："你怎么认识这个字呢？"学生回答道："'肖'是我的姓，我认识的第一个字就是它。"老师表扬道："你会在生活中识字，真不错，小老师，请你教大家读一读这个字吧。"小老师教读后，老师出示生字"哨""梢""捎""俏""悄""霄"，让学生试着认读这些生字，说说这些字都有一个什么样的共同特点。学生通过观察发现它们都有一个"肖"字，它们的读音都带有"ao"或"iao"。老师揭示："'肖'是这些字的声旁，我们要结合形旁来记忆生字，说说你是怎么记住它们的？"学生纷纷举手。其中一个学生说："俏，与人有关系，所以是人字旁。"另一个学生说："霄，雨字头表示冰雹，与雨水有关。"又一个学生说："哨，口字旁与嘴有关。"再一个学生说："梢，表示与树有关所以是木字旁。"还有一个学生说："捎，需要用手才能捎，所以是提手旁。"最后一个学生说："悄，与心理活动有关，所以是竖心旁。"老师引导学生总结形声字形旁表意、声旁表音的特点，学会利用声旁看半边猜字的识字法识字。老师点评并总结识字方法：有一些字的读音与声旁相同，这类字可以借助声旁推测读音；有一些字的读音与声旁的读音相近，这类字也可以借助声旁推测读音；另外有一些生字的读音与声旁的读音关系不大，遇到这样的字时，就要查字典。最后，老师举一反三，进行拓展，让学生说说还有哪些字也带有"肖"字，并告诉大家它所表示的意思，与什么有关。随后学生还自主认识了"削""消""销""宵""逍"等字。

【评析】

　　形声字是在象形字、指事字、会意字的基础上形成的，是由两个部分复合成体，由表示意义范畴的意符（形旁）和表示声音类别的声符（声旁）组合而成。意符一般由象形字或指事字充当，声符可以由象形字、指事字、会意字充当。现今使用的汉字中，形声字占 85% 以上。所以利用声旁看半边猜字的识字方法能让学生更快速地识字并掌握其表示的意思。

老师通过出示带有"肖"的一系列字，让学生观察它们的相同部分后进行猜字，并根据字的部首区分字的意思，了解形声字形旁表意、声旁表音的特点，丰富了学生的识字方法，激发了学生的识字兴趣。（这位老师就是四川省成都市天涯石小学锦东分校的彭涛老师）

2.17
两种识字法的结合："围"字教学

有一位语文老师在进行"围"字教学时，拿了一条围巾，将围巾围在了脖子上，让学生说一说这是什么东西。学生整齐地回答："这是围巾。"老师追问学生："为什么这个叫围巾？"学生说："因为这个是围绕在脖子上的布。"老师由物过渡到字："那么，围巾的'围'字是由哪两个字合成的呢？"学生答，老师同时在黑板上写下了"口"和"韦"两个字。

老师顺势启发："'口'和'韦'这两个字合成一个'围'字，为什么非要这样写呢？"学生答："外面的'口'字就像一条围巾围着一个东西。"老师及时将字的五种结构用小黑板展示出来，进一步启发："你很会观察，那你选选它应该属于哪种结构，说说理由"。学生说："是全包围结构，因为这个'口'字把里面的'韦'字完全包围着。"老师接着说："理由很充分，是全包围结构，那这个'口'字和口中的'口'字一样吗？请你继续观察。"于是，有一个学生说："这个'口'字要大一些，可以叫'大口'。"老师接着学生说的补充道："'大口'，我赞同，但加一个字会更加形象，那就是大口框，就像一个很大的口字方框。"

"那这个字为什么读音是围呢？"老师追问，"听听我们这位同学的自我简介，并把姓名写在黑板上。"这个学生说道："大家好，我姓韦，名叫韦丽。"接着将名字板书在黑板上。老师演示对比两个字，问道："你发现了什么？'围'字的读音和哪个字有关？"学生回答道："我发现两个字读音一样，'围'字的读音和'韦'字有关。""这样的字就是形声字。"最后，老师再进行拓展，启发："那同学们看看，哪些字拥有大口框偏旁呢？"学生很快收集"圆""园""团""图""圈"等。

【评析】

中国的字都是有秘密的，只是造字的方法和形式不一样。我们就要研究这些字的秘密、规律，从学生的认知现状出发，找到学生学习的最佳方式，举一反三，得出汉字规律，掌握字的音、形、义，感悟汉字的魅力。这个案例结合了两种识字法，巧妙地探究"围"字的音、形、义，同时触类旁通，也掌握了同类字的特点。（这位老师就是成都高新滨河学校的陈敏老师）

2.18
课堂归类教学：善记多音字

有一位语文老师在进行二年级语文第二单元的《妈妈的爱》一课，教学生字时，有"扇着扇子"这样一句话，学生在诵读中已经没有问题，通过听读和生活中的日积月累，自然就能读对。但是，在单独的字词认读记忆教学中，却有一部分学生对这个多音字的实际运用把握不好，不知道如何结合语境去辨别选择正确的读音。因此，这位老师就让学生仔细观察，指名回答，有不少学生都能说出，读一声时表示一种动作，读四声时表示这种物品的名字。老师因势利导，就告诉学生："这样的多音字我们已经接触过不少了，请大家来归类总结一下。"学生一开始没有反应过来，老师就提醒大家回忆在一单元学习的一个多音字。很快就有学生找到了——教书的"教"字，也是这样的规律，然后马上就有学生提出：还有

"背""弹""将"……很快大家都明白了，许多多音字都是表示动作一种读音，表示名字一种读音，那么在运用时就更有针对性了。

【评析】

多音字的产生伴随着汉字的产生发展和传播的整个过程。所谓多音字就是一个字有两个或两个以上的读音，不同的读音表意不同，用法不同，词性也往往不同。而今天这种读音区别词性和词义类型的多音字，大约占到了全部多音字的80%，在文言中叫作破音异读。在教学中有意总结常见多音字的规律性、常识性知识，让学生在读写中去有意识地留意多音字的音、意的不同点，更多更快地积累、运用多音字。

这个案例就是典型的在字词教学中进行总结和分类的案例，将基本但重要的文化信息释放了出来，培养学生的迁移能力，给学生留下了深刻的印象。（这位老师就是四川省成都市沙河堡小学的唐涛老师）

2.19
演示识字法："变"字教学

有一位语文老师在进行"变"字教学时，因为课题是"冬天是个魔术师"，所以老师这样引入："冬天是个魔术师，老师也是魔术师，我能用身体变出一个字，你们信不信？"学生的注意力马上就都集中到老师的身体上，满脸都是不解和期待。

老师面向学生，用身体演示"变"字。首先，将头微微偏向左边（也就是"变"上面的那一点）；接着，将一根魔术棒平放在肩膀上（也就是"变"上面那一横）；再接着，手臂在身体两侧伸直，左右手臂分别与躯体成45度角（左右手臂就是"变"字中间的两点，躯体就是"变"字中的两竖）；最后，双腿交叉，微微向下蹲

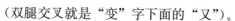

（双腿交叉就是"变"字下面的"又"）。

　　学生们看着犹如魔术师一般的老师，陷入了思考之中。经过短暂的停顿，大部分学生举起了手，兴奋地喊出了答案："变！"看得出来，学生们很高兴。

　　老师进一步讲解，在黑板上把用身体演示的"变"字，以人体简笔画的形式画出来，然后在简笔画旁边写了一个"变"字。老师用手指着简笔画，并解释："老师刚刚就是用身体变出了'变'字，头就是上面这一点，魔术棒就是这一横，手臂就是这两点，身体就是中间的两竖，双腿交叉就是'又'。好玩吗？""好玩！""不仅老师能变，你们也是魔术师。全班起立，我们一起用身体来变这个'变'字。"学生们兴奋地站起来，用身体演示"变"字，"一、二、三，变！"

　　老师最后进行拓展："很多字宝宝都有自己的故事，你可以把一些字宝宝想象成一幅画，或者想象成一个小故事，或者可以编一个字谜等。用你自己喜欢的方法学字，你就会越来越喜欢字宝宝，字宝宝喜欢爱动脑筋的小朋友！"

【评析】

　　汉字是世界上最优美、最生动、最有诗意的文字。汉字就像魔方一样，稍加排列组合，就能产生一个个丰富多彩的奇妙世界。每个汉字都是一个鲜活的个体。我国著名心理学家、教育家陈鹤琴先

案例铺路：小学语文教学案例评析 anli pulu xiaoxue yuwen jiaoxue anli pingxi

— 42 —

生曾指出："读法（即识字教育）和图画、手工是属于发表自己意见的，儿童喜欢看图，喜欢涂鸦，喜欢东做西扯，这是发表意见的一种活动，并且文字是一种神秘的东西，是可以当作图画看的……无论图画、手工还是读法，都是儿童发表意见的方式，都是可以做的。"另一方面，想象是创造的重要基础，儿童想象的发展需要教育进行培养。促使儿童想象的发展需要给他们提供想象的空间。

这个案例就是利用汉字的形象性调动了学生的思考。从学习心理学的角度来讲，汉字的抽象性和形象性调动了儿童大脑的两半球，特别是汉字的形象性调动了大脑的右半球，对汉字的认知有利于儿童全脑潜能的开发。以图形信息来刺激儿童的大脑，汉字伴着图形和动作进入学生的大脑，避免了机械、刻意的文字记忆。学生也能从简单的汉字识记中体验到创造的乐趣。（这位老师就是四川省成都市高新区新科学校的邓舒月老师）

2.20
听读识字：落实"随文识字、正音"

有一位语文老师进行《咏鹅》教学时，在初读课文环节首先要求同桌的学生一起试着拼音、指读课文。遇到拿不准的读音、难记的字用"△"标记。于是学生开始读课文，老师观察学习状态进行个别辅导。

两分钟过去了，大多数学生读完课文，老师发出口令："看谁读得比我好？"学生迅速坐好，等待老师下一步要求。这时，老师微笑着说："请同学们用手指课文，听老师读，特别注意听清你们做了记号的字。"（老师范读）

"听清楚老师朗读的来挑战老师吧！"老师激励学生。此时学生纷纷举手，老师很快握着一只高举的小手："先请咱们班的'朗读员'来试试吧！"女孩高兴地站起来自信地朗读，读完后赢得了同

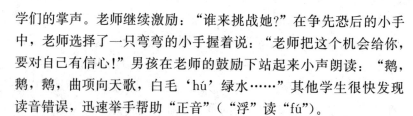

学们的掌声。老师继续激励："谁来挑战她?"在争先恐后的小手中，老师选择了一只弯弯的小手握着说："老师把这个机会给你，要对自己有信心!"男孩在老师的鼓励下站起来小声朗读："鹅，鹅，鹅，曲项向天歌，白毛'hú'绿水……"其他学生很快发现读音错误，迅速举手帮助"正音"（"浮"读"fú"）。

当男孩读完课文时，老师又悄悄跟他耳语，接着男孩大声说："我邀请大家跟我一起朗读!"（全班起立朗读）在学生的积极状态下，老师激励："你们读得多好呀! 调皮的生字宝宝想出来和大家捉迷藏啦!"学生在老师的指引下，认读生字的积极性很高，很快掌握了生字的读音。

【评析】

一年级上册的主要识字方法为听读识字和看拼音识字两种。学生学《咏鹅》时只学了少部分拼音，这位老师选择了听读识字为主的方法。怎样才能在听读识字中落实"随文识字、正音"呢? 这位老师设计的课文初读"四步"教学都有体现。第一步通过同桌一起认读，给"问题字"做标记，达到熟悉课文，"互相识字、正音"的目的。第二步听老师范读，达到"自检识字、正音"和再次熟悉课文的目的。第三步变换形式检查认读，即请两个朗读水平不同的学生分别朗读，达到"互动识字、正音"的目的。最后巧妙地把鼓动全班学生齐读课文这一步转交给一学生发出"邀请"，达到再次"自检识字、正音"的目的。随之的小游戏"字宝宝捉迷藏"又很快对学生的听读识字效果进行检测，落实"识字、正音"。

这个案例真正体现了"随文识字、正音"。整个过程，学生都是认读主体，老师把课堂学习时间交给学生，让学生在读课文内容的同时不忘识字，这样一来，本课难点字的认读就在不同的"读"中掌握了。（此案例由四川省成都市高新区益州小学的张叶晶老师推荐）

2.21
形近字的比较教学

有一位老师在教学完生字"拨"后，根据以往经验担心学生容易将其与"拔"混淆，于是，老师指着黑板上的生字"拨"，问学生："这个字你是怎么记的？"学生纷纷回答："左边一个提手旁，右边一个发。"教师接着出示"拔"，问学生是怎么记住它的。学生观察后说："也是左边一个提手旁，不过右边是友多了一点。""它们长得太像了！""是啊，"老师接着问，"我们能编一个小故事让大家分清楚它们吗？"学生们思考了一会儿，举手发言了："我觉得'拨'可以这样记。我们发现那里有东西就去用手拨开看一看，所以一个'扌'加一个'发'。""我觉得'拔'可以这样记。我们每人用力来拔河，大家的头上都出汗了，所以它是一个'扌'加'友'上多一点。那一点就是我们的汗水呢！"

后来，老师又问学生："你还发现了哪些类似的字呢？可以怎样区分？"学生很快发现了"竞"和"竟"。这两个字长得很像，容易出错。学生总结出它们的使用方法：下面是"兄"的，像兄弟之间在比赛，所以"竞争""竞走""竞赛"用"竞"；反之则用"竟"，如"竟然"。

有了这个方法，学生区分形近字更容易了，准确率更高了，学习语文的兴趣也更浓了。

【评析】

祖国汉字历史悠久，经过几千年的沉淀，绚丽多彩，但很多字却让学生无从分辨。教学时用一些有趣的故事、生动的语言，可以帮助师生解决这一难题。本案例中教师引导学生先观察形近字的不同之处，建构学生喜闻乐见的情境，然后再配以适当易记的语言文字，使学生学会了区分，学会了使用。教学时还可以渗透文字学的一些知识，从中理解古人造字的意图，从而体会学习汉字的乐趣，让学生在潜移默化中爱上祖国的文字。（这位教师就是成都市龙盛小学的钟世琼老师）

2.22

联系生活："阳"字教学

有一位老师在教学"阳"字时，问学生有什么好办法来记住这个字。有一个学生说："我认识'阳'字，我跟妈妈去中卫时，在红太阳广场看见一个招牌上有这个字，妈妈教过我。"接着，这位老师继续问："再来找找看，我们的身边还有没有这个字呢？"随即，又有一个学生说："我还在我的故事书上看到过这个'阳'字。"一个学生迫不及待地站起来说："我们班的李阳同学，他的名字里面有'阳'字。"此时，另一个女生站起来说："我家住在向阳路 12 号。'向阳路'里面也有一个'阳'字。"……这时候，很多学生的思路打开了，都积极地发言。老师说："孩子们真聪明，联系自己的生活，在这么多地方见到过这个'阳'字。孩子们真会学习。"

【评析】

很多生字的认识来源于生活。生活中经常看到的事物，如路站名、商店名、广告、电视节目中出现频率较高的字，只要有一个学生提出，其余学生会相继回忆起来，并在日后自发加强对生活用字的注意。本案例的教学中，教师看似不经意地点拨，却让学生从自我回忆到参与同学回忆，到自我积累最后有新的发现。这一过程让学生尝到发现的喜悦、识字的快乐，从而让学生逐步成为一个有心人，在生活中主动识字，扩大积累。事实上，我们应该当堂采取多种方法复现，及时巩固要求认识的字。巩固识字最好的办法是复现，最有效的办法是在语言环境中多与学生见面。学生识字，千万不能像狗熊掰棒子——一边学，一边丢。要重视在合作中、游戏中、活动中巩固识字。总之，识字教学一定要千方百计把工夫花在让学生和生字多次见面上，多联系生活，在生活中学习。（此案例由四川省成都市沙河堡小学的陈勇老师推荐）

2.23
个性化学习："菜"字教学

有一位语文老师在进行"菜"字的教学时问："小朋友们，你们每天都要吃菜，你们是用什么办法记住'菜'字的呢？"

一学生说："我喜欢吃榨菜，榨菜的包装袋上有这个字，我就记住了。"

另一学生说："我在菜市场门口的牌子上看到过这个字。"

老师启发说："你们能联系生活来认字，很好。还有不同的方法吗？"

一学生说："我想写一写，记住这个'菜'字。"

老师说："这是个好办法。"

一学生说："'草'字头加'采'就是'菜'，青菜的'菜'。"

老师启发说："加一加记住这个字，也是好办法。还有不同意见吗？"

一学生说："'花'字去掉下面部分，加上'采'，就是'菜'。"

一学生说："'花'字去掉下面的'化'，'彩'字去掉右边的三撇，合起来就是'菜'。"

一学生说："'苗'字去掉下面的'田'，加上'采'就是'菜'。"

最后老师表扬学生想出了很多办法记住了这个字，接着让学生

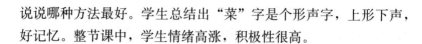

说说哪种方法最好。学生总结出"菜"字是个形声字，上形下声，好记忆。整节课中，学生情绪高涨，积极性很高。

【评析】

识字教学是小学语文教学的重点。这位老师首先从课本、课堂中识字转向生活识字，引导学生养成在生活中留意汉字的意识和习惯。其次是让学生运用多种方法识字，积累相关的字。最后让学生说说哪种方法最好。学生总结出用汉字的造字规律来识字，因为"菜"字是个形声字，激发学生对汉字的兴趣，产生主动识字的愿望。（此案例由四川省成都市高新滨河学校的叶丽老师推荐）

2.24
简笔画的妙处："泪"字教学

有一位老师在一年级进行"泪"字教学时，让学生先静下心来，认真仔细地看她在黑板上画的一个东西。老师在画的时候学生都很好奇，目不转睛地看着她画。然后老师问学生画的是什么。学生齐答："眼睛。"老师由画的内容过渡到字："大家都知道画的是眼睛，那么，这眼睛可以用我们学过的哪个字来表述呢？"学生答："'目'字。"老师同时在黑板上写了"目"字。

老师接着画画，让学生仔细看。老师说："眼睛不小心进了沙子，好疼，疼得来流泪了。"说的同时，在画的眼睛的左下方添了三点，这三点竖着排列。然后问学生："同学们，现在老师画的画表示什么意思呢？"有的学生说："眼睛流泪了。"有的学生说："哭了"……

老师继续启发："不管是哭了，还是其他的原因流泪了，都离不开眼泪。其实呀，老师画的就是一个眼泪的'泪'字，今天我们就要认识并且学会写'泪'字。你们现在能猜出'泪'字怎么写吗?"

此刻,学生积极性高涨。学生在老师的引导下,通过自己猜、同桌交流、小组交流讨论,都知道"泪"字怎么写了。

与此同时,老师强调:"其实呀,'泪'字就是由'氵'加'目'字组成的。眼睛是'目','氵'代表流出的泪水。同学们,现在你们会认、会写'泪'字了吗?"

学生兴奋地齐答到:"能!"

【评析】

识字教学在低段的语文教学中是重点,更是难点。一年级的学生注意力不容易集中,让他们持久保持学习的积极主动性并不是一件容易的事情。因此,在教学中,老师要通过各种有效的教学方法和手段来激发学生学习的兴趣,进而激发学生学习的积极主动性。

在这个案例中,老师通过画简笔画激发了学生的兴趣,同时让学生自己猜字,引导学生探究"泪"字的写法,了解"泪"字的组成,给学生留下了深刻的印象。我想这些学生永远也不会忘记自己是在什么样的情况下认识"泪"字、会写"泪"字的。在他们学习的路途中又有多少个永远忘不了的情境呢?(这位老师就是崇州市东关小学的吕小燕老师)

2.25

细致赐给的惊喜:笔画"撇"的教学

有一位小学语文老师在教学"千"的书写时,由于这个字比较简单,本意只想通过学生自己的观察来达到提醒学生该字中的第一画是"撇"而不是"横",要与"干"字区别开的目的。在教学中,老师刚要求学生观察这"千"字的第一笔需要注意什么时,就有学生回答出了老师想要的答案,但紧接着老师听见前排有另外一个学生自言自语地说："跟有的'撇'好像不太一样哦。"老师对这个意外听到的答案很好奇，把这个学生的话大声地重复一遍给全班学生听后，追着这个学生问："哪里不一样呢？"这个学生又想了几秒，不太自信地说："比如'月'字的'撇'是竖着的，而'千'字的'撇'是平的，有点像'横'了。"经他这么一说，马上有一个学生恍然大悟似地说："对！对！'用'字的'撇'也是竖着的。"其余很多学生也七嘴八舌地附和着。老师高兴于学生的细致观察，继续追问："'撇'还有其他的变化吗？"很快，就有学生列举出了"八""人""大"等字的"撇"又有所不同。老师表扬学生后，把"撇"的四种写法告知学生，并用已学字举例来说明。

【评析】

其实，"撇"的变化名称有四种：平撇、直撇、竖撇和斜撇。在称说笔画时应统称为"撇"。在小学低段的写字教学中，教材和新课标并没有要求细致地分类，也没有纳入检测范围。但在实际教学中，学生们却细心地观察到了这一点，并有一定条理地提了出来，这对一年级的学生来说是难能可贵的，对老师来说是意外之喜。因此，在课堂生成大于课堂预设时，老师高兴之余，一定要给学生充分的肯定和及时的指导，树立学生发现学习的信心。希望学生们能把这种细致观察和积极动脑的学习习惯坚持下去，并把汉字写得更加规范、美观。（这位老师就是四川省成都市四川大学附属实验小学江安河分校的张懋老师）

2.26
顺口溜识记：有"青"的一组字

有一位小学语文老师在识字教学时，为了让学生掌握形声字的规律，她是这样教学的：

老师出示声旁"青"，让学生给这个字加些偏旁。学生积极地回答："请、清、情、晴、睛、蜻"等。在学生说完后，老师让学生读一读，可以悟出：这几个字声旁相同，故读音相近；形旁不同，表示意义也不一样。"请"是请求，请求与说话有关，所以从言；"清"表示水的清澈透明，所以从水；"情"是感情，表示心理状态，所以从心；"晴"是雨过天晴，太阳出来了，所以从日；"睛"是眼睛，所以从目；"蜻"，蜻蜓是昆虫，所以从虫。为了让学生能够记清楚，老师将其小结成一个顺口溜识记：有言去邀请，有水方说清；有目是眼睛，有心情意浓；有虫是蜻蜓，日出天气晴。

【评析】

这样教学能够让学生在轻松的氛围中自己去发现形声字的规律：声旁表音，形旁表义；只要声不变，换上不同的形旁就可以组成一组音、形相近的字。学生自己发现的规律更容易掌握，以后识字时就更加容易了。汉字中的大部分是形声字，学生可以利用其形旁的区别和声旁的联系来进行识字。让学生掌握识字的方法比教给学生这些字怎么读更好、更有用，也为学生识字奠定了基础。（这位老师就是四川省成都市新津县顺江学校的周洁老师）

2.27
形声字识字法："聪"字教学

有一位语文老师在进行"聪"字教学时，先请学生自己认真分析字形，然后请学生说说自己是怎样记住"聪"字的。请到的三个学生都回答："'聪'是左右结构，'耳'加'总'就是'聪'。"

老师接着启发："'聪'字的部首是'耳'字旁，这说明什么？在'聪'字中，'总'又有什么作用？"

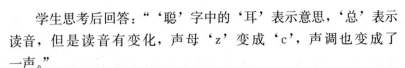

学生思考后回答："'聪'字中的'耳'表示意思，'总'表示读音，但是读音有变化，声母'z'变成'c'，声调也变成了一声。"

老师进一步启发："'聪'是形声字，'耳'表义，'总'表音。本来的意思是听力好。聪明的意思是天资高，记忆和理解力强。请大家先仔细观察'聪'字，认真思考后告诉我，怎样让我们越来越聪明？"

学生观察了好一会儿，终于有同学站起来说："老师，'聪'字包括人的耳、眼、口、心四个器官，告诉我们只要多听、多看、多动口、用心记，我们就会越来越聪明。"

这时，立刻有同学提问："哪儿有'眼'呀？"

那个学生马上站起来说："你看，右边上面的两点像不像两只眼睛呀？"同学们连连点头称是。

老师顺势引导："××同学有双发现的眼睛，真是了不起，他同样值得大家学习。只要我们多听、多看、多动口、用心记，就会越来越聪明。'聪'还能和两个人体器官组成四字成语，你能说出这个成语吗？"学生齐答："耳聪目明。"然后，老师请学生用"耳聪目明"说一句话，帮助学生理解"耳聪目明"的意思。

最后，老师让学生探索"顶""闻""睛"这三个形声字的造字规律，让学生饶有兴趣地识记生字"顶""闻""睛"。

【评析】

本案例是北师大版教材第四册六单元《与人体有关的归类识字》第二课的教学。初步让学生感受形声字的造字规律。新课标指出：低年级识字的教学目标，首先让学生"喜欢学习汉字，有主动识字的愿望"。最后，还要让学生"学习独立识字"。汉字中有相当一部分的字是形声字，部首表意，声旁表音。形声字的这一特点能比较有效地帮助学生理解、记忆字形。

这个案例就是一堂生动的形声字识字方法的引导课。老师通过让学生仔细观察和认真分析字形，探究了形声字的造字规律，理解"聪明"和"耳聪目明"的意思，知道了怎样让自己越来越聪明。课堂上，老师积极引导和及时评价，真正做到了让学生"喜欢学习汉字，有主动识字的愿望"，也为学生"独立识字"打下了基础。（这位老师就是四川省成都市大邑县安仁镇元兴小学的易富裕老师）

2.28
特殊语境记忆法：形近字"虚""虑"的教学

形近字"虚"和"虑"，学生平时在运用时常常写错，将"虚心"写成了"虑心"。为了让学生能更好地区分这两个字，有一位老师是这样教的。

老师在黑板上先板书这两个字，问学生："这两个字有什么相同的地方？"学生立刻回答："部首都是'虍'字头。"老师肯定了他们的回答，然后指着"虚"字启发学生："你们平时做作业时，遇到不懂的难题怎么办？"（老师把"作业"二字说得特别重）学生举手回答："要虚心请教老师或同学。""对了，这就要记住'虚心'的'虚'里边是个作业的'业'字。"接着又指着"虑"字，对学生说："这个字里边有个用心的'心'字，那么，在课堂上，当老师提出问题后，该怎样去思考呢？"学生大声齐答："我们要用心去思考。"老师说："因此，考虑的'虑'字下边是'心'字。"最后，老师总结说："大家再用心去区分一下这两个字。"

【评析】

这位老师为了让学生区分这两个形近字，采用了特殊语境记忆法。他把虚心的"虚"和学生做不起作业该咋办连起来，学生一想起"虚"字，一下就会想到"作业"来，那在写"虚"字时自然就会在字的下边写"业"了。把虚心的"虚"字记住了，那自然就把"虑"字记住了。（这位老师就是安徽省无为县的万斌老师，此案例由邛崃市回龙镇中心小学的李艳琼老师推荐）

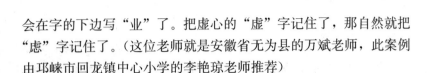

2.29 结合字义识记字形："觅"字教学

有一位语文老师在进行《一只小鸟》中的生字教学时，先让学生根据自学要求自主学习生字，再针对学生的学习情况（生僻字较多，难记）进行引导、点拨。

她先让同学们看看觉得哪几个字比较难记，提出来，让大家一起想办法解决。学生说哪个字，老师就板书哪个字。学生说"觅"字难记。老师说："孩子们，仔细观察一下'觅'字，看看有什么发现？"

一个学生说："将'现在'的'现'字的王字旁换成爪字头就行了。"老师评说："这个方法好！一下子就让我们记住了字形。谁还有更巧妙的方法便于我们更好地记住'觅'字？"有学生举手表示有好办法，老师示意他交流。

那学生说："'觅'字的意思是人看见了一些食物，就用爪子抓起来，所以它有一个爪字头，还有一个'见'字。"其他学生连连点头。显然，该生结合字义识记字形的方法颇受欢迎，但表达上的不当之处其他学生没有听出来。老师接着点拨："你结合字义识记字形的方法真好！想一想，能说人觅食吗？"学生（笑）说："应该说小动物看见了一些食物，用爪子抓起来。"

老师点评："用你的方法不但一下子就能记住字形，还知道了'觅'的字义。'觅'，就是用手和眼睛寻找。真不错！"

【评析】

现在语文教学倡导"简简单单教语文，完完全全为学生，扎扎实实求发展"，追求一种真、实、纯、活的教学境界，凭借简明的教学目标、简约的教学内容、简化的教学环节、简便的教学方法，实现省时高效的教学效果。这一环节给我留下了深刻的印象，不由地想起了一句话："看似简单的表达，却能品出丰富的感动。"感动于这课的朴实，没有浮华之气，没有过多的花样，是真正的语文课；感动于在朴实中实践着新课标精神；更感动于在整个识字环节中，教师时刻将学生这一主体放在心上，充分体现了学生的主体地位。第一，一进入识字学习，教师就留心在课堂上给学生独立识字的时间，运用自己所积累的识字方法自主识字。第二，点拨的内容完全根据学情，以学定教，由学生自主、有针对性地提出难记字来引导，避免了面面俱到地逐个分析生字。第三，对于提出疑问的学生以及学生表达不准确的情况，没有简单地用"谁来帮助她"之类的话走过场，而是实实在在地引导他们去探究、去发现、去创造。第四，这不再是单纯的识字教学，环节中教师巧妙地融入对词义的理解，以及口头表达能力、想象力、创造力的培养，扎扎实实地为学生自主学习能力的形成和发展打下基础。（此案例由四川省崇州市崇平镇小学的雷方老师推荐）

2.30

灵活的识字教学："盯""藤"的教学

有一位小学语文老师在进行"盯"字教学时，问学生怎么记住"盯"字，学生异口同声地回答："我们可以用换偏旁的办法记住。"老师又问学生："你们能用动作记住'盯'吗?"学生纷纷摇头。

老师话锋一转："我们来做个游戏吧！请同学们盯着讲桌（学生盯着讲桌），请同学们盯着自己的手（学生盯着自己的手），请同学们盯着老师（学生盯着老师）。说一说，你刚才怎样'盯'的?"学生都踊跃回答，其中一个位学生说："我是眼睛一动不动地

'盯'。"另一个学生说："我是眼球一动不动地看。"

接着老师乘热打铁："对，集中注意力去看，就叫'盯'，我们用动作记住了它。谁会用'盯'说句话？"学生们顺利地造句："上课时，我盯着书本，认真读书。""我盯着小白兔，看它是怎样吃萝卜的。"老师赞扬："你很棒，喜欢观察小动物，也爱小动物吧。老师很开心，见识了你们的聪明才智。"

接下来，老师在讲解"藤"字时采用了编儿歌的方法让学生记住"藤"字。藤是植物草帽加，夫人头戴两枝花；月下浇水盼长大，希望藤上结满瓜。（学生饶有兴趣地跟着读儿歌）

【评析】

识字始终是小学低年级的重点，如何引导学生自主识字是我们低年级教师探讨的主要问题。这个教学片断中，教师采用了"用动作""编儿歌"的方法帮助学生识字，学生在动作和歌声中学习。在生字学习上，我们不妨也拿来用一用！死记硬背效果差不说，还费时间。课堂上要始终洋溢着轻松活泼的气氛，教师和学生是在享受语文、享受语文带来的无限乐趣，这样不仅培养了学生的语文能力，其思想也得到了启迪。教学过程是师生共同生成新的教学资源、共同享受的过程。我们做到这种境界就会发现：课堂的人际关系变得和谐了，学生的心灵放松了，情感释放了，思维活跃了，想象放飞了，充满生命活力的课堂构成了。（此案例由四川省崇州市鸡冠山乡小学的祁玉琼老师推荐）

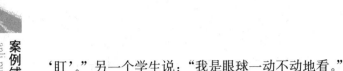

2.31
细心观察，化难为易：多变"耳"字旁的教学

有一位语文老师在进行《丁丁冬冬学识字（二）》中"耳"字旁的教学时，拿起粉笔写出"耳"不变的情况下"闻""聪""聋"

三个字的样子，然后请学生观察、评析这三个字。只听学生说："'耳'写大了点，'门'都快装不下'耳'了，'闻'字变得太大太丑。""'耳'的最后一横太长了，'总'都没地方呆了！""'耳'太小了，横有点短，挑不起上面的'龙'！"

老师望着学生说："现在就请你代替'耳'说说你打算怎样变？"于是教师指着"闻"，一个学生说："'闻'都长成胖子了，我变小点儿，'闻'就方正苗条了。"学生哈哈大笑，老师在笑声中完成了对"闻"的范写。又一个学生说："我要把长横缩短变成提，给'总'让位子。"老师用红粉笔写下变化后的提，一个工整的"聪"字跃然黑板上。最后一个学生说："我不能像'聪'一样缩短，我要伸长胳膊，把横拉长，才能挑起上面的'龙'。"老师用红粉笔拉长最后一笔横，一个规范的"聋"字书写完毕。

现在学生已经认识到了"耳"字旁在汉字不同的间架结构中的不同形态，并掌握了它的变化规律。学生书写"耳"字旁的汉字时会留心观察、细心书写。

【评析】

在一年级识字教学时，最难让学生掌握的便是偏旁的变化，即使是同一个偏旁，在汉字不同的位置当中也会呈现出不同的变化形态，如"木"字旁在"查""朵""桃""杂"，"手"字旁在"抄""拳""掰""采"，"女"字旁在"好""婆""矮"等。

那么，要让一年级学生轻松识字、规范书写，就必须根据汉字的特点和学生的认知规律进行识字教学。教师将呈独体字形态的"耳"字硬写入"闻""聪""聋"当中，学生立刻观察出三个字的问题所在："耳"要发生变化，三个汉字才会书写规范、美观。教师并不着急说出"耳"该怎么变化，而是让学生自己说说该怎么变。这样一来，"耳"字旁在汉字不同位置时的书写变化，均是学生细细观察发现，进而正确变化、规范书写的。同时，教师用红色对发生变化的"提"着重描画，加深印象。这样教学远比教师枯燥讲解、学生硬生生模仿田字格书写，收到的效果好。（这位老师就是四川省成都市三河学校的黄蓉老师）

2.32
猜查结合识字法："肖"作声旁的字

　　有一位教师在进行"肖"作声旁的识字教学时，先出示"肖"字，抽学生认读这个字。学生马上就说姓肖的"肖"。然后教师出示生字"消""削""霄""宵"，请学生读一读这几个字。接着，教师启发学生："现在仔细观察黑板上的字，你们发现了什么?"有的学生回答："发现这几个字偏旁不同，但是都有相同部分是'肖'。"还有的学生回答："它们都读 xiāo。"教师过渡说："'肖'还带来了它的兄弟姐妹呢!"接着，教师出示词语："捎带""树梢""口哨""悄悄""俊俏"，其中"捎""梢""哨""悄""俏"以红色突出，抽学生读一读。紧接着，教师又问："仔细观察红色的字，你又发现了什么?"学生回答："发现这几个字也有共同的部分是'肖'。它们的读音和'肖'的读音差不多。"教师进一步启发学生："这些字的读音和'肖'相同或相近，那么'肖'表示读音还是字义呢?"学生马上回答："表示读音。"于是，教师很快出示词语："报销""硝烟弥漫""剑鞘""讥诮""悬崖峭壁"，让学生猜一猜加点字的读音。最后，教师让学生查字典验证，采访那些读对的学生："你是怎么知道它的读音的?"学生回答："带有'肖'的生字，它们的读音大多相同或相近。"教师再进一步启发学生："以后遇到不认识的字怎么办?"学生总结出：先利用声旁猜生字读音，再查字典确定。

【评析】

　　二年级下期是小学生识字的一个关键时期。要让学生在识字上真正能独立，掌握识字方法很重要。这位教师在课堂上不断地启发学生，让学生体会到了汉字声旁表声的特点，从而总结出看声旁猜字的认字方法。（这位老师就是成都市新津县顺江学校的彭慧清老师）

2.33
联系生活识字："闹"字教学

有一位语文老师在教学"闹"字时，手持"闹"字的生字卡片说："谁能有好办法记住这个字？"

一学生看了看，又想了想，充满自信地说："我记住了'闹'字，我和妈妈一起去菜市场买菜，我看见那儿很热闹，里面有卖各种蔬菜、水果和肉类的小贩。因此，我是这样记忆'闹'的，外面是'门'字框，里面是市场的市字，走进市场的大门，你就可以感受到市场的热闹。"

另一学生迫不及待地说："老师，我对她的答案有补充。除了菜市场很热闹，还有许多地方也很热闹。星期天，我跟着爸爸妈妈去百货大楼里买东西，那儿也非常热闹。"

还有一个学生把手举得高高的，眼神里充满了期待，被老师请到后，他大声地说："我觉得校园里真热闹，我们在宽阔的操场上做游戏，锻炼身体；高速公路上各种车辆来来往往，川流不息；建筑工地上，人们干得热火朝天。这些地方真热闹！"

老师小结："是啊，仔细观察，城市乡村都发生了天翻地覆的变化，到处呈现出欣欣向荣的热闹场面。谁能用'热闹'说一句话呢？"

学生说："星期天，大街上非常热闹。""下课了，操场上一下子变得热闹起来。"层层拔高，老师提出了新的要求："你能用'热闹'说一段话吗？请你写在作业本上。"于是，开始了小练笔训练。

第二章
识字教学案例评析

【评析】

新一轮课程改革的一个重要目标是转变课程功能，要从单纯传授知识转变为教会学生怎样去自主学习，激发学习的热情，拓宽视野。教师循序渐进，步步引导学生。学生学习生字时变大胆了，知识更丰富了，方法更多了，技能更高了，还有效地把字、词、句、段的理解自然而然地联系起来。这样形成了独特的教学风格，能收到事半功倍的效果。（这位老师就是四川省成都市新津县顺江学校的李碧霞老师）

2.34
查字典识字："观"字教学

有一位小学语文老师在进行《观潮》中"观"字的教学时，首先出示课题"观潮"，问学生："课文写的是哪儿的潮？"学生齐答："钱塘江大潮。"接着，老师又说："钱塘江在我们祖国的浙江省，远离咱们可爱的家乡——四川有两千多公里。如果说四川的九寨沟举世闻名，那么浙江的钱塘江大潮就可称为天下奇观了。"由此，老师引出了"天下奇观"，并立即进行了板书。进而老师开始质疑："在'观潮'和'天下奇观'这两个词语中都有一个'观'字，这两个'观'字意思一样吗？"一位学生迫不及待地举手说："观潮的'观'是看的意思。天下奇观的'观'……"学生一时语塞，不好意思地涨红了脸。这时，老师抓住时机，提示说："快请教一下字典，查查是什么意思吧。"学生纷纷查字典，于是很快查到"奇观"的"观"是"景象"的意思。老师进一步提问："那么'奇观'的意思呢？"一个学生回答："奇观就是奇特的景象。"另一个学生回答："奇观就是奇异的景象。"最后，老师进一步质疑："谁能说说'天下奇观'的意思？"学生轻松地答出："天下奇观就是世界上奇妙的景象。""天下奇观就是天底下奇异的景象。"老师会心一笑："回答正确！"

【评析】

"观潮"和"天下奇观"都有一个"观"字，但意思却不相同。教师及时抓住这个"观"字，让学生查字典，不仅理解了"观"的意思，而且有利于学生养成查字典的习惯。在理解词语的过程中，先理解"观"字，再理解"奇观"，最后理解"天下奇观"，由字到词，一层进一层，显得很扎实。（这位老师就是四川省成都市新津县顺江学校的马龙梅老师）

2.35
巧记汉字：买与卖、未与末

有一位语文老师在批改作业时发现部分学生将"买"与"卖"这两个字混淆了。她想这两个字字形接近，应该在课堂上给予辨析。于是，她把"买"和"卖"写在了黑板上，准备按照以前的方法直截了当地告诉学生，有"十"的是"卖"，没有"十"的是"买"。她话还未说完，有一个学生站了起来："我有办法区分这两个字。"真是意想不到，她高兴地对学生说："那就说说你的想法吧！"学生说："老伯伯头上顶着东西就去卖，老奶奶空着手就去买。这样'买'和'卖'一下就分开了。"老师高兴地说："你的想法真奇妙，这样记起来就容易多了。"趁此机会，老师让学生们动脑筋想一想能不能用这种方法巧记其他易混淆的汉字呢？

片刻的沉静后，一只只小手举了起来。一个学生说："我们常常把'未'和'末'弄错。我们可以把'未'的上半部分看成正三角形，表示勇往直前，是未来；'末'的上半部分看成倒三角形，既然倒过来了，那就只能是末尾了。"老师点评："你能把字和图形联系起来，很有创意。"这时，一个学生说："我在课外书上找到一段顺口溜：孪生兄弟'未'与'末'，头小肩宽是哥哥，他的名字叫未来，头大肩窄是弟弟，他的名字叫末尾。"老师还来不及评价，教室里不约而同地响起了热烈的掌声。

最后，老师小结："像这样的例子还有很多，希望大家在学习汉字时多动脑筋，巧记汉字。这样，我们的学习就会变得更有乐趣。"

【评析】

新课标指出：识字教学要将儿童熟识的语言材料作为主要材料，同时充分利用儿童的生活经验，注重教给识字方法，力求识用结合。这个案例中老师面对学生创造性的火花，顺势搭建了学生自主探究的平台，鼓励学生用自己喜欢的方法识字。学生在课堂上成为了"发现者"，获得了心灵上的满足，从而激发了学生识字的兴趣和探索新知的热情。相信她的学生一定会更喜欢学习。（这位老师就是四川省崇州市廖家小学的周玉群老师。此案例由四川省崇州市廖家小学的罗利老师推荐）

2.36
识字生活紧相联，认识汉字趣无边

有一位低年级语文老师在进行识字教学时，除了抓好读准字音、认清字形、正确书写几个重要环节外，有一处亮点就是引导学生联系生活实际来理解字义，教会学生在生活中用汉字。

她用生字卡片出示"通"字，问学生："你们在平时的生活中，或者在大街小巷，或者在商店、商场等地方，见过这个字吗?"学生积极举手，其中一个学生回答："我在大街上看到过'中国联通'这几个字，里面就有一个'通'字。"老师马上用 CAI 放出了图片：在学生熟悉的一条大街上，有一个手机专卖店上就有"中国联通"的大招牌。学生见到自己熟悉的店名，兴趣盎然。老师相机点拨："同学们平时上街时，只要多留心街上的汉字，遇到不认识的字问问家长，就一定会在生活中轻松愉快地认识很多生字。"另一个学生说："我们学校的很多地方都贴有'请讲普通话'的标牌，里面也有一个'通'字。"老师马上用 CAI 将学生每天生活的校园图片展示出来：在校门口，在教室旁，在餐厅旁……学生每天抬头可视的标牌上醒目地写着"请讲普通话"。学生倍感亲切。还有学生说："学校大门口经常都要贴'通知'，里面也有'通'字。"老师对学生的发言加以赞扬，同时又给予指点："校园内处处都是我们识字的好地方，只要同学们做一个有心人，你也会在校园里认识不少的汉字。"

【评析】

新课标指出，要让低年级的学生喜欢学习生字，有主动识字的愿望。学生将识字与生活紧密结合，能够亲自体验到识字的乐趣，能产生一种学习的成就感。学会认汉字，到大街上可以认广告牌、商店名；反过来，平时在大街上、校园里多留心身边的字，多在生活中识字，又能轻松地增大自己的识字量。该教师在生字教学时，将识字与生活紧密联系起来。学生通过老师的引导，能够直观地感受到汉字就在我们身边，汉字就在我们生活中。教师引导学生理解字义时，没有枯燥单调地组词，更没有生硬地讲解意思，而是充分调动学生平时的生活积累，让汉字的"形"和"义"丰富起来、生动起来。一个个汉字也像一个个小精灵一样，在学生的大脑中活起来了。可见，把识字与生活紧密结合，才能充分调动学生学习生字的兴趣，产生主动识字的愿望。一句话：识字生活紧相联，认识汉字趣无边。（这位老师就是重庆市树人小学的余晓娟老师）

2.37
字理识字："门"字框教学

有一位语文老师在进行"门"字框教学时，首先请学生观看带有门的图片，问学生发现了什么。"学生答："都是门。"老师板书"門"，说："这是古人造出来的'门'字。"学生惊呼："哇！好像啊！"老师接着讲，随着发展，"門"字渐渐简写为"门"（板书）。老师接着让学生看一个魔术（用多媒体演示）：一个才子关闭到了门里——"闭"字出现；一匹马飞快地跑进了门里——"闯"字出现；一个人突然在门口闪了一下——"闪"字出现。老师板书汉字"闭""闯""闪"，让学生观察它们有什么共同点。学生答："都有'门'字。"老师问："像这些带有'门'字框的字都与什么有关？""与门有关。"学生答道。老师接着问："那你能根据刚刚老师的多媒体演示，说说你怎么记住这三个字的吗？"学生1答："一个有才能的人被关到了屋里——就是关闭的'闭'字。"学生2答："马'闯'进了门里了。"学生3说："有个人也'闪'进了门里。"

老师接着板书"闹"，问："那这个字认什么音？用什么办法知道？"学生说："查字典。"老师接着问这个学生："你能教教我们吗？"学生叙述："先数'门'字有几画——三画，到部首目录中三画里面去找'门'字框，然后在部首检字表中找到相应的页码，找到'门'字框的字，再数剩下几画——'市'有五画，就去五画里面找。"学生按照这个方法找到这个字的读音。这时，有一个学生举手说："我能像刚才那样编故事记住这个字。"他说："一个有才能的人被关'闭'到了屋里，这时一匹马'闯'了进来，突然又有一个人'闪'进去了，现在门里就像市集一样热'闹'……"

老师总结："像这类有两个或两个以上的独体字根据它们的意义合成的一个字就叫作会意字。"学生举例以前学过的会意字：

"休"，人在树旁休息；眼睛流水就是"泪"……

【评析】

字理教育专家黄亢美老师说，依据汉字本身的规律（字理）和学生的认知规律（心理）进行识字教学，当是最合理的教学。简言之，即是"字理＋心理＝合理"。学生学习汉字的认知规律（心理）最主要的是形象感知和意义识记，而形象感知和意义识记最主要的就是讲析字理。汉字虽然历经漫长岁月的演化，特别是近代的简化，但是大部分的汉字依然有"理"，因此，在一般情况下，依据字理教学自然符合学生的认知心理。

该教师充分掌握学生心理，析解象形字"门"时给学生展示由图画到古汉字再到楷体汉字产生、发展的大致过程，并着力去寻找它们之间的联系。结果，多媒体演示让学生充分联想从而运用精练的语言去阐明汉字构形原理。最后总结如此构造的字就是会意字。这样，让学生真正领悟到汉字"她的每一个字，都是一首优美的诗，一幅美丽的画"（印度前总理尼赫鲁语），培育学生热爱祖国语言文字的思想感情，切实有效地提高识字教学质量。（此案例由成都市天涯石小学昭忠祠分校的高雅老师推荐）

2.38
举一反三，自主识字："踩"字教学

有一位老师在教学《雨后》一课时，引导学生观察生字"踩"字，问学生发现了什么。学生们纷纷发言，一个学生说："我发现'踩'是个形声字。"另一个学生补充："它的形旁是足，与脚的动作有关；声旁是采，表示读音与'采'字有关。"

老师点头赞许，继续引导："很会观察、分析，那以'采'为偏旁的字还有哪些呢？"学生们小手高举，有的说白菜的"菜"，有

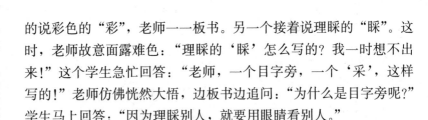

的说彩色的"彩"，老师一一板书。另一个接着说理睬的"睬"。这时，老师故意面露难色："理睬的'睬'怎么写的？我一时想不出来！"这个学生急忙回答："老师，一个目字旁，一个'采'，这样写的！"老师仿佛恍然大悟，边板书边追问："为什么是目字旁呢？"学生马上回答："因为理睬别人，就要用眼睛看别人。"

这时，一个一直高举小手的学生站起来大声说："老师，还有提手旁加'采'字！"老师板书"採"后，问："这是什么字呢？"这个学生不好意思地说："这是我猜的，是'cai'字。这个'採'字肯定与手的动作有关，'採花'的'採'。"话音刚落，其他学生都笑了起来，马上反驳："不对，不对，采花的'采'没有提手旁，因为'爫'就表示手的动作了！""分析得很好！同学们看，'采'就表示——"学生们迫不及待地说："用手在树上采摘果子！""是呀！汉字就是这么神奇，有时是一幅画，有时是一个故事，有时又是一个小组合。"老师说着走近刚才发言的学生，对他竖起大拇指："但是，我表扬你，你真善于创造，你与咱们的老祖先不谋而合了！"老师环视着满脸不解的学生们继续说道："我告诉大家，古时候，当'采'表示动作时就写作'採'，后来，随着汉字的演变，就写成了'采'。所以说他真是一个小小发明家！"这时，同学们都朝这位学生投去赞扬的目光。

【评析】

学生如果掌握了形声字的构字规律，就能在脑子里形成一条识字链，由一个形声字举一反三地自主识记一连串同声旁或形旁的字。在这个案例中，教师利用形声字"踩"的构字规律，不仅引导学生自主识记了生字"踩"，还复习巩固了同声旁的"菜""彩""睬"。更为难得的是，学生能利用形声字的规律再创出古代字"採"。虽然现在已经摒弃了"採"的写法，但学生能根据形声字声旁表音、形旁表义的特点进行创造，说明他不仅掌握了形声字的规律，并能进行迁移。在这一过程中，学生们既感受到了汉字的神奇，又体验到了识字的乐趣。（这位老师就是崇州市蜀南小学的刘智老师）

2.39

情境识字："掰"字教学

有一位语文老师在进行"掰"字教学时，先引导学生读课文："三个人玩，很快乐。三人成众玩法多，跳皮筋、掰手腕、过家家、学唱歌。"然后缩小语境，认识词语"掰手腕"，在语境中初次认识"掰"字。这时，老师请一位力气较大的男生上台站在一张桌子的左边，力气较小的男生站在右边。然后老师说："孩子们，我们也来快乐地做个游戏'掰手腕'，看看他俩谁能获胜。"老师一边说一边把字卡"掰"贴在黑板正中。随着一阵喧闹的加油声，两位男孩分别伸出各自的右手放在桌上，准备一决胜负。不一会儿，左边力气大一点的学生把右边学生的手掰到了自己这边，最后分出了胜负。正在学生们欢呼高兴之时，这位老师发问了："刚才两位同学掰手腕时都用到了什么？"学生们异口同声地说："手。"老师接着说："是啊，左边同学一只'手'，右边同学一只'手'，正好两只手在一起'分'出胜负。"老师边说边用手指着黑板正中大大的"掰"字。这时，观察仔细的学生兴奋地补充："站在左边的同学手的力气大，把右边同学的手都掰到左边去了，所以'掰'字左边的'手'那一勾变成了一撇。"说完，老师和同学都点头微笑。于是，一个难记、易错的字，在生动有趣的游戏中轻松学会，同时让学生记忆深刻。

【评析】

新课标理念下识字教学的宗旨是读写分离，先认后学，大量识

第
二
章

识
字
教
学
案
例
评
析

记。对于低段学生来说，识字教学无疑是重点与难点。而这一年龄阶段的学生共有的心理特征是好动、爱玩，不能长时间专注于某一事物，喜欢形象的、具体的、有趣的东西。因此，在情境中完成识字教学是小学低段的必然选择。这个案例是情境识字的典范。老师先让学生在语言环境中初识这个字，然后老师人为创设生动、有趣、形象的游戏：两只"手"在"分"胜负，掰手腕。于是，语言、生活与识字的完美结合，让学生在轻松的游戏中识字。语文教学贴近生活，语文课就"活"了起来。（这位老师就是成都市新都区新新路小学的庄永红老师）

2. 40
追溯字源，因形知义学汉字：学习反文旁

有一位语文老师在教反文旁时，首先出示"又"字的小篆字形，请学生说说像什么。学生认真观察字形后，说出了像手。老师说："这是'又'的古文字，'又'也和手及其动作有关。"老师又在"又"上加了撇组成反文旁，接着说："反文旁表示手持物件。"然后，出示"牧"的甲骨文，请学生观察像什么。学生观察后，发现图画左边像一头牛，右边像一个孩子拿着鞭子。见学生猜出了"牧"的本意，老师顺势出示了"牧"的楷体字，学生恍然大悟：原来这就是"牧"字的古文字。老师追问："在'牧'中反文旁表示什么？"学生异口同声地说："鞭子。"

接着，老师又让学生说出一些带有反文旁的字，让学生猜猜这些字中的反文旁表示手持什么。学生很快说出"放""教""救""收""败"等字。对于"放、教、救"中反文旁表示手持什么，学生说得头头是道，但对于"败"中的反文旁表示手持什么，学生不能理解。这时，老师又出示"败"的古文字，相机讲解道："这个字左边是一只贝壳，右边是手拿着石头或锤子等坚硬的物体把贝壳

砸烂，取贝肉。"学生豁然开朗。

为了加深认识，老师又请学生边拍手边念顺口溜：这个反文旁，东西拿手上，到底拿什么，具体看情况。学生学得趣味盎然，反文旁的形、义也悄悄刻在学生们的心上。

【评析】

汉字是音、形、义结合的统一体。形与音是汉字的物质外壳，是汉字存在的外部形式。没有字义，字形和字音就失去了存在的意义，就没有交际功能和社会价值。因此，汉字教学必须从这个特点出发，在字形辨识、字音识记过程中实现对字义的理解。

这个案例就是抓住汉字本源，批量识字的典范。老师通过古文字的表意作用，引导学生探究了反文旁在汉字中表示的意义，让学生将反文旁与手的动作联系起来，引起了学生的思考。这样的教学在巩固一批汉字音、形、义的同时，提高了学生以后学习这个部首的汉字的效率，为学生理解中国汉字文化做了有效的铺垫。同时，丰富了学生的知识，学生的学习兴趣得到提高。（这位老师就是四川省简阳市新市镇中心小学的毛友春老师，此案例由四川省成都市泰华学校的王英老师推荐）

2.41
组词以识字："带"字教学

有一位语文老师在进行《热带鱼》中"带"字的教学时，先请学生认一认，然后让学生组词。有学生组"热带鱼"，有学生组"代表"，老师进行纠正。

老师拿起放在讲桌上的一条长带子给学生看，学生组词"带子"。老师说："对了，像这样的叫带子，现在老师把它系在衣服上。"老师边说边将带子系在衣服上，学生大声说："这是腰带。"

老师又问："那系在裤子上叫什么?"学生大声说："系在裤子上叫皮带。"老师又问："那早上你的帅爸爸系在脖子上的又叫什么?"学生们抢着回答："叫领带。"老师又问："如果老师的带子有很多种颜色，像这样的带子叫什么?"学生回答："叫彩带。"

老师说："现在请你们任意选一个词语说一句话。"一个学生说："老师系上腰带，更漂亮了。"另一个学生说："我的爸爸系上领带，更帅了。"还有学生说："我喜欢彩带。"

【评析】

新课标指出：识字教学要将儿童熟识的语言因素作为主要材料，同时充分利用儿童的生活经验，注重教识方法，力求识用结合。运用多种形象直观的教学手段，创设丰富多彩的教学情境。语文教育是母语教育，有取之不尽的教育资源，有得天独厚的语文环境。引导学生自小在生活中学习语文，将会养成学生终身学习的好习惯。这段教学中老师巧妙地联系了学生的生活实际，唤醒了学生的经验世界。生活是语文的环境，又是学语文的资源，还是用语文的阵地。简约本色的语文，归根结底就是学习语言，这也是语文教学的根本，它能使语言文字的训练落到实处。（这位老师就是四川省邛崃市南街小学的孟二良老师，此案例由四川省邛崃市南街小学的陈年芬老师推荐）

2.42
音、形、义结合："群"字教学

一位老师在教学一年级上册《雪地里的小画家》中的"群"字时，先抽读字音，再让学生观察："仔细看看这个字，你发现了什么?"学生纷纷举手，其中一个学生回答："我发现这个字是左右结构，左边是一个'君'字，右边是一个'羊'字!"老师略带惊喜：

"真能干！连'君'字都认识。看到这个字，你想到了什么呢？"学生思考片刻，说："'群'字里面有个'羊'字，我想到羊就是一群一群的。"老师赞赏地拍拍这个学生的肩膀对其他学生说："学习生字就该像他一样，仔细观察，认真思考，你就会发现许多藏在字宝宝们身上的小秘密。"接着，老师指着两个学生问："这两个同学站在这里，我们能说一群同学吗？"一个学生答："不能说一群同学，因为他们只有两个人，要很多人才能说是一群。"老师说："多聪明啊！一句话就说得清清楚楚了。那么我们还可以说一群什么呢？"

其他学生受到鼓舞，也纷纷举手。"我知道还可以说一群牛！""还可以说一群马！""还可以说一群小蚂蚁！""我们还可以说一群衣服！"这个学生的话音未落，就有学生举手："老师，不能说一群衣服！"这位老师因势利导："那一群一般用来说什么呢？"学生争相回答："可以用来说动物！""还可以说人！"老师趁机总结说："你们的说法完全正确，'群'字多数时候是用来描述动物或者人的数目的，但是根据语言习惯，有时候也能用来描述其他事物，比如我们经常说的一个词'群山'，在这里'群'字就可以用来描述山峰的数量很多。"

【评析】

这个案例中的生字教学不是简单地让学生识记，而是从字音到字的结构再到字的意思，然后到字的用法，层层深入，扎实而有效。在整个教学过程中，教师使用了启发、诱导的方式让学生自己去发现、去思考，自己去表达并概括。适时而恰当的激励性语言更是让学生感受到了识字的乐趣，产生了探究的热情。

非常值得一提的是，这位教师特别注重追问的技巧，在学生说出"一群衣服"这样的错误回答时，教师抓住了教学契机，并进行了有价值的追问，让学生进一步自己概括出"群"字的用法，让识字教学更为深入而有效。（这位老师就是四川省崇州市三江小学的

案例铺路：小学语文教学案例评析

anli pulu xiaoxue yuwen jiaoxue anli pingxi

李迎春老师）

2.43

写字教学：读帖练字，掌握规律

有一位语文老师在写字教学中说："同学们，在写字之前，先要进行读帖。古人练字很重视读帖。唐代大书法家欧阳询游历名山，偶然发现晋代书法家索靖写的一块石碑，非常喜欢，不忍离去，索性下马坐地，读帖三天。三天中他观察字的笔画如何写。下面，同学们，我们也像欧阳询那样一起来读这个'手'字，试试你能读出什么？"（学生交流）

老师说："好，下面看老师范写。注意，首笔定位，撇短平，第二笔短横，第三笔长横，右上略斜，这三笔间距离匀称，这叫布白均匀。主笔也就是关键一笔是竖钩，要挺而有力。"

老师说："下面，自己描红三个，体会刚才老师说到的应该注意的问题。在写字之前，要有正确的坐姿和执笔姿势，好，开始。（巡视指导，纠正坐姿及执笔姿势）描红结束之后，在后面空格内自己写两个字，写完第一个字之后要与例字比较，这叫写中读帖。"

老师接着说："刚才，老师发现了这样的几个'手'字。同学们有什么发现？（师书写布白不均、主笔无力、重心不稳三个例字）好，开始书写最后一个'手'字，这一个字应该是同学们最用心的一个字，也应该是最好的。人说字如其人，我相信同学们能写出最漂亮的一个'手'字。"

老师说："通过我们写'手'字，同学们知道了在写字时应该注意些什么呢？"（交流）

老师：出示"布白均匀、舒展有度、重心平稳"。这是汉字书写的一般规律。（齐读）

老师展示："我们把'手'字写好之后，来观察手变为偏旁入字新组合而成的这几个字。你能根据这几个字的外形猜出字的意思吗？（生交流掰、拿）这是古代人造字的一种方法，叫会意。"

最后，一个个方方正正的汉字在我们眼前仿佛有了生命。

【评析】

新课标指出：识字写字是阅读与写作的基础，是学习语文的基础。在整个小学阶段，能正确、规范、端正地写字，是一切语文学习的基础，是一项重要的基本功训练。在平时的语文课中，很多教师也只是一味地灌给学生让他们尽快记住其音、形，因此，课后也就多了很多的机械抄写，从而导致学生对写字没有兴趣，而其错别字也特别多，其写字能力普遍较低，笔画松散、结构不匀、东倒西歪。新课标指出，对识字与写字的评价，要求从音、形、义的结合上，全面评价学生的识字能力，重视评价学生识字和写字的兴趣与习惯。可见，关注教师对学生书写的反馈和评价的方法是一个值得研究的课题。（这位老师就是山东省滨州市无棣县第二实验学校的李玉国老师，此案例由四川省成都市新津县兴乐小学的张晶老师推荐）

2.44

随文识字，识用结合

一位老师在教学《家》这课的生字时采用了随文识字的方法，识用结合，提高了识字教学效率。方法如下：

师：（出示教学挂图）我们按从上到下的顺序来观察这幅图画，你们看上面画的是什么？

生：上面画的是蓝天、白云。

师：对呀，图上画的就是蓝天、白云（板书："蓝天""白云"），请大家读读这两个词语。（生齐读，分组读）

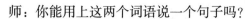

师：你能用上这两个词语说一个句子吗？

生1：白云在蓝天上飘。

生2：蓝天上飘着白云。

生3：蓝天上飘着几朵白云。

生4：蓝天是白云的家。

师：（出示书中的句子）真能干，谁来读一读？（指名读，示范读，齐读）

师：白云为什么把蓝天当自己的家呢？

生1：因为白云喜欢蓝天。

生2：因为蓝天很大，白云在上面可以飘来飘去。

生3：白云在蓝天上很快乐。

……

师：我们接着看，蓝天下是什么？

生：蓝天下是树林、小鸟。

师：（板书："树林""小鸟"）你能看着图用上这两个词语说一句话吗？

生：树林里有小鸟。小鸟住在树林里。树林是小鸟的家……

师：你们真能干。观察"树"和"林"，你们有什么发现呢？

生：两个字都有"木"字。两个"木"就是"林"字。"林"字左边的"木"字的"捺"变成了"点"。

师：你观察得真仔细。能用"树""林"分别组什么词呢？（生进行扩词练习：大树、小树、树林、山林、林子……）

【评析】

听读识字是一年级学生必须掌握的一种识字方法，也是一种分散识字、随文识字的方法。在本节课中，教师就采用了分散、随机出示生字的方法，减缓了教学难度。如在看图后，教师随机出示"蓝天""白云""树林""小鸟"等词语，图画与文字结合，形象生动，不脱离语言环境。在此基础上，让学生用"蓝天""白云""树林""小鸟"等词语说句子。在反复练习中，词语与学生反复见面，单个识字就容易多了。这样做还让学生对句子有一定的概念，同时也训练了学生的口头表达能力。

第三章　词语教学案例评析

3.01

生活是语境、资源和阵地："管理"一词的教学

　　有一位语文老师在进行《狐假虎威》中"管理"一词的教学时，首先请大家看看"管理"这个词在文中哪句话里。于是学生齐读文中句子："老天爷派我来管理你们百兽……"接着，老师进行迁移："咱们班张明同学是班上的图书管理员，是管理图书的。请大家仿照这句话说说你们家长的身份和职责，并用上'管理'一词。"学生纷纷举手。其中一个学生说，他妈妈在公司当会计，是管理财务的。另一个学生说，他爸爸是交通警察，是管理交通的。又一个学生说，他爸爸在路灯管理所工作，是管理路灯的。老师点评："这项工作很重要，以后路灯不亮了，我们就找你爸爸。"（笑声）还有一个学生说，他爸爸在监狱工作，是管理犯人的。老师点评："告诉你爸爸，要时刻提高警惕，别让犯人跑了。"（笑声）最后，老师请大家把课堂练习本拿出来，用"管理"写一句话，能写几句话更好。

【评析】

　　词语教学一直是阅读教学中的软肋。一般地，教师要么叫学生查词典，要么直接告诉学生。在公开课上，教师怕耽误时间，词语教学就蜻蜓点水，走走过场。这样的词语教学效果可想而知，收效

甚微。这位教师在词语教学上却朴实、扎实、灵动、有趣、精彩、高效。他没有让学生先解释再造句。但是，从学生的运用情况看，学生已对"管理"一词心有所悟，真是妙不可言。不是所有的词语都要我们去解释，要解释"管理"，难，即使解释了，学生理解也难。最重要的是用，在使用中去领悟那丰富的内涵。在学生的运用和教师的点评中，"管理"一词的文化内涵"责任"已经透露出来了。"管理"是一个比较抽象的词语，但经教师的点拨，变得触手可及、具体形象。他巧妙地联系了学生的生活实际，唤醒了学生的经验世界。生活是语文的环境（语境），又是学语文的资源，还是用语文的阵地。语文教学一旦贴近生活，就"活"了起来。（这位老师就是江苏省徐州市小学语文特级教师于永正老师）

3.02
语境中验证体验："浩浩荡荡"一词的教学

有一位语文老师在进行《飞夺泸定桥》中"浩浩荡荡"一词的教学时问大家："谁能说这个词的意思？"

学生说："'浩浩荡荡'形容人数多，气势浩大。"

老师说："按照你说的意思，我们来举个例子验证一下。今天老师们来听课，人数很多，气势也挺大。我们可不可以说，老师们浩浩荡荡地坐满了教室呢？"

学生答："不可以。"

教师反问："为什么不行？这不是人数多、气势大吗？"

有学生补充说："'浩浩荡荡'还得是行动着的。"

老师说："这点补充得很对，但不太准确。我们再来举个例子验证一下。自由市场上人很多，而且人来人往，熙熙攘攘。我们可不可以说，自由市场上的人浩浩荡荡呢？"

学生答："不可以。'浩浩荡荡'还得是形成队伍的，向同一目标去的。"

老师说："对，有方向性。大家行动一致，向一个方向，这才叫'浩浩荡荡'呢。不过，有同学刚才说'浩浩荡荡'是形容人的，那么，'长江之水浩浩荡荡流向东海'说的不是人，正不正确呢？"

学生答："正确。"

老师反问："为什么正确？"

学生答："因为长江是向东海流去的，是有一定目标的。"

老师说："其实，这个词原来就是形容水的！你们看：'浩'字有没有三点水，'荡'字有没有三点水？（生答有）对了，这个词原来就是形容水势浩大的，后来被借用来形容声势浩大的群众运动或行走的队伍等。"

【评析】

数学有验算、验证，语文也有验证。一个词语的理解和使用正不正确，放到句中、情境中验证，就知道了。如果一个词语的理解和使用不正确，放到句中、情境中，就更暴露其荒谬性。因此，语文学习也要有验证意识。这位教师通过举例验证让学生探究出了"浩浩荡荡"意思的关键点：众多人、形成队伍、向一个方向、行动、气势大。这也是培养语感的过程。（这位老师就是河北省小学语文特级教师支玉恒老师）

3.03

词文相依，活解词语："胸有成竹"一词的教学

有位语文老师执教《田忌赛马》，在教学"胸有成竹"一词时，指着在黑板上听写的"胸有成竹"，问："什么是'胸有成竹'？"有学生用课前预习时从工具书上写下来的解释回答，有学生则简要地

讲起文同画竹这个成语典故。

老师问道:"课文中是谁'胸有成竹'?"学生立刻答出是孙膑。老师进一步追问:"孙膑胸中的'竹'是什么?"学生认真读文后纷纷举手说:"是战胜齐宣王的办法。""就是调换马的出场顺序。"

老师引导:"那么课文中的'胸有成竹'是指?"一生说:"赛马之前,孙膑心里已经想好了转败为胜的办法。"一生补充:"而且,对自己的办法有十足的把握。"

老师立刻指导朗读:"那这句话应该怎么读才能读出孙膑的'胸有成竹'?"学生均揣摩出自信的语气。

待学生读完,老师进一步启发:"孙膑胸中的'竹'是怎么来的?"学生独立思考后,有的说孙膑善于观察,有的说孙膑善于思考……经过交流,学生明白了田忌赛马转败为胜的原因并深刻地理解了孙膑这个人物。

【评析】

在中年级的阅读教学中,提升学生的解词能力是重点和难点,既要避免把理解词语与阅读分离开来,也要引导学生综合、灵活地运用解词方法。这位教师在进行"胸有成竹"一词的教学中,就很好地做到了解词与阅读的有机统一,可谓牵一词而动全文,朴实、扎实、有层次。

就"胸有成竹"这个成语的理解而言,从查找工具书到结合典故,再到联系上下文,学生亲历了从本义到比喻义的领会过程,并在这一过程中综合运用了字义合成、查找工具书、联系上下文这三种方法。就文本的阅读而言,"胸有成竹"是全文的关键词语,学生从这个词切入,层层深入地理解了文章的内容,认识了文中的主要人物,体会到了关键词句在表达情意方面的作用。

妙的是,这二者结合得如此紧密,词的理解与文的理解互相作用,正是因为有这样的"词文相依",才有了学生在阅读中活的理

解。（这位老师就是成都师范附属小学的尹跃刚老师）

3.04

词语教学与阅读教学融合："才"的教学

有一位小学语文老师在教学《我的战友邱少云》时做了如下教学设计。

小黑板出示：烈火在他身上烧了半个多钟头才渐渐熄灭。看看时间，从发起冲锋到战斗结束，才 20 分钟。

师：读读这两句话，看看两个"才"字各表示什么意思？

生：第一句话中的"才"字表示时间长，第二句话中的"才"字表示时间短。

师：再读读这两句话，看看两个"才"字分别说明了什么？

生：第一句话中的"才"字说明烈火在邱少云身上烧了半个多钟头才熄灭。邱少云一动不动，突出了他坚强的意志、惊人的毅力。第二句话中的"才"字说明像毒牙一样的 391 高地 20 分钟就夺下来了，突出了邱少云的伟大精神给了战士们极大的鼓舞。

师：再读读这两句话，看看两个"才"字分别表达了怎样的感情？

生：第一句话中"才"字表达对战友深深的爱，第二句话中"才"字表达对敌人的无比痛恨。

师：你们瞧，祖国的语言文字多么富有表现力啊！同一个"才"字在不同的句子里意思不同、表达的感情不同，从两个不同的方面突出了邱少云的伟大精神。谁来朗读这两句话？（生朗读）

师：20 分钟与半小时的时间差不多，为什么会不一样呢？你发现"才"字在用法上的规律了吗？

生："才"用在时间词语后表示时间长，用在时间词语前表示时间短。

师：我们学习就应该这样，边学习边发现语言文字运用的规律。

【评析】

山东省济南市教学研究室小学语文特级教师、教研员江洪春老师在《语文课堂教学十六"怪"》中批判了轻视字词教学的怪现象：在阅读教学中，不少教师把字词教学说成是"扫清障碍"；不少教师认为字词教学出不了彩、煽不了情，于是蜻蜓点水，读读就完。此案例却出了彩、煽了情，令人深思。

其实，字词是构成句段的基础，也是课文朗读和理解的基础。不理解课文，能读好、读懂课文吗？不拿字词当回事，一定会直接影响朗读和理解。特别是有些课文在用词上很有特点，需要在学习课文之前有所了解；有些字词在读音上需要特别强调；有些生字的写法需要特别提示。这些都应在字词教学中给予特别的关注。字词教学是阅读教学的重要组成部分，重视字词教学，才能把学习运用祖国语言文字落到实处，才能更好、更深刻地阅读。如此案例，与其说是字词教学，不如说是阅读教学，二者融合为一体了。（这位老师就是重庆市渝中区教师进修学院小学语文特级教师、教研员王小毅老师）

3.05
"形象化"的词语教学

一位老师在教学"五彩斑斓"这个词时是这样处理的：

师：同学们看看图中都描写了哪些颜色的蝴蝶？请用这样的句式说："……有……有……还有……"

生：蝴蝶谷里有紫色的蝴蝶，有黑色的蝴蝶，还有几种颜色参杂在一起的花蝴蝶，真是美丽极了！

师：在课文中作者只用了一个词就概括了这些颜色，它是——

生：色彩斑斓。

师：对！色彩斑斓就是指颜色很多，灿烂多彩。你们还在哪儿见过这么多颜色交错在一起的景象啊？

生：我在花园里看到过。

生：我在画纸上看到过。

生：我在……

师：那同学们能用"色彩斑斓"说句话吗？

生：元旦那天，学校彩旗色彩斑斓，十分好看。

生：我们画的画色彩斑斓，特别好看。

师：同学们真了不起，不仅理解了"色彩斑斓"，还会用它来造句。那让我带着这些美丽的画面去读一读课文，收获一定不小呢！

【评析】

小学生以具体形象思维为主，对于抽象文字的理解比较难，这就需要教师积极创造教学情境，让学生充分感悟，理解词语的意思。通过层层引导，逐步深入，"色彩斑斓"这个词语就在学生的记忆中鲜活起来，学生的思维跟着语言一起生长，达到活学活用的目的。

在词语教学中，教师要调动学生的多种感官，使其联想已有的生活体验，唤起相似的记忆，以身体之，以心验之，加深学生对词语的形象感知。"形象化"的词语教学不仅能提高学生阅读和用词及写作造句的能力，还能使其快速掌握理解词语的方法，使词语根植于学生心中，为今后的学习打下坚实的基础。（此案例由成都市花圃路小学的曾静老师推荐）

3.06

读中质疑，读中探究："固执己见"一词的教学

有一位语文老师在进行《南辕北辙》中"固执己见"一词的教学时，让学生"开火车"按自然段接读课文。有一个学生把"固执己见"读成"固执已见"，他并没有马上指出学生的错误，而是把"固执己见"写在黑板上，再在"己"字下面写个"已"字，学生发现自己读错了，马上自己改正过来。接着，老师说："同学们，你们读书是认真的，能运用学过的识字方法解决不认识的字，老师真为你们高兴。接下来，请大家默读课文，看看有什么疑问？"（学生默读）

一生说："我有一个问题，那个车夫驾车的技术非常高，为什么他却要往北走呢？"

一生答："这个问题简单，因为车夫要听从主人的话。"

一生说："车夫可以给主人提个醒呀。"

又一生说："我想车夫是给主人提醒了的，可主人固执己见，根本不听。"

老师跟着启发："你怎么知道主人'固执己见'？"

学生答："课文第九自然段写着：'朋友却固执己见：你不用担心，我的车夫驾车技术非常高。'"

老师随即鼓励学生："这个同学很会学习，善于抓住课文中的句子来理解词语。你们试着说说'固执己见'的意思呢？"（学生纷纷举手）

一生说："固执己见就是坚持自己的意见，很霸道。"

另一生说："固执己见就是只相信自己，别人的话听不进去。我爸爸常说我就是个固执己见的孩子。"

又一生说："固执己见就是不听别人的劝告。"

第三章

词语教学案例评析

— 83 —

这时，老师继续启发："这几位同学说的意思都正确。你们还能从文中找出有关的句子来说明这个人'固执己见'吗?"（学生再次默读课文）接下来，老师很轻松地指导了感情朗读，并进行角色朗读，在反复朗读中加深理解了"固执己见"的意思。

【评析】

现代学习方式特别强调问题在学习活动中的重要性。在教学中，这位教师想方设法为学生搭建自主学习的舞台，努力引导学生通过学习来生成问题，把学习过程看成是发现问题、提出问题、分析问题和解决问题的过程。让学生通过解决问题，进行发现性学习、探究性学习、研究性学习。课堂上，教师紧紧把握动态生成问题"什么是固执己见"，空出时间来让学生活动，引导他们进入文章的情境中，抓住文中的语言文字，反复朗读，在朗读中体会，在朗读中感悟。（这位老师就是四川省成都市泉水路小学的江兰老师）

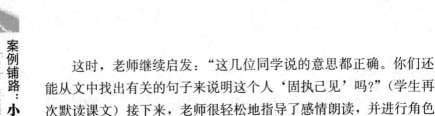

3.07
联系生活和上下文释词："沉甸甸"一词的教学

有一位语文老师在进行《儿子们》中"沉甸甸"一词的教学时，首先请大家看看"沉甸甸"这个词在文中哪句话里。于是学生找到并齐读文中句子："另一个孩子跑过来接过妈妈手中沉甸甸的水桶……"接着，老师故作疑惑地问："沉甸甸指的什么?"学生迫不及待地告诉老师"水很重"。老师接着问："那课文除了这个词语告诉我们水很重，还有地方说明妈妈手中的水沉甸甸的吗?"学生马上回文找，学生找到"一桶水可重啦!"老师启发："这桶水既然这么重，妈妈提着会怎么样?"学生继续找到："三个妈妈走走停停，累得腰也直不起来"。老师出示这两个句子，让学生小声读一读，体会水确实很重，然后请学生起来边读边做动作。学生的兴趣被调动起来，学在其中，乐在其中，接下来的课堂教学轻松而活跃。

【评析】

"沉甸甸"是一个比较抽象的词语，在这堂课上，经教师点拨，变得触手可及、具体形象。她巧妙地联系学生的生活实际，唤醒学生的经验世界，抓住学生的心理，充分尊重学生的情感体验，让学生去表演读、比赛读等。学生的兴趣被调动起来，学在其中，乐在其中。词语理解了，句子也理解了，更重要的是学生知道了理解词语的方法，学会回文找原句或意思相近的句子。

叶圣陶先生说过："要求语感敏锐，不能单从语言文字上去揣摩，而要把读到的语言文字与生活实际联系。"生活是语文课的环境（语境），又是学语文的资源，还是用语文的阵地。语文教学一旦贴近生活，就"活"了起来。（这位老师就是成都双语实验学校的何敏老师）

3.08
以图释词："粗糙"处不粗糙

有一位语文老师执教二年级的《称赞》一课，学生初读完课文，在指导学生识字时，发现不少学生受方言影响，把"粗糙（cū cāo）"误读为"cū zào"。面对来自全省各地的数千位听课老师，这位老师沉着机智——没有急于纠正学生的错误，也没有一遍遍领读词语强行识记，而是拿出了事先准备好的图片进行对比，甚至有些夸张的图：一张是一个歪歪扭扭、丑陋不堪的小板凳；一张是一把方方正正、做工精美的小椅子。

她抽出词语卡片，亲切地问道："你们想把这个词语送给哪张图片？"

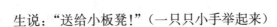

生说："送给小板凳！"（一只只小手举起来）

师："为什么要送给小板凳呢？"

生："因为这个小板凳做得很糟糕、很粗糙。"（恰好是一位字音朗读准确的学生。）

师："真了不起，不但读准了'粗糙'的读音，还能看出什么样子是'粗糙'的。联系图片学习生字，是识字的好办法！"

学生们在"小老师"的回答和教师的评价强调中多次听读词语，准确记住了"粗糙"的读音，但这位老师对"粗糙"的指导并未到此为止。

师："看这两张图片，你们能对比出什么呢？"

生："小板凳很粗糙，小椅子很精致。"

师："我们该送个什么词语给这把小椅子呢？"

精美、精致、细致……学生回答积极踊跃。

至此，学生对"粗糙"一词的读音和意思都已经了然于胸。但是，老师继续用"粗糙"引领："这粗糙的小板凳和精致的小椅子是谁做的呢？"——课文内容的学习由此开始，一节课非常顺利。

【评析】

这位教师对"粗糙"的教学指导是细致入微的。首先，这位教师准确把握住低年级识字教学的难度和梯度，不怕学生出问题，遇到问题沉着冷静，借助学生的回答和教师的评价，强调字音但并不强硬，生成了很精彩的教学内容。其次，她准确预设了学生学习的困难——字音容易出错、词意难以言传，有备而来：准备的图片是最有效的教具，既引导学生看图直观理解词义，又在对比中感受到"小板凳"和"小椅子"的差距，通过给图片送词语的方式理解了词语，符合低年级学生的认知特点。再次，这位教师以"粗糙"为切入点，引领学生识字，理解词语并不孤立，而是"字不离词，词不离句"，符合语文学习规律，在图片、词语的对比中暗示、引导学生把握课文内容。"粗糙"一词的设计别具匠心，浑然天成，显示出了教师先进的语文思想和不露痕迹的教学艺术。（这位老师就是山东省东营市育才学校的周象霞老师）

3.09
词语分类教学："费力、使劲、拼命"

有一位语文教师在进行《天鹅、大虾和梭鱼》阅读教学读词环节时，根据课文需要掌握的词语重难点和课文阅读教学的需要，有效地将词语进行了分类。

第一组词语是"费力、使劲、拼命"，词语以词卡的形式一一出现。教师抽一学生读"费力、费力"，学生读准了字音，但是没有读出感情。教师引读"费力"，加单手握拳动作让学生再来读读。学生第二次用了一点力读"费力、费力"。教师微笑着评价："用劲了，真棒！"教师在黑板上贴上词卡。教师出示词卡"使劲"，此生继续读词"使劲，使劲!""最后这个词有点难度，谁能读准字音呢？"学生再读"拼命、拼命"。教师评价："'拼'（pīn）是前鼻音，'命'（mìng）是后鼻音，读准确了，还能读好（教师重音）吗？想象你正参加班级拔河比赛！"教师双手握拳做出很使劲的样子，表情提示。学生大声用劲再读："拼命、拼命!"教师激励评价："我感觉你把所有的劲都用上了！大家一起来读!"全班齐读，颇有气势，个别同学还通过表情和动作来表达自己拼命的样子。教师从"费力"依次指向"拼命"："通过刚才的读，你发现了什么？"学生："我发现它们的意思差不多，但一次比一次用力。"教师说："是啊，能把越来越用劲的感觉读出来吗？我们一起来试试。"全班读词组"费力、使劲、拼命"。

【评析】

词语教学是小学低段语文教学的重要组成部分，也是小学低段语文教学的重点。语文教师只有带领学生沉入词语的感性世界里，让他们多角度地触摸，才能使词语的含义在他们的心中变得丰厚起来，才能让学生丰富语文文本的内涵，并感受到语文课上浓浓的语文味。词语教学是"字""句""段""篇"教学的桥梁和纽带，贯穿于整个语文教学，亦是阅读教学的基础。特别是小学低段教学，识字量特别大，是积累词汇的关键时期，因此低段词语教学的有效性就显得尤为重要。

这个案例把时常走马观花式的词语教学扎扎实实地落到了实处，提高了词语教学的实效性。教师着重从词义、字音维度进行考量，精心将其分类，并且在教学中从读准字音到读懂字义到最后的读好词语，一步一步达到了分层的教学目标，让学生在词语学习过程中有收获、有提高。在进行词语的筛选和分类时，教师将"费力、使劲、拼命"这组意思相近而意义递进的词语分为一类。在词语教学过程中，通过语言、表情、手势引导学生理解词语，从而读好词语，为随后更好地进行阅读教学奠定了基础。（这位老师就是成都高新区小学语文教师马小敏）

3.10
从生活中来，到生活中去："欢腾"一词的教学

有一位语文老师在进行《看花灯》中"欢腾"一词的教学时是这样做的。首先，老师引导学生："外面到处都是像课文中一样形态各异、五颜六色的花灯。你们能想像一下当时的场景是怎样的吗？用文中的一句话来说一说。"学生找到并齐读课文中的句子："元宵夜，看花灯，大街小巷人欢腾。"老师问道："你们从这句话里感受到什么？"学生纷纷举手，一个学生回答："我从这句话里感觉到大家很快乐！"老师追问："你能说说哪个词让你感觉到大家很快乐？"学生继续回答："不是词，是从'欢'这个字感觉到大家很

快乐，'欢'就是欢快的意思。"老师点评："你真是一个会读书、会思考的孩子，能从'欢'这个字感受到人们的快乐。"

老师继续引导："在文中'欢'和哪个字组成了词语呢？"学生一起回答："欢腾！""我们从'欢'字里感受到了快乐，从'腾'字里能感受到什么呢？"学生们沉默了。老师提醒学生："你们平时什么时候听到过'腾'这个字？"一个学生思考了一下举手："烧水的时候，水沸腾了的'腾'是这个字吧？"老师表扬："你是个会学习的孩子！"并引导："水沸腾时是什么样子？"学生纷纷举手，一个学生说："妈妈烧水的时候我在旁边看了，水开的时候咕噜咕噜地响。"一个学生抢着说："水面上要冒很多的泡泡。"还有一个学生说："就像水在唱歌跳舞一样。"老师表扬："你们真会观察。孩子们，你们想象一下，大街上的人就像烧开的水一样，那样的场景用一个词来说说，是——"学生一起回答："热闹！"老师引导："那你们能从'欢腾'这个词感受到什么呢？"学生回答："很快乐，很热闹！"老师引导："好的，孩子们，就让我们快快乐乐、热热闹闹地读一读这句话。"学生齐读："元宵夜，看花灯，大街小巷人欢腾！"

【评析】

对于一年级学生来说，字词的理解一直是比较困难的。老师们常采用的方法是告诉或者利用多媒体呈现场景让学生感悟，但这样的教学方法学生都是被动接受。要想让学生主动去学习、去理解就要发挥学生的主体性，强化发散思维。要让学生真正成为学习的主人，老师首先必须从传统的教学束缚中彻底摆脱出来，变以老师讲为主的阅读教学模式为在老师主导下以学生学为主的阅读教学模式。在上面的课例中，老师一路通过点评交给学生正确理解的方法。当学生遇到瓶颈无法理解的时候，老师并不是一味地"给"，而是引导学生联系生活实际来理解文中"腾"的意思。虽然说得不

第三章

词语教学案例评析

是很到位，但是在学习中，学生通过自己的积极思考联系生活理解到了"欢腾"这个词的意思，不仅训练了学生的思维，还增强了学生的成就感，激发了学生继续理解的兴趣，相信这次教学是促进学生积极思维的前奏。（这位老师就是四川省成都市天涯石小学锦东分校的张凤老师）

3.11

在表演中释词："气势汹汹"一词的教学

有一位小学语文老师在进行《小稻秧脱险记》中"气势汹汹"一词的教学时，首先问学生："谁知道'气势汹汹'的意思?"接着有几个学生举起了小手。老师便喊了这几个举手的学生到前面去，拍着他们的肩膀说："这几位同学都懂了，没有懂的同学请看我们表演。我当小稻秧，他们几个当杂草。杂草把小稻秧团团围住，他们应该怎么站?"那几个学生便从四面把老师围住。（笑声）老师又说："你们要干什么?"那几个学生声音低沉地说："快把营养交出来。"老师皱起眉头说："看来，你们没有读懂'气势汹汹'的意思。要凶，声音要大，把腰卡起来。"于是，几个学生便卡着腰，大声凶恶地说："快把营养交出来!"只见"小稻秧"若无其事地说："我们刚搬到大田不久，正需要营养，怎么能交给你们呢?""杂草们"不知所措，老师问全班同学："他们应干什么?"学生们争着回答："他们应上前抢营养。"老师说："对了，要抢。营养在地里，快!""杂草们"一拥而上，抢起了营养。"稻秧"没精打采地垂下了头，下面的学生哈哈大笑。老师边笑边说："'杂草'厉害不厉害? 凶不凶?"学生们回答："厉害，凶。"老师接着又说："这就是'气势汹汹'"。

【评析】

我们身边有部分老师常常叫学生背词语解释，背了以后，不懂还是不懂，即使懂，也不会灵活运用。这位老师则借助情境启发学生去自悟，让学生在表演活动中体会了词语的意思，调动了学生学习的兴趣和积极性，活跃了课堂气氛，让学生记得更牢、记得更深，达到了教学目的，出色地完成了词语教学的任务，为我们做出了很好的教学示范。

这位老师的精彩课堂让我们看到了爱动、表现欲强是小学生的天性，让学生重现语境，扮演课文中的角色，学生的课堂参与性将大大提高。当学生真正成为学习的主人，学习真正成为乐趣时，我们的教学就会成功。（这位老师就是江苏省徐州市小学语文特级教师于永正老师。此案例由四川省成都市新津县花桥小学的高泽英老师推荐）

3.12
在表演中释词："跳""吼""蹦""翻滚"等词的教学

有一位语文老师在进行《狮子与兔子》中"跳""吼""蹦""翻滚"一系列动词的教学时，首先请学生用红笔勾画出第三自然段中的动词，再请学生齐读文中句子："狮子跳起来，吼着、蹦着、翻滚着，想把红蚂蚁赶走，可是累得筋疲力尽，还是赶不走身上的红蚂蚁。"接着，老师在非常了解学生活泼好动的天性以及注意力集中时间不长等特点的基础上，设计了用"朗读＋动作表演"来理解课文内容的办法。老师对学生说："把课文的内容用动作表演出来也是理解课文内容的好方法。现在请全班同学仔细听老师朗读，边听边演一演狮子。"全班学生个个兴致勃勃：他们跳起来，张大嘴巴大声地嚎叫，到处乱蹦，有的学生甚至在地上打滚，把急躁、脾气大的狮子形象表演得活灵活现。接着，老师又请小组长朗读该段，小组其他成员表演，然后再请全班学生朗读，指名让一个学生到讲台上表演。学生积极性高涨，很快懂得了"跳""吼""蹦""翻滚"的意思，并通过动作认识到了狮子的急躁、脾气大。

【评析】

在低年级的阅读教学中，理解词语一般可以采用换词、朗读、表演等方式。在这节课中，老师通过范读请学生表演，再请基础好的小组长朗读，小组成员表演，接着请全班同学朗读，指名表演的方式，既让学生记住了这一系列动作的字音，指导了朗读，同时通过表演又懂得了各个动作所表示的意思。让所有的学生都来表演，把狮子的形象表演出来，既具体又形象。老师让孩子们跳，让孩子们吼，在"又蹦又跳"的情境中体验到狮子急躁的情绪，从而达到了教学目的。（这位老师就是四川省成都市嘉祥外国语学校小学语文高级教师黄琼。此案例由四川省成都市天涯石小学锦东分校的倪琳琳老师推荐）

3.13

在表演中释词："探"一词的教学

有一位小学语文老师在教学《一只小鸟》中"探"一词时，正巧一个调皮的学生伸长了脖子朝后面听课的老师偷偷张望。老师走到他的身边摸着他的头说："瞧，这只可爱的小鸟已经迫不及待地探出头去看周围的世界了。"这个学生一愣，一下就坐正了。老师又说："这个'探'就像他这样伸出头，当然如果再伸出半个身子就更好了。"学生们一下子乐了，都跃跃欲试。老师继续创设情境："孩子们，你们知道吗？这是小鸟第一次探出头来看外面的世界，它会怎么看？我来读，你们来演吧。"于是，老师读，学生们伸长脖子，伸出半个身子演了起来。

接着，老师请一个学生表演，其他学生读。可这个学生很紧张，微微伸着脖子。老师相机评价："看得小心翼翼，看来很有安全意识，这么高的树，可真得当心呀。你看到些什么呢？"这个学生答："灿烂的阳光，葱绿的树木。"老师进一步启发想象："假如你就是这只可爱的小鸟，你探出头还会看到什么呢？如果能以灿烂的阳光、葱绿的树木这样的形式回答就更好了。"学生纷纷发言说："蓝色的小河、五彩缤纷的野花、可爱的小蘑菇、翩翩起舞的蝴蝶、勤劳的小蜜蜂……"学生们的回答精彩纷呈。老师顺势追问："可爱的小鸟们，你们探出头看到这么多美景，心情怎样？"于是，所有的学生都体会到了鸟儿的快乐、兴奋，那个调皮的学生和那个表演拘束的学生也都兴味盎然地进入了以后的学习。

【评析】

老师是带着预设走进课堂，与一群并不知道你教学设计的学生共同完成教学的。这个过程中的一切都是生成的，学生的参与充满变数，并且是推动课堂教学展开的重要因素。所以，我们的课堂教学从一开始就变成了师生共同推动的课堂教学。

一个伸长脖子偷看听课老师的调皮孩子和高高枝头的小鸟探出身子张望，无疑是风马牛不相及的。可老师没有提醒、纠正他打晃的坏习惯，而是因势利导："瞧，这只可爱的小鸟已经迫不及待地探出头去看周围的世界了。"这样既保护了学生的自尊，又让全班学生对"探"这个词在脑海里有了鲜明的印象。当学生因为紧张而不自然地表演时，老师没有在表面的表演上做文章，而是引导学生深入想象："你看到些什么呢？"同时，老师指导学生调动已有的生活体验：蓝色的小河、五彩缤纷的野花、可爱的小蘑菇、翩翩起舞的蝴蝶、勤劳的小蜜蜂……原来探出头的世界和鸟巢里的世界是如此不同，如此新鲜有趣。学生用自己的生活体验丰富了"探"的表象，于是感受到鸟儿的快乐心情，水到渠成。（这位老师就是四川省崇州市怀远小学的杨静老师）

3.14

具体的语言环境，让理解词语更容易

在《贺年片》一文中，有些词语学生理解起来有困难，如"祝愿""嘱咐""希望"。如果直接告诉学生词语的意思，学生也不易理解，更不懂得在何时运用更为恰当。有一位老师在教学时，恰当地把这些词语放在了语言环境中，让学生一下子就理解了这些词语的意思。

在理解"嘱咐"一词时，这位老师是这样处理的。

老师先说书上句子"大海嘱咐我，把贝壳变成小船"，再和同学共同讨论句子"天冷了，妈妈嘱咐我（　　　　　　　）不要冻着了"该怎样填充。紧接着 PPT 出示句子，要求学生完善："放学了，老师嘱咐我（　　　　　　　　　）。感冒了，医生嘱咐我（　　　　　）。

学生联系生活实际，立即就能答出："放学了，老师嘱咐我要注意交通安全。""放学了，老师嘱咐我回家要先做作业。""感冒了，医生嘱咐我要按时吃药。""感冒了，医生嘱咐我要多休息。"

在教学"祝愿"与"希望"这两个词时，这位老师也是采用了同样的方法。

把词语放到具体的语言环境中去，通过句子的补充，学生一下子明白了"祝愿""嘱咐""希望"的意思，并且知道该怎么去运用这些词语。

【评析】

结合上下文和生活实际了解课文词句的意思，对于二年级的学生来讲具有一定的难度。怎么让学生在轻松、有趣的氛围中更高效地理解这些词语是老师一直探讨的问题。这位老师在教学中首先根据文中"嘱咐"一词出现的语境对学生进行启发，再以填空式的造句形式出现，让学生轻松地积累并理解了"祝愿""嘱咐""希望"的意思，并且还能正确地运用它们。（这位老师就是四川省成都市菱窠路小学的罗小玲老师）

3.15
联系生活释词："目不暇接"一词的教学

有一位语文教师在进行《小镇的早晨》中"目不暇接"一词的教学时，首先从第三自然段的中心句"小镇的早晨又是热闹的"入手，让学生在文中找出表现"热闹"的语句。当学生找到"沿街摆满了各种蔬菜、水果和土特产……真叫人目不暇接"一句时，教师让学生首先结合课文运用本册"金钥匙"所教"联系上下文理解词语"的方法自己试着理解词语"目不暇接"。学生很快发现了"街道上摆放着各种各样的物产，眼睛想看这个，又想看那个。"紧接着，教师引导学生联想自己在生活中可曾见到过这样的情境。有的学生说在塔子山公园的灯会上有过这样的感觉，因为那里有各种各样的灯——龙灯、熊猫灯、荷花灯；有的学生说在大庙会的"小吃一条街"上见到过这样的情境，那里有琳琅满目的名小吃——张飞牛肉、凉粉、凉面、叶儿粑；有的学生说在商场的玩具专柜前有过"目不暇接"的体验；还有学生说在超市的零食货柜前，面对薯片、山楂、棉花糖、奥利奥饼干、果冻等零食的时候就有眼睛忙不过来、不知道该选什么的感觉。待学生描述一番后，教师用幻灯片出示了一些果蔬市场的图片，蔬菜、水果、鱼虾堆满了画面，教师再快频率地手指不同的物产，让学生的目光不停地移动，从而深刻感受了"目不暇接"——东西太多，眼睛看不过来的意思。

【评析】

三年级上期是学生阅读理解能力培养的起步阶段，新课标提出：能联系上下文，理解词句的意思，体会课文中关键词句在表情达意方面的作用。能借助字典、词典和生活积累，理解生词的意义。这位教师不怕耽误时间，把词语理解做得扎实、多样，将多种理解词语的方法巧妙地渗透在教学中（联系上下文理解法、联想生活实际理解法、做动作理解法），让学生从书本走向生活，全面、深刻地理解词语，也让学生明白了理解词语不能仅仅用一种方法。"授之以鱼，不如授之以渔。"这是每一位教师在自己的教学中应该做到且必须做到的。（这位老师就是四川省成都市锦官驿小学的李萌老师）

3.16

联系生活释词："饱经风霜"一词的教学

一位老师在教学《我的伯父鲁迅先生》中"饱经风霜"一词时，先问学生："在你碰见过的人中什么样的人是饱经风霜的？闭着眼睛想一想。快！"学生瞑目思之。

不一会儿，学生甲说："骑三轮车的大爷。"

"他长得什么样子呢？"老师饶有兴趣地问。

学生甲说："这位大爷大约五十来岁，脸黑黝黝的，皮肤特别粗糙。"

老师说："你有一双慧眼，看来你已经体会到了'饱经风霜'的含义了。还有谁想说说？"

学生乙："修车的老爷爷。老爷爷两鬓斑白，一张古铜色的脸，颧骨高高突起，额头上刻满了深深的皱纹。"

"你真是一个会观察的孩子。"老师赞许地朝他点点头。也许受到刚才两个同学的启发，其他同学也都争先恐后地举起了手。

接着，老师出示罗中立《父亲》的油画让学生观察，体会其形象后，让学生写一写这张脸，最后说"这就是一张饱经风霜的脸"。

【评析】

在公开课上，有的教师为了展示的效果，词语教学蜻蜓点水或者把词语的解释告诉学生，这样学生得到的也只是冰冷的文字，词语理解的效果可想而知。

这位教师没有叫学生查词典解释，也没有直接告诉学生，而是从生活实际出发，让学生去想想"饱经风霜"的具体形象，让这种形象在学生头脑中形成画面，再出示一个直观的画面，让学生体会到"经历过长期的艰难困苦的生活和斗争"的人的面容是什么样的，从而领悟词语丰富的内涵。虽然没有直接用文字解释，但那活生生的画面却深刻地印在了学生脑海里。

这位教师巧妙地联系了学生的生活实际，唤醒了学生的经验世界，让词语的具体形象出现，把文字变成可感知的画面，使得抽象的词语变成直观的画面，触手可及，效果颇佳。（这位老师就是四川省成都市新津县永商镇永商小学的帅波老师）

3.17
联系生活释词："面不改色"一词的教学

有一位语文老师在进行《秉笔直书》中"面不改色"一词的教学时，用学生的生活实际拉近了他们与古代史官的距离，并且进行了对话。首先她请大家联系上下文找出"面不改色"这个词在文中哪句话里。于是学生找到并齐读出来："太史仲面不改色，冷笑着回答……"接着，老师说就这一句还不够，应该再往前面多找一些，学生又继续读出了之前崔杼说的那句话。老师将文中的意思简单阐述："面对死的威胁，太史都还面不改色，可见是如此镇定。"她又举例："记得咱们班曾经就发生过类似的事。有一次，咱们班的小英雄面对入室盗窃的歹徒，仍然是面不改色，镇定自若。现在请大家仿照这句话说说在生活中你们有没有面不改色的时候。"学生们思考了一下，纷纷举手。一个学生说："一次在老家的路上，我遇到了一只凶恶的野狗，想着爸爸对我的鼓励所以我面不改色。"另一个学生说："我的叔叔是一名警察，每次面对歹徒都面不改色。"又有一个学生说："我和妹妹有一次遇到了坏人，但是为了不让他们得逞，我们一直面不改色。"接下来，老师点评，认为大家都能够理解"面不改色"的含义了，并且能够联系生活来运用。最后，老师请大家把课堂练习本拿出来，用"面不改色"写一句话，能写几句话或是一段话更好。

【评析】

曾经，阅读教学中的词语教学方法单一、死板，要么直接查词典，要么就是把答案告诉学生。为了保证教学进度，教师经常是一笔带过，学生怎么可能理解？即使部分学生还能够联系上下文来理解，但也是很片面、不完整。结果是，阅读教学花了大量时间，而学生的理解能力难有提高。

从学生的角度看，理解词语、学习阅读的目的是运用，在运用中理解词语、学习阅读才有效果。"面不改色"虽然是出现在春秋背景的文章中，但对我们来说并不是完全陌生。本案例学生结合生活实际进行运用，不再局限于要解释正确，所以学生减少了畏难情绪，课堂因而生动活泼。

生活的外延有多广，语文的外延就有多广。任何知识都来源于生活，又可以回到生活，生活应该是语文教学的主阵地，我们不要忘记坚守这块阵地！（这位老师就是四川省成都市沙河堡小学的吴迁玉老师）

联系生活和语境释词："犹豫"一词的教学

有一位语文老师在进行《我必须去》中"犹豫"一词的教学时，指导学生朗读2～5段对话后，渲染："你想看马戏盼了好多天，爸爸有了马戏票，要你现在就去看，你想去吗？"引读第6段。老师出示图片渲染："瞧，山羊拉车多么有趣，会算算术的小狗多么聪明呀，老虎钻火圈也很精彩哦，想不想看？"齐读第6段。老师问："可是（稍有停顿），李丹又想起了什么呢？如果你是李丹，你怎么想？"一个学生说："我不知道怎么办了。"老师渲染："是啊，你又要去敬老院，又想去看马戏，你不知道怎么办了，是吗？"引读："所以，李丹犹豫了。"老师小结："你想这样，又想那样，拿不定主意了，这就是'犹豫'。谁能用'犹豫'说一句话？"学生纷纷举手。一个学生说："小白兔看见地上有块果皮，没有犹豫就将果皮捡起来扔进了垃圾箱。"老师点评："没有'犹豫'换成'毫不犹豫'会更好，你再说一次。"另一个学生说："好朋友让我借作业给他抄，我犹豫了一会儿，说不能给你抄，我给你讲讲吧。"老师点评："原来，你犹豫就是在想办法。"又一个学生说："我生病了，妈妈让我别去上学，我犹豫了。"老师点评："你犹豫就是拿不定主意了。"

老师渲染："李丹正在犹豫时，电话里又传来了爸爸急促的声音。"同桌练读7～8段对话，一组学生表演。老师采访"李丹"："你在给爸爸说要去敬老院时，你还想去看马戏吗？"学生回答："想。"老师点评："怪不得我听到你还是有点犹豫。是啊，其实这时李丹都还在犹豫呢。"男女生分角色再读对话。

【评析】

新课标对于低段阅读教学中的词语教学提到了这样一点：结合

上下文和生活实际了解课文中词句的意思，在阅读中积累词语。这位教师在教学中，通过图片激发学生"看马戏"的兴趣。当学生沉浸在此情境中时，将李丹遇到的问题放在学生身上，在学生说出"不知道怎么办"时，小结"犹豫"的含义。通过已学课文中的故事情节为学生的迁移运用搭桥铺路，在学生的运用和老师的点评中，让词语"活"起来了。让学生朗读 7～8 段对话，用"采访"的方式，再次引导学生在具体的语境中巩固了"犹豫"。她巧妙地联系上下文内容和学生的生活实际，通过语言渲染，使学生在置身语境的同时，积累并运用了词语。（这位老师就是四川省成都市五桂桥小学的杨敏老师）

3.19
联系生活和语境释词："应接不暇"一词的教学

有一位语文教师在进行《鸟的天堂》中"应接不暇"一词的教学时，首先让学生找找"应接不暇"这个词在文中哪句话里。学生大声读出句子："我的眼睛真是应接不暇，看清楚这只，又看漏了那只，看见了那只，第三只又飞走了。"

师："应接不暇"中哪个字最不好理解？

生："暇"字。

师："暇"是什么意思？

生：词典上说的是"空闲，没事的时候。"

师：你预习很到位。"暇"与时间有关，所以要记住它是"日"字旁。"不暇"就是——

生：没有空闲，很忙。

师："应接不暇"呢？（出示课件，学生欣赏画面）

师：这里的鸟真多。看清楚这只——

生：又看漏了那只。

师：看见了那只——

生：第三只又飞走了。

师：看得我们眼花缭乱，眼睛都忙不过来，这就叫——

生：应接不暇。

师：鸟儿多得让人眼睛看不过来，这就叫——

生：应接不暇。

师：商场里，商品琳琅满目，我们的眼睛看不过来，这也叫——

生：应接不暇。

师：生活中，你有过"应接不暇"的时候吗？（学生练习用"应接不暇"说话）

生1：春天的美景让我应接不暇。

生2：超市里各种各样的美味零食让我应接不暇。

【评析】

新课标提出中段阅读教学目标之一是：体会课文中关键词句在表情达意方面的作用。可见，词语教学在中段尤为重要，是帮助学生理解文章内容、体会文章情感的关键所在。如何在中段进行词语教学，实现词语教学工具性与人文性的统一是词语教学中的重难点和关键。这位教师在词语教学上做得扎实、有趣、高效。她没有让学生直接去解释再造句，但是从学生的运用情况看，学生已对"应接不暇"一词理解了。这确实是妙不可言。（这位老师就是四川省大邑县三岔小学的曹俊英老师）

3.20

入情入境品词语："忍耐"一词的教学

有一位语文老师在进行北师大版四年级下册课文《朱鹮飞回来

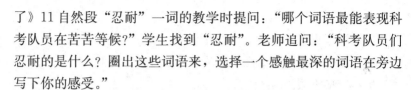

了》11自然段"忍耐"一词的教学时提问："哪个词语最能表现科考队员在苦苦等候？"学生找到"忍耐"。老师追问："科考队员们忍耐的是什么？圈出这些词语来，选择一个感触最深的词语在旁边写下你的感受。"

学生快速浏览后回答："天气很热，骄阳似火，热得科考队员们汗流浃背。"老师渲染酷热的氛围："你关注到了他们等候时的天气，在这样炎热的天气里你最想——"学生自由想象，喝汽水、扇风扇、游泳，洗澡。老师继续带领学生进入课文的情境："孩子们都想吃冰棍、游泳来解暑，看来天气实在是太热了。不只骄阳似火，他们还是隐蔽在——"学生答："稻田中。"老师补充："是啊，夏天稻田里的稻谷足有一米来高，像火一样把他们团团围住，并且隐藏在其中还会被稻穗刺疼。在这样炎热难熬的环境下，你觉得苦吗？"学生齐答："苦。"

老师提示继续找表现"忍耐"的地方。学生说："蚊虫袭扰。"老师追问："什么才能称为'袭扰'？"学生思考："袭击、干扰。"老师解释道："是啊，袭击就是乘其不备，叮一下就飞走了。但这些蚊虫是这样吗？"学生："不是，它们是'不停地'，说明次数很多，不只一次。"老师进行朗读指导："你来读一读，读出他们是怎样忍耐着蚊虫袭扰的。"

接着，老师进一步启发学生联系生活进行想象："科考队员可能被叮成什么样了？"学生猜想："满身是包，手上脚上没一块好肉。"老师顺势说："那该有多惨啊！这里也可以看出他们是在——"学生答："忍耐。"

老师："还有吗？"学生答："'多时'说明等待的时间很长。"老师始终围绕情境让学生感受词语："这里可以看出他们仍旧在——"学生："忍耐着。"老师指导读书："咱们一起来读一读感受一下等待的漫长。"学生齐读。老师进行总结："虽然这么辛苦，但大家都没有放弃，一直忍耐着就是为了等候到朱鹮。"

【评析】

教师以文中人物焦灼期盼又极耐心的心理表现——"忍耐"入手，从天气热、蚊虫袭扰、等待的时间长三个方面来反映他们的"忍耐"。从表及里地渲染气氛到联系生活实际，带领学生一步步进入到文章的情境中，条理清晰，学生接受起来也容易。学生能更真切地感受到科考队员的忍耐和苦苦等候，让他们觉得自己不是置身事外，仿佛也是和这些期盼寻找到朱鹮的人一样感同身受。

在整个教学过程中，教师始终坚持围绕着抓关键词进行分层次地朗读、品味。让学生在读中感悟思考，自己去感知品味，通过多种形式的朗读使书面语言内化为学生自己的语言，有效地提高其理解、运用语言的能力。（这位老师就是四川省成都市成华小学的黄志平老师）

3.21
生僻词也有大作用："嗔怪"一词的教学

一位老师在进行《爱如茉莉》中"嗔怪"一词的教学时，首先让学生猜一猜"嗔怪"（chēn guài）的意思。学生极少接触这个生僻的词语，都很困惑。

于是，老师让大家去查一下"嗔"字在字典里面的解释。当学生查到"嗔"字是"生气"的意思的时候，老师就顺势让学生试着用"嗔怪"的语气读一读文中的对话。学生一下子兴奋起来，纷纷举手。老师抽了一位女生示范，女生示范的时候比较羞涩，恰恰应和了"嗔怪"隐含的羞涩色彩。

接着，老师又抽了一位男同学来示范，顿时课堂上笑作一团。老师好奇地问原因，学生不好意思地说，感觉"嗔怪"这种声气用在男性身上不协调，很搞笑。老师接着再让学生猜一猜"嗔怪"的意思，学生顿时来了兴趣，有的说"嗔怪"只能用在女性身上，有的说"嗔怪"是不好意思的责怪，有的说"嗔怪"是含着爱意的生气。在学生说了一大堆以后，老师揭示原来"嗔怪"就是指责怪，但其中包含对嗔怪者爱的成份多一些；并且补充，语句中表面上是骂，其实是满含爱的一种方式。学生顿时明白，原来文中母亲的"嗔怪"表面上是责骂，实际上包含着母亲与父亲相濡以沫的甜蜜。

【评析】

探究生僻词的意思，往往被当作是与课文重点相背离的教学环节，在我们平时的教学过程中，往往就忽略了，或者粗糙处理。但是，在这一堂课中，这个生僻词却成为整堂课感情基调的一个切入点：从母亲带着爱意的责备到父母间如同茉莉般淡雅的爱情，就在这个"嗔怪"中被巧妙化解了。而整个过程妙趣横生，也不着痕迹，学生在不知不觉中就理解了"嗔怪"的含义。最为难得的是，在最后还引申到了父母间相濡以沫的感情。这样一来，不仅仅是生僻词处理了，就连文章主题也被一并揭示。

生僻词往往含义比较狭窄，但是既然被文本采用，必然就是因为生僻词的词义对于表达文章主旨有着常用词汇无法比拟的准确性。从这一点来说，理解课文时，与其找一个词义丰富的常用词，倒不如找一个词义精准的生僻词。如果辅之以巧妙的设计，生僻词也必定可以成为文眼，以一词之义纵观全文之情。（这位老师就是江苏省徐州市小学语文特级教师于永正老师。此案例由四川省成都市高新大源学校的许献文老师推荐）

3.22 联系上下文，想象画面："颓然"一词的教学

有一位语文教师在进行《夸父追日》中"颓然"一词的教学

时，首先请学生读含有"颓然"的句子："他还没到大泽，就像一座大山颓然倒了下来。"接着，请学生联系下文，再读一读句子："夸父遗憾地看着西沉的太阳，长叹一声，便把手杖奋力向前一抛，闭上眼睛长眠了。"

然后，教师启发："通过下文这句话，你觉得'颓然倒了下来'里含着什么意思？"学生回答："一点儿力气也没有了。""突然地。""筋疲力尽。"……于是，教师适时板书筋疲力尽、突然。

教师继续启发："想象一下，夸父倒下时具体的样子是怎样的？"学生想象夸父倒下的具体动作："腿一软。""身一歪。""一下子倒了下去。"

教师板书以上词语，并做进一步引导："看着板书，试着把词语连在一起说一句话。"学生说："筋疲力尽的夸父，腿一软，身一歪，突然一下子倒了下去。"教师点评："还可以换个方式说吗？"学生说："腿一软，身一歪，夸父突然间倒了下去。"

教师总结："你们说出的这句话就是对'颓然'的理解。有时候，我们遇到的词语需要联系上下文去理解，如果感到很难用一两个词语来解释它，不妨用一句话来表述你的感受和理解。"

【评析】

词语背后往往隐藏着一个具体的意象。教师可以通过多种方式引导学生完成对词语的释疑。例如，联系上下文，结合学生生活阅历，想象具体的画面，或者在运用中加深对词语的理解。这些方式往往是交织在一起综合运用的。

对"颓然"一词的理解，即是运用联系上下文、想象画面的一个体现。教师引领学生想象人物的动作、样子，把学生心有所悟的模糊感受用简单、清晰的语言表达了出来。在表达的过程中，教师着意鼓励学生独立地、有创意地表达。此外，学习方法的渗透也有助于学生提高分析和解决问题的能力。（这位老师就是山东省东营

3.23
释词与阅读结合："震撼"一词的教学

有一位语文老师在进行《平分生命》中"震撼"一词的教学时，让学生反复读"震撼"一词所在的语段："医生被男孩的勇敢震撼了：这个男孩只有十岁呀！他以为输血就会失去生命，当他决定给妹妹输血的那一瞬间，他一定是下了死亡的决心，这是多么大的勇气啊！"老师启发："谁能把这个词语拆开，分别解释每个字的意思？"学生回答："震是震动的意思，撼是摇撼的意思。"老师肯定学生的答案："对，这就是这个词语的本义。"老师接着启发："你们曾经有被震动、摇撼的感受吗？"一个学生回答："在汶川大地震发生时，我有过震动、摇撼的感受。"

老师接着启发："在文中谁被震动、摇撼了？"学生答："医生。"老师补充："医生和你一样身体被摇动了吗？"学生纷纷摇头微笑。

老师继续说："那么，医生的什么被震撼了？"学生齐答："他的内心。"

老师进一步启发："医生的内心因为什么而震撼？"一个学生答："医生的内心被男孩的勇气和对妹妹无私的爱所震动了。"

老师总结："正如你们所说，'震撼'本义是指震动、摇撼。在文中是指医生被男孩的勇气和他对妹妹无私的爱所深深感动，并被感染着、影响着。"

最后，老师请大家用"震撼"说几句话，修改后写在课堂作业本上。特别要注意在使用"震撼"一词时，让句子能够表达一定的感情。

【评析】

在阅读教学板块，教师应当通过重点词帮助学生理解课文，采用的办法可以是借助字典、词典和生活积累，理解生词的意义；可以是联系上下文和生活实际了解课文中词语的意思，从而体会课文中关键词句在表情达意方面的作用。

这个案例就体现了教师在通过理解词语进而体会文章情感方面所做的努力。教师采取层层深入的办法，由理解词语本义到结合课文内容、语境进一步分析，其中还穿插学生自己对生活实际的感悟，充分地挖掘了词语的内涵，进而帮助学生理解了文章所表达的思想感情。整个教学环节流畅、清晰，学生收获颇丰。（这位老师就是四川省成都市沙河堡小学的杨益老师）

3.24
创设造句情境："纳闷"一词的教学

有一位小学语文老师在执教《狐假虎威》一课，让学生理解了"纳闷"一词后，又让学生用"纳闷"一词造句。突然，老师将一个学生请到前面，在该生耳旁悄悄说了些什么。之后，老师转身问其他学生："老师刚才的举动，你们纳闷吗？说说心里怎样想的？"

有同学小声说："老师请她到前面去，我很纳闷老师说了什么。"

又有同学低声说："老师对她说了什么悄悄话，让她那么高兴？"

还有同学干脆直接说："看着那位同学高兴的样子，我很纳闷老师说了什么，她怎么这么高兴？"

老师微微一笑："想知道答案吗？"

老师对那位同学说："请你大声告诉全班同学，老师对你说了什么。"

那位同学很激动，满脸通红地说："老师说，我今天听讲认真，还回答了好几次问题，真了不起！"

【评析】

好一个"纳闷"！教师的设计非常巧妙，有效地创设了造句练习情境。如果直接让学生用"纳闷"造句，学生需要先搜集使人纳闷的语言素材，难度比较大。教师通过与学生表演说悄悄话，成功创设了一个使学生纳闷的真实情境，为用"纳闷"造句准备好了素材，降低了难度，还成功激发了学生学习的兴趣。（这位老师就是江苏省如皋师范附属小学的王志刚老师）

3.25
在语境中学会使用形容词："死"了十二次

我国儿童文学作家张秋生的《"死"了十二次》（香港小学语文教材）：

在校园里的篱笆下，

有两个同学在说话——

一个说：

昨天晚上，

爸爸送我一双球鞋，

我高兴死了。

一个说：

前天半夜里，

有只蟑螂爬上床，

把我吓死了。

一个说：

今天的数学测验，

我别想得到好成绩，

因为题目难得要死。

一个说：

这几道题目，

正巧我都复习过，

简直容易得要死。

一个说：

我有本漫画书，

真是好看得要死。

一个说：

我有盒巧克力，

真是好吃得要死……

两人谈话不到十分钟，

已经整整"死"了十二次。

有什么办法不"死"呢？

还是请他们多学一点形容词。

这首诗以对话的形式反映了小学生的语言现实，富有儿童情趣。

有一位老师教学这首诗时设计了以下几步：第一步，初读。让学生自读一次，学生笑了；师生合作读一次，学生又笑了。第二步，审题。老师让学生猜题目，学生说："死了十二次"。不过，这个题目好可怕，两个小学生真的死了十二次吗？因此，老师问需要加什么符号。学生说，添加引号。第三步，仿写。老师即兴仿写诗句。老师在短短的时间里就死了四次，这是老师的经历。估计学生们也有这样的经历，让他们用这样的诗句写下来。学生也仿写诗句。第四步，改写。都说汉语是世界上最美的语言，可是，如果说话时，这也死了，那也死了，单调乏味，还美吗？岂不把祖先气死了，把外国人笑死了。有什么办法让这些诗句起死回生，让汉语更美呢？学生齐读最后两句："有什么办法不'死'呢？还是请他们多学一点形容词。"然后老师说："我们就用形容词来改写诗句，赶走该死的'死'吧。形容忙的词语有哪些?"学生说："有焦头烂额、不亦乐乎、不可开交、晕头转向……"学生接着用这些词语替换"忙得要死"。老师又问："形容高兴的词语有哪些?"学生说："有喜上眉梢，欣喜若狂，心花怒放……"学生接着用这些词语替换"高兴得要死"。最后老师说："仿写的都改了，你们呢，也改改吧。"

【评析】

第一，课文是什么？课文是例子、引子，不能停留在例子上，抱住课文不放。课文是情境和语境，是学用形容词的具体事情。第二，建构学用形容词的意义。每一个人读了这首诗都会被唤醒，感受到学用形容词的必要性和重要性。第三，语文学习有两件事：一是积累，二是运用（仿用）。

3.26
回答怎么理解：联系上下文理解

有一位小学语文教师在引导学生理解"郁郁葱葱"这个词语时，引导学生将前文读一读，"山脚下，曾经有过一个美丽的小山村，山上是郁郁葱葱的树林……"再结合后文"人们每天都能听见鸟儿在林子里婉转地歌唱"来理解什么是郁郁葱葱。于是，学生回答："形容树很多"。老师追问："你是怎么知道的?"学生答："因为作者在写一个美丽的小山村。"老师追问："那仅仅是树多吗? '葱'是什么意思?"学生回答："像地里的葱子一样又绿又多。"老师总结："对，既然说山村美丽，那树木肯定颜色特别绿、数量特别多，所以郁郁葱葱就是形容树木多而绿的意思。"

老师接着启发："那什么又是清澈见底？"学生回答："水很清。"老师追问："水清得怎样？"学生回答："可以看见水底的小石头、小鱼儿。"老师追问："你从哪里知道的？"学生答："因为在后文中有'人们每天都能看见鱼儿在小河中自由自在地游逛'这样一句话。"

老师再进一步启发："婉转地歌唱。既然是歌唱，你说'婉转'是说明声音怎样？"学生说："声音好听。"老师总结："对，声音有起有伏，很好听。"

最后，老师举一反三，进行拓展，将六年级水平的阅读题拿来让三年级的学生联系上下文理解（如猝然长逝、积劳成疾、座无虚席等词语）。学生理解得基本准确。

【评析】

理解词语的方法有很多，小学阶段常用的有：感官参与理解、联系上下文理解、比较辨析理解、换词语理解等。而联系上下文理解是其中最常用的方法，这种方法有助于学生对文本的理解，提高阅读能力。

这个案例就是联系上下文理解词语的典范。老师通过引导学生联系上下文探究出了"郁郁葱葱""清澈见底""婉转"等词语的意思，让学生将这种方法铭记于心，以便在以后的阅读中灵活使用。（这位老师就是四川省绵阳市高新区永顺路小学的张容老师）

3.27

释词与阅读结合："黯淡无光"一词的教学

有一位语文教师在进行"黯淡无光"的理解教学时，是这样做的。

首先，教师提出问题："这是一位什么样的失败者呢？能用文中的一个词来形容吗？"再根据学生的回答，故意把"黯淡无光"写成"暗淡无光"。学生发现错误，教师顺势引导："这两个同音字非常容易混淆，我们只有理解了它们的字义，才能区分得更加清楚。请看大屏幕上的意思，你们认为本文中的'黯'应选哪个意思呢？"学生联系课文的内容选择"心神沮丧的样子"。由此，学生明白了课文中"黯淡无光"就是指失败者内心沮丧，脸上无光彩，失去了自信。

接着教师请学生自读课文二、五自然段，再思考哪些重点的词句让人感受到失败者的黯淡无光。在书中批注。在学生充分自主学习后，有了这样的汇报交流：

生：我从"垂"体会到她的心情十分沮丧。

师：你抓住人物的动作体会心情。谁还从"垂"体会到什么心情？

生：失落的心情。

师：请你读出这种心情。（生有感情朗读）

师：我想看了下面的这些画面能帮助我们更好地读出失败者的沮丧（看图片）。现在谁更能走进她的内心？再读这句话。（个别读、齐读）

生：我还从几个"怕"感受到她觉得自己失败了，辜负了大家对她的期盼，无脸见亲人和朋友，十分黯淡无光。

师：你抓住失败者的心理活动去体会，体会得很好。你们认为班里哪位同学最能读出失败者内心的害怕？（推荐读）

师：还从哪儿感受到黯淡无光呢？

生：我从第五自然段的"沮丧""愧疚""茫然"这几个词语感受到她失去了自信，根本不知道怎么办才好。这也突出了她是黯淡无光的失败者……

【评析】

词语是语言最基本的要素，如果没有对词语的正确理解和把握，就没有对篇章的理解。优质的词语教学可以为学习文章内容服务，为感悟情感服务。因此，我们一定要带领学生沉入到词语的感性世界，在理解运用中感受词语的温度和深度。

这一环节，教师抓住词语"黯淡无光"，由词意的理解扩展到对文本的理解。此所谓"牵一发而动全身"。细细分析，教师先让学生找出词语"黯淡无关"来形容失败者，然后故意在黑板上写错，吸引学生来判断，这只是对字形的区分。高年级对字形的区分要从字义入手，这样才会更深刻。于是，学生对"暗"和"黯"有了更为全面的理解，也能联系课文内容解释词语的意思。最后，再把这个词语落实到语言文字当中，引导学生抓住人物的动作、心理活动、神态去体会失败者的黯淡无光。这样使词语理解更落实、方法更具体。这也为后文的学习奠定了认知和情感上的基础。

3.28

拆分释词："登门求教"一词的教学

有一位语文教师在进行"登门求教"一词的理解教学时，首先，让学生读带有这个词语的句子："我常常去登门求教，总是能得到满意的回答。"学生大声齐读这一句。接着，教师问："这里有一个成语'登门求教'，你们知道'登门求教'的意思是什么吗？"教室里，学生们的眼睛齐刷刷地看着黑板，没有一个人举手，都显得很胆怯。教师很快补充说："遇到不理解的词语，可以把它们拆开，逐个去理解。先看看'登门'指什么？"这时一个学生说："'登门'就是把别人家的门踢开进去。"教师点评："这样上门不礼貌，可以用一个词语概括：上门。"接着另一个学生说："求教就是请求别人教他。"教师点头称赞："不错，请求别人教他用一个词来代替？"一个学生迫不及待地举手说："请教。"教师笑着说："既然每个词语的意思都理解了，那谁最先知道这个成语的意思？"这时，很多学生都高高地举起手，一个学生站起来大声答道："'登门求教'指上门请教。"教师笑着点点头说："对，以后我们遇到了不懂的词语就可以用这样的方法去理解。"最后，教师让学生把这个词语的意思及时写在书上。

【评析】

在阅读教学中词语意思的理解一直是个难题，刚开始接触这个知识点，很多学生不知该如何入手，一片茫然。一般地，教师要么叫学生查词典，要么直接告诉学生。在公开课上，教师怕耽误时间，词语教学就蜻蜓点水，走过场。这样的词语教学效果可想而知。这位教师在词语教学上却朴实、扎实。他没有让学生先解释，而是有效地教给学生方法、技巧，在使用中去领悟那丰富的内涵，让学生在实践生活中去体验、感受。（这位老师就是四川省成都市小学语文高级教师蒋志英）

3.29
拆分释词："买卖"一词的教学

有一位语文老师在进行五年级《卖鱼的人》中"买卖"一词的教学时，首先板书"买卖"两个字，然后问："这两个字能区分吗？谁来读一读？"于是抽一个学生读字："买（mǎi）卖（mài）。"能读准字音。"对！读得好。合起来能读吗？"学生读"mǎi mài"，老师认真地说："读错了。"接着再抽一个学生读，还是读"mǎi mài"，老师于是郑重地教读："mǎi mai，'卖'读轻声。"学生跟着读准语音。老师接着问："'买'是啥意思？"一个学生说是用钱买，另一个学生补充说是用金钱或者其他值钱的东西从别人那儿买回需要的东西。老师规范道："用钱换取物品。那'卖'是啥意思?"学生醒悟了："卖是用物品换钱。"老师追问："那'买卖'是什么意思?"学生说："是用货币和商品进行交换"。老师说："换一个词?"学生吞吞吐吐地说是做生意、交易。老师问："对，用货币和商品进行交易就是'买卖'。那大笔钱的买卖叫什么?"学生说叫贸易。

【评析】

词语教学是语文教学的一项重要内容，在培养学生语感、理解能力上起着重要作用。同时，通过生字词的学习，学生还可积累词汇，为阅读、写作、说话练就基本功。但是词语教学常常被误认为是低段的事，高段往往忽略了，特别是一些看起来似乎很平常的词语。结果高段老师常常抱怨低段老师没有扎牢基础，学生字词读音不准，错别字出现频率高，简单的词语的意思都不知道，写作语言贫乏，用词不准。其实，语文学习，字词句段篇、听说读写书，各年段有所侧重，但不可截然分割。新课标对各年段字词教学与阅读中的词语教学都做了明确规定，其中，高段是"能借助词典阅读，理解词语在语言环境中的恰当意义，辨别词语的感情色彩"。我们知道理解词语的方法很多，如结合上下文理解、联系生活实际理解、借助词典理解、直观演示理解、组词换词理解、抓住重点字理解、拆解词语等。这位老师在阅读教学中抓住了看似平常却读音易错、意思不明确的"买卖"一词，通过拆解词语的方法，化整为零，在不露痕迹的过程中，帮助学生区分了两个易混淆的字，同时强化了"买卖"连缀成词后易错的读音。并结合运用联系生活实际理解的方法，帮助学生清楚明确而不是含糊地理解了词语。这位老师做了灵活而生动的诠释。（这位老师就是上海市小学语文特级教师贾志敏。此案例由四川省成都市双流县华阳实验小学的张晓蓉老

3.30

充分理解，才能正确运用："相依为命"一词的教学

　　有位语文老师在进行《平分生命》中"相依为命"一词的教学时，首先让学生在文中找到"相依为命"这个词语，然后请学生用学过的方法理解这个词语的意思。看到学生各自运用查词典、找近义词等方法理解了"相依为命"的意思后，老师请学生用这个词语说一句话。有个学生发言说："我和爸爸妈妈相依为命。"老师提醒学生："'相依为命'通常指的是两个人之间相互依靠着生活，彼此离不开。"这个学生马上说："我和妈妈相依为命。"老师笑了，好奇地问："那你爸爸呢？"学生想了一下得意地答道："爸爸和奶奶相依为命。"这时，班上有个男生高声问道："那你爷爷和谁相依为命呢？"学生中有人抢答："他爷爷就和他家里其他亲人相依为命！"此时，老师点评："他们家人丁兴旺，有妈妈，有爸爸，还有爷爷奶奶，真是幸福的大家庭啊！我们来看看书中的这个句子。"抽一个学生读："一个男孩与他的妹妹相依为命。父母早逝，他是妹妹唯一的亲人。"老师问："'唯一'是什么意思？"学生答："只有一个。"一个学生迫不及待地说："原来'相依为命'的意思是说除了唯一的一个亲人，再没有别的亲人了。"老师顺势引导："看来，要准确理解词语的意思，还得联系课文中的句子来思考才行啊！"等学生真正理解了词语的意思后，就造出了这样的句子："小民爸爸死了，他和他的妈妈相依为命。""爸爸妈妈离婚后，我就和奶奶相依为命。"……

【评析】

　　三年级课标要求学生学会查词典解释词语这项基本技能，但是

当学生掌握查词典这一解词的快捷方法后，就很少运用其他解词的方法了。很多学生一听说解释词语就忙着查词典，忙着抄词典上的词语解释，虽然查词典也是语文学习的一项基本技能，但是学生太依赖词典，这不利于思维能力的训练和语言能力的发展，所以老师利用"相依为命"这一词语的教学，让学生明白了查词典解词的局限性和联系语境理解意思的重要性，能有效激发学生运用多种方法解词的积极性，从而进一步提高运用词语的能力。（这位老师就是四川省成都市昭忠祠小学的钟琼老师）

3.31
词典解释不出情境中的情味："巧夺天工"一词的教学

有一位语文老师在教学《中国结》中"一根根红色的丝绳，经他们的巧妙编结，成了巧夺天工的工艺品"这句话时，先请学生边读边找出能表现民间艺人技术高超的词语，学生找出了"巧妙编结"和"巧夺天工"这两个词。"巧妙编结"学生容易理解，但"巧夺天工"就困难了。这位老师先请学生通过查词典了解"巧夺天工"的意思是：精巧的人工胜过天然，形容技艺极其精巧。

然后，老师启发提问："能够拥有如此精巧的技艺，你觉得这些民间艺人怎样？"学生答："很厉害！""很了不起！"但这个答案明显还不够深入。

老师随即追问："如果你遇见了这些民间艺人，你会对他（她）说什么？"有的学生回答："你太了不起了！我要拜你为师，也做出这么精美的中国结来。"

老师进一步点拨："这么看来，你一定很崇拜这些民间艺人，也很喜欢中国结。请你带上你的崇拜与喜欢来读这句话吧！"学生随即读这句话，声情并茂，非常投入。

有的学生说："这么漂亮的中国结，可以做一个送给我吗？"有的说："你们的技术很高明，从事这项工作一定很多年了吧？"有的说："你们做的中国结太巧妙了，真是让我叹为观止啊！"各种回答表达了各种情感，有欣赏、羡慕、崇拜、喜欢、赞叹……老师都请他们带上自己的感情读了这个句子，读的效果非常好。

【评析】

阅读教学时，经常会遇上一些比较生僻的四字词语，老师往往通过查工具书来理解意思。但仅凭书面解释却很难让大多数学生理解这个词在句中所表达的含义。

这位老师通过查词典让学生了解词语的正确解释，了解过后再谈自己的感受。这时，对词语的理解比光查词典进了一步。但是光谈自己的想法却还是没有深入文本，所以通过让学生与文中人物对话，让学生直抒胸臆，表达对文本的理解和自己真实的想法。学生无形中摒弃了学习语文的套路，将自己天真、活泼、好奇心强、求知欲强的特性淋漓尽致地展现出来，激起了课堂的一个小高潮。通过交流，学生将词语的意思和句子所包含的情感把握得更透彻。（这位老师就是四川省成都市武侯区太平小学的陈华老师）

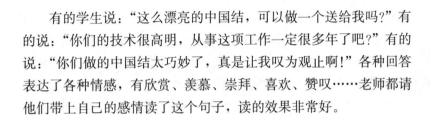

3.32

联系上下文释词："劈头盖脸"一词的教学

有一位小学语文老师在进行《意大利的少年》中"劈头盖脸"一词的教学时，首先请学生从课文中找到相关语句并齐读。接着，老师出示课文中的相关语段："一旁的帘子突然拉开，一把硬币扔了出来，劈头盖脸地砸在这些人的头上、肩上。"老师说："今天，我们要联系上下文理解'劈头盖脸'的意思。大家先默读句子，看看什么被扔出来了？砸在哪里了？"

生：是硬币，砸在头上和肩上了。

师：你们从哪里看出的？

生：从句子的上文知道是硬币扔出来了，从下文看出是扔在了头上和肩上。

师：这就叫联系上下文理解，那么"劈"又是什么意思呢？

综合学生的回答，老师出示：劈：正对着，冲着。盖：压。再得出"劈头盖脸"的意思：正对着头和脸盖下来，形容来势凶猛。

接着，老师出示动画图片演示硬币砸在这些人头上和脸上的情境，让学生感受更深。老师再问："想一想，还有什么东西可以从上自下而来？"学生答："冰雹、大雨、子弹、人的话语……"学生在老师的启发下开窍了。

老师进一步指导："你能不能用'劈头盖脸'造句呢？"学生纷纷说："瓢泼似的大雨劈头盖脸地淋下来。""无数的子弹劈头盖脸地向敌人射去。""大大小小的冰雹劈头盖脸地向人们砸来。"……

通过上课，学生不仅理解了"劈头盖脸"这个词语，还学会了联系上下文理解词语的方法。

【评析】

新课标指出："能联系上下文理解词语的意思，体会课文中关键词在表情达意方面的作用。"很多学生对词语的理解非常依赖字典，或者请教老师、同学。联系上下文理解词义是一项非常重要的阅读基本功。老师要采取多种形式及方法，逐步培养学生结合上下文理解词语的能力。上述案例中，那位老师指导学生运用联系上下文的方法理解"劈头盖脸"一词，并通过联系生活更深入理解词义。在备课时，老师首先就要考虑好哪些词语可以联系上下文理解，把凡是能结合上下文理解的词语作为例子，用来训练和培养学生联系上下文理解词语的能力。（这位老师就是四川省成都市石室佳兴外国语学校的王翔老师）

3.33

生活是教学资源：“主动”一词的教学

有一位语文老师在进行《不懂就问》中“主动”一词的教学时，首先出示含有“主动”的句子：“从此，孙中山一有不懂的事情就主动地问……”请学生齐读句子。接着，老师采用迁移运用的方法启发：“李文发现地上有了果皮，就主动把它捡起来了。”然后，请学生说说“主动”的意思。有学生说：“老师没有叫他捡，他自己捡起来的，叫主动。”老师说：“还有什么事情没人叫我们做，我们自己去做的呢？请用上‘主动’说说。”一个学生说：“小红有一道题不会做，我主动给她讲。”老师评价说：“你真是个热心帮助同学的好孩子。”还有学生说：“昨天回家，我主动把课文读了两遍。”老师说：“照这样下去，你一定会有巨大的进步。”又有学生说：“过公路时，我主动牵住奶奶的手。”老师请大家拿出本子来，用“主动”写一句话，能写几句就更好了。

【评析】

词语教学一直是阅读教学的“软肋”，在教学理解有一定难度的词语的意思时，有的教师直接让学生查字典，有的教师则直接告诉学生，有的教师只是轻描淡写地说说。这样做，学生并没有真正理解词语的意思。这位教师在教学“主动”这一词语时，让学生联系生活，唤醒学生的经验世界。“主动”这个比较抽象的词语在学生造句的过程中变得容易理解，人人会用，自然也就意会了词语的意思，教学显得朴实、灵动、有趣、精彩、高效。在语文教学中联系学生生活，既符合儿童形象思维为主的年龄特点，也调了学生学习的积极性，变抽象为具体，变模糊为清晰，教学效果自然得以体现。所以，生活是语文教学的重要资源，语文教学贴近了生活，就

"活"起来了。（这位老师是四川省邛崃市北街小学文昌校区的汤巧凤老师）

3.34
入乎其内，出乎其外：品味"单看"

有一位语文老师在教学生品味"单看"一词时，是这样进行教学的。

师：如果把这个"单看"改为"先看"，请大家补充上面的内容。先自己思考，而后与同伴讨论交流。

（出示：先看这数不清的条石，一块有两三千斤重，那时候没有火车、汽车，没有起重机，就靠着无数肩膀和无数的手，一步一步地抬上这陡峭的山岭。

再看那＿＿＿＿＿＿＿＿＿＿＿，那时候，＿＿＿＿＿＿＿＿＿＿。）

（老师巡视，提示仔细读书，从书本上找语言）

生1：再看那宽宽的马路，有五六匹马可以并行，那时候，绝对没有这么宽的道路啊！

生2：再看那糯米和石灰粘接的石条，城墙三面风雨不透，那时候怎么会有这么好的技术呢？

生3：再看那每隔三百多米就有一座方形的城台，是屯兵的堡垒。打仗的时候，城台之间可以呼应，那时候谁有这么领先的设计本领呢？我太佩服了！

师：同学们的话语飞扬着智慧。可是作者为什么不像我们这样写这么多的内容，而只用了一个"单看"呢？（生陷入沉思）

生1：单看那数不清的条石，已经让我们无比赞叹，更不用说其他的了，更让大家佩服了。

生2：一个"单看"，就能让我们产生无穷的想象，长城简直就是伟大的奇迹。

生3：不用举其他的例子了，单看条石，就能让人感觉到长城是一个伟大的奇迹。

【评析】

语文课是学习者感受语言文字魅力、学习语言文字巧妙组合表达自己思想的。或是"披文以入情"，明白怎样的言语形式承载了怎样的思想；或是"入情以披文"，明确高水平的思想是借助高水平的言语形式来表达的。在我们的课堂教学中，应常常有品味语言的环节。在上面的案例中，老师引导学生先挖掘言语形象、言语内涵与言语情感的结合点，使积累与运用有机结合，再诱发学生飞扬语言的智慧。而后抓住契机，话题一转："作者为什么不像我们这样写？"引导学生从炼字的角度感受用词的精妙，感受作者正是用这个"单看"激发读者的想象以表达自己对长城的赞美之情。案例提示我们：阅读，既要入乎其内，又要出乎其外。入乎其内，是进入文本的世界、作者的世界去揣摩、去发现；出乎其外，是跳出文本的框架去审视、去表达。但无论哪个过程，都需要抓住语言文字，才能让学生的神与言语同构共生。这样的教学才是令人欣慰的。（这位老师就是北京小学的吉春亚老师）

3.35
让词语具有"三维坐标"：词语分组教学示例

有一位语文老师在上《二泉映月》一文时，这样出示词语。（每行三个词，一共五行）

月光如银	双目失明	委婉连绵
月光似水	卖艺度日	升腾跌宕
静影沉璧	经历坎坷	步步高昂

月光照水　　　　热爱音乐　　　　舒缓起伏

水波映月　　　　向往光明　　　　恬静激荡

然后，他问学生："认识吗？谁来读读？"第一个学生按横排依次往下读。

老师表扬他读得很好很认真后，对另一个举手的学生进行了不着痕迹的启发："他是横着读的，你想怎么读？"学生答："准备竖着读。"老师追问："为什么竖着读？"学生答："第一列是讲月亮的，第二列讲阿炳的感情，第三列讲《二泉映月》的美。"老师进一步启发："那么美的月光，你该怎么读？"学生充满深情地朗读描写月光的第一列词语。

老师又问："讲阿炳身世的词语，怎么读呢？"第三个学生举手，深情并茂地朗读第二列词语。

老师再次启发："他读出了自己的感情，谁再来把第一列词语读一读？"第四个学生站起来，柔美舒缓地朗读，教室里自发地响起了热烈的掌声。

然后，老师带领同学们一起，深情款款地朗读前两组词语，并让同学们猜一猜不理解的词语的意思。猜测之前，老师告诉学生："猜对了表扬，猜错了也表扬，表扬你的勇气。"学生猜想、交流……

【评析】

很多老师对词语教学的通常做法是：列出生字新词，让学生依次读，并及时正音。这样做固然没错，但是汉语中，字与词是音、形、义的结合体，前面的做法照顾了字词的读音，却忽略了"形"和"义"方面的要素。

这位老师的高明之处在于，全面关注了字词的音、形、义，使之具有"三维坐标"。正确朗读之外，一方面，他把课文中的重点词语分成三类，分别列出，这就注意到了汉语词语的格式整齐之美，关注到了"形"的因素；另一方面，也正因为他把词语分类列出，让一些原本孤立的词语之间具有了语义的关联性，使得单个的词语有了意义的归属，在不经意间向学生渗透了分类思想；更重要的是，他通过引导，让学生有感情地朗读词语，并在朗读中感悟词语的意义，让学生意识到，词语不再是冷冰冰的记音符号，而是具有情感热度的思想表达利器。另外，对于不理解的词语，这位老师的处理也显得与众不同。他不用通常的"联系上下文"或者"借助工具书"等方式，而是别开生面地让学生猜一猜，并且告诉他们"猜对了表扬，猜错了也表扬，表扬你的勇气"，间接引导学生遇到问题要大胆猜想与想象——因为猜想与想象是极其可贵的创造性思维品质。（这位老师就是江苏省南京市东路小学校长、语文特级教师孙双金。此案例由四川省成都市金堂县三星小学的谢明洪老师推荐）

3.36
随文识词，寓解于文："一直"一词的教学

有一位语文老师在进行《数星星的孩子》一课中"一直"一词的教学时，首先出示了一幅"星空图"，让学生和小张衡一起仰望星空，一颗一颗数星星。学生开始自由数星星，老师采访："你数到多少了？"学生有的说30，有的说42。老师让学生停下来，可学生们仍然兴趣盎然地继续数着，老师抓住契机又采访学生："你们为什么不想停？"一个学生说："我想数数一共有多少星星。"另一个学生说："我想数清楚星星的数量。"老师顺势小结："你们跟小张衡一样，都喜欢数星星。请你们带着喜欢之情，比赛读一读这个句子。"于是出示句子："一个孩子跟爷爷坐在院子里，仰着头，一颗一颗数星星，一直数到几百颗。"

学生读后，老师启发："小张衡数到多少？他停过吗？哪个词

看出他没停?"学生很快回答:"一直。"老师出示词卡"一直",引导学生识记:"你有好办法记'直'吗?"学生回答:"我们学过的'真'字去掉下面的一撇一点,就是'直'。"老师总结识字方法,说:"会用熟字加减法来记生字,这也是一个写字的好方法。"

接着,老师出示"直""真",进一步启发:"写'直'和'真'时,你还要提醒大家注意什么?"学生观察后,回答:"请大家注意,'直'和'真'里面都是三横。"

最后,老师引导学生理解字义:"小张衡为什么要一直数下去?"学生刚才有了切身体会,脱口而出:"小张衡喜欢数星星,想把星星数清楚。"老师一边板书"喜欢",一边引读第一自然段:"晚上,满天的星星像无数颗珍珠撒在夜空。孩子对美丽的星空产生了浓厚的兴趣,喜欢极了。于是,孩子跟爷爷坐在院子里……"

【评析】

随文识字,生字词随课文出现,边阅读,边识字,边解义,将识字与阅读结合,理解词义伴随着课文阅读的进程而展开。

此环节寓识词于生动形象的活动之中,把识词同阅读理解相互贯通。学生通过亲身体会到的对星星的喜爱,理解了"一直"就是不停的意思;同时,也通过朗读理解"一直"一词,了解了小张衡无比喜爱星星才会有一直数星星的举动。这也为后文理解小张衡之所以能成为天文学家奠定了基础。而在理解词义的同时,老师既巧妙地引导学生识记了"直"字的字形,又引导学生观察辨析了"直"和"真"的区别,使学生不易写错。

识字的目的是为了阅读,反之,阅读理解也能促进识字解义。将理解词义与阅读感悟相结合,形象化引导,学生才会感到有趣,才能深刻地体会到意思。(这位老师就是四川省成都市龙江路小学闫薇老师)

3.37

在运用中加深理解："寄托"一词的教学

有一位老师在进行《礼物》一文中"寄托"一词的教学时，在课前预习中，请学生查找了"寄托"一词的意思。在课堂教学时，首先请一个学生说说"寄托"是什么意思。学生说："'寄托'有两种解释：一是托付；二是把理想、希望、感情等放在某人或某种事物上。"

老师问："在本课中，我们应该选择哪种解释？"

学生说："在本课中，我们应该选择第二种解释。"

老师说："第一种解释——托付，我们可以怎么用这个词？"

学生说："'把孩子寄托在邻居家里'的'寄托'就是作'托付'的意思讲！"

老师说："对，第一种解释就可以这样用。那么，它的第二种解释，我们可以怎么来用？"

学生说："比如说，关于'把理想放在某人身上'，我可以说一个句子：'爸爸和妈妈把自己的美好理想寄托在我们的身上。'"

老师说："对，这样就正是用的它的第二种意思。"老师继续问："还有谁可以用它的第二种解释再说一句话？"

学生说："比如说，关于'把希望放在某种事物上'，我可以说一个句子：'爷爷退休后，每天美美地拉二胡成了他的精神寄托。'"另一个学生说："关于'把希望放在某种事物上'这个解释，我也可以说一个句子：'奶奶退休后，收养被遗弃的小狗、小猫成了她的精神寄托。'"

老师问："在我们这篇课文中，亲人们送给作者的各种礼物寄托着怎样的情感？"

学生回答："亲人们送给作者的各种礼物寄托了亲人们对小作

者深深的关爱！期望小作者快乐成长！在生活的海洋中、知识的海洋中，汲取各种养分！"

老师说："大家了解了'寄托'一词的意思，能够熟练地运用'寄托'这个词，说明大家已经正确认识了这个词，正确理解了这个词。很好！那让我们一起带着亲人们对小作者的深切关爱，一起有感情地来朗读课文吧！"学生们有感情地朗读课文。

【评析】

一般来说，在教学中，语文老师在时间紧、任务重的情况下，对于生词的处理，一般是请学生简单说说词语含义，就进入下一步的教学。但是，实际上，学生在简单说说词义后，是没有能深刻理解、记忆生词的！

生词的正确实践、运用，才是学生真正理解、记忆的重要标志，尤其是较生僻的词语，要想学生轻松地理解、记忆，就一定要注意带领学生正确运用生词。在"用"中理解，在"用"中体会，在"用"中记忆！（这位老师就是四川省成都市锦官新城小学的许梅老师）

3.38
体会是关键，运用是能力：阅读中的词语教学

有一位老师在进行《黑孩子罗伯特》的教学时，首先出示："罗伯特摸了摸裤子口袋，深深地吸了一口气，三步两步冲到讲台前，把钱全部掏了出来。"他请大家找出其中的动词"摸""吸""冲""掏"，让学生体会这四个动词是如何体现罗伯特内心想法的，反映了罗伯特怎样的内心世界。学生通过小组内讨论理解，谈出了自己的体会。"摸"是舍不得，因为是他自己辛苦工作换来购买飞机模型的钱；"吸"是下定决心，因为好友丽莎生病，为了好友丽

莎决定把钱捐出去；"冲"是怕自己后悔，因为罗伯特爱飞机模型，也爱好友丽莎，怕自己多想而后悔；"掏"说明罗伯特对好友丽莎是全心全意的。通过这个部分的分析，学生明白了罗伯特对好友丽莎的感情是真挚的。

然后，让学生按照此方法仿写一个片段。学生纷纷动手写作，其中有个学生是这样写的："铃声一响，同学们快速走进教室，摆放好自己的东西，展开书本，坐直了身子，静静地等待着老师的指挥……"老师和学生共同评析了这个片段后，让学生展开自己的思维，继续进行阅读和写作相结合的练习。

【评析】

阅读教学是语文教学的重中之重，如何利用课堂教学资源是语文教学的关键。利用课本进行阅读训练是语文教学的法宝。教师利用这个片断中的动作描写，层层分析，步步深入，逐一体会人物的内心想法，体会人物的品质，从而让学生学懂课文，理会课文要表达的思想感情。学生表现积极，在教师的引导下分解了理解的难度，教学效果好。特别是结合课文进行练笔，让学生充分理解和体会这类写法的好处，变理解为能力。（这位教师就是成都市邛崃市宝林小学的彭刚老师）

3.39
换词比较法："探"的教学

有一位语文老师在教学《一只小鸟》时，有这样一个片段：

她让学生在课文中找出小鸟在森林中看到了什么的句子，学生纷纷开始找，半分钟后，老师问："你找到的是哪个句子?"学生回答后，老师出示句子："它探出头来一望，看见了那灿烂的阳光、葱绿的树木，大地上一片好景致。"老师跟学生一起读这句。

待学生读完后，老师接着说："看，下面还有一个句子，再来读一读！看看这两个句子有什么不同？"老师又出示句子："它伸出头来一望，看见了那灿烂的阳光、葱绿的树木，大地上一片好景致。"

学生读完后找出了两句话的不同点：句1用"探"，句2用"伸"。老师启发："那冰心奶奶为什么要用'探'而不用'伸'？我们来看看字典中的解释！"这位老师出示课件抽学生读"探"和"伸"在字典里的解释，并让学生根据解释做动作加深理解！然后老师又说："现在你明白冰心奶奶为什么要用'探'而不用'伸'了吗？"紧接着，老师小结并板书"用词准确"，说："你看，一个文字的背后就有如此丰富的内涵，咱们中国的文字真是博大精深啊！今后写作，我们也要好好推敲字词！"

【评析】

在阅读教学中抓住重点词语，体会作者用词的准确性，既训练了学生的语感，又拓展了学生思维的广度和深度，让学生可以更形象地解读文本，这样学语文就觉得很有趣了。这位老师在引导学生体会作者的用词准确时，不是生硬地教给学生这两个词的意思有什么不同，而是让学生通过读这两个词在字典里的解释，从字面上去理解词义，再通过自己的动作把字面意思表现出来。学生一表演就知道了，只有用"探"才能准确地将小鸟在巢里往森林里看的动作形象地表现出来。这样一来，学生对理解词语就不觉得枯燥无味了，对作者那种善于仔细观察、留心生活的精神感到佩服，让他们与作者的距离更近了，从而激发了他们学习课文的兴趣。当然这位老师的小结也恰到好处，不仅解决了"冰心奶奶为什么要用'探'而不用'伸'"这个问题（用词准确），同时也在给学生进行写作引导。（这位老师是四川省邛崃市北街小学文昌校区的吴玉芳老师）

3.40

换词比较法："生"的教学

有一位老师在教学《山行》这首古诗时，借助学生搜集的资料引导学生自学，并在黑板上写下了这首诗。还没等她写完，教室里便开始议论起来，原来这位老师把"白云生处有人家"的"生"写成了"深"。

师（疑惑）：孩子们，怎么啦？

生：老师真粗心，居然把"生"错写成"深"了。

生：不是不是，一定是老师想考考我们，故意这样写的。

师：（惊讶地转身看黑板，脸有些微微发红，但她还是很快调整了自己）孩子们，真是不好意思，谢谢你们的提醒。（随即准备转身改正）

生：（该班的问题男生站起来读起诗来）"白云深处有人家"，读着这一句，我觉得自己好像住在了白云里，朦朦胧胧的。

生：老师，我经常看到天上的白云在漂浮、在动呢。"白云生处有人家"用"生"让我们感到白云在天空中飘动，如果用"深"就不能体现白云的特点了。白云是在天上飘动，又不是在枫树林里飘。

师：既然你们有人认为白云是在高高的天空飘动的，我觉得用"上升"的"升"也还可以呢？

生：（紧皱眉头）这个"升"不是就只有上升的意思吗？明明我们看到白云是平着飘动的，我们不成了撒谎吗？您不是教育我们要诚实吗？

生：我认为在诗句中"生"还有生机勃勃的意思。

生：说明白云不断升腾，富有生命力呀！

生："升"是上升的意思，而用"生"让我们感觉白云富有生命，生机勃勃！

师：孩子们从一个简单的"生"字不但读出了许多思考，还知道了诗里的景色很美。那你们知道这是写的什么季节吗？你找到了那些秋天特有的景物了吗？

生：枫树的叶子变红了，秋天的山林一定美极了！

生：枫叶像二月的花一样红。

师：枫叶只是像花一样红吗？还是比花更红？

生：我认为是比花更红，因为春天才是花开的季节，春天一定是美丽的，诗里写到诗人被这傍晚的美景迷住了，那么这里一定比春天更美丽，所以我认为被霜打过的枫叶比二月的花还美。

师：（小结、鼓励）诗人笔下的深秋山林景色美得令人神往！孩子们积极思考，敢于发表自己的独特见解，也让老师学到了不少知识。

【评析】

对于低段的学生，要求诵读儿歌、童谣和浅近的古诗，展开想象，获得初步的情感体验，感受语言的优美。古诗教学中，我们往往感叹古诗难教，只是一味地要求学生读读背背，在读中消化和吸收。

本案例让本来如一潭死水的接受式课堂变成了开放式课堂，由一个错写的"深"字把学生的思维引向更为广阔的大自然中去，从而让学生感悟到大自然的美好风光以及更深地体会到诗人对大自然的热爱。（这位老师就是成都市龙泉驿区第二十九小的叶照军老师）

3.41

抓词语理解，悟文本内涵："爬出来"一词的教学

有一位小学语文老师进行《囚歌》一课的教学，学生朗读：

"为人进出的门紧锁着，为狗爬出的洞敞开着，一个声音高叫着：'爬出来吧，给你自由。'"老师问道："'爬出来'是什么意思？"学生回答："爬行着出来。"她让学生做了爬的动作，又问："爬是用来形容什么的？"学生回答："猪、狗、牛……"她继续追问："文中谁叫谁'爬出来'？为什么要'爬出来'？"学生回答："敌人叫革命者当叛徒，背叛革命。"老师质疑："为什么不是走出去，而是像狗一样爬出去？"学生回答："背叛革命的人可耻，像狗一样。""背叛革命就失去了做人的尊严，像狗一样恶心。""反动派也瞧不起叛徒，内心鄙视他们。"……教师再问："这样没有尊严、丧失尊严的自由，有人也会选择，叶挺将军称他们为什么？与之相反的坚贞不屈的革命者叶挺将军又称呼他们为什么？"学生回答："狗和人"。老师启发："人走门，门紧锁着；狗钻洞，洞敞开着。人、狗、门、洞各指什么？请大家朗读思考。"

交流完"人、狗、门、洞"的意思后，老师继续问："做人还是做狗？假如你是革命者你将怎样选择？"学生群情激昂："不当叛徒，太丢脸了"。"不投降，站着死，不坐着生"。"宁为玉碎，不为瓦全"。"做人要活得有尊严，出卖战友，算什么人啊。"……

老师小结："叶挺的选择和你们一样。我们一起读读他铿锵有力、气壮山河的答复吧。"学生情绪高涨，兴致勃勃地进入了下一个环节的学习。

【评析】

在《囚歌》一课的教学中，老师以"爬出来"一词为突破口，先指导理解"爬"的意思，再启发思考"人和狗"的形象，使学生对文章的内容有了一定理解。最后换位思考——"假如你是叶挺，该怎样选择"更是激起了学生的情感体验，为下文的学习做好了铺垫。这样循序渐进，品读赏析，学生对文本的感悟就会更深。

尽管阅读是个性化的过程，是学生的一种参与、体悟性行为，但抓住关键性词语引导学生理解、质疑、揣摩、感悟，可以加深学生对文本内容的认识。尽管"一千个读者就有一千个哈姆雷特"，但是抓住关键性字词去品析，"哈姆雷特"的形象就会更鲜明。（这位老师就是四川省成都市大邑县悦来镇学校的付亚玲老师）

3.42

在造句中找近义词、反义词

一位小学中段语文教师指导学生用造句法给词语找近、反义词，取得了较好的效果。首先，教师在黑板上出示了几个词语："奇妙""博大""渴望""疲劳"，接着对学生说："我们来给这几个词找个好朋友，好吗？"然后，告诉学生给词语找好朋友就是给它们找近义词。

教师启发："谁能用'奇妙'来说一句话？"学生争先恐后地说了一些句子："海底的动物有那么多活动方式，真奇妙！""天上的白云发生着奇妙的变化。""爸爸带我去游览了五彩池，池水五颜六色的，捧起来一看，又是无色的，太奇妙了！"……

教师进一步启发："谁能给'奇妙'找一个朋友来代替它，把刚才的句子再说一说，但要使它们的意思不变？"学生又纷纷说开了："海底的动物有那么多活动方式，真奇特！""天上的白云发生着奇异的变化。""爸爸带我去游览了五彩池，池水五颜六色的，捧起来一看，又是无色的，太神奇了！"……

教师这样教学，巧妙地分散了给孤立的词语找近义词的难点，学生自然而然地就知道了"奇妙"的近义词可以是"奇特""奇异""神奇"等。

接下来，教师又指导学生用同样的方法给其他几个词语找朋友，学生运用刚才的方法，很快准确地找出了它们的近义词。

然后，老师又说："现在我们再来给一些词找敌人，找敌人就

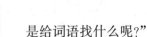

是给词语找什么呢？"

有了前面的知识体验，学生很快就反应过来了，找敌人就是给词语找反义词。找近义词的方法为学生做了很好的铺垫，他们很快又用造句法给"善良""犹豫""迅速""机灵"准确地找到了反义词。

最后，教师进行了总结："当我们遇到给孤立的词语找近义词、反义词这种情况时，你只要用它说一句话，再给它找个朋友或敌人代替它，使句子的意思不变或变成相反的那个词就是原词的近义词或反义词了。"

摸着了门路，学生积极性高涨，又试着用这个方法给一些词找近义词、反义词，准确率比以前明显提高了。

【评析】

给词语找近义词、反义词一直以来都是一大难点，尤其是低中段的学生，由于知识经验的欠缺，理解能力的局限，要么找的近义词、反义词不着边际，要么找得不准确。有的教师就叫学生查工具书，照抄了事，这样的教学效果可想而知，必然是收效甚微。学生垂手可得的知识，掌握效果哪比得上通过自己动脑筋获得的知识呢？这位教师巧妙地分散了知识的难度，注重教给学生方法，让学生通过实践体会到了成功的喜悦。（这位教师就是四川省邛崃市南君平小学的卫长贤老师）

3.43

以读促思，拓展延伸："好像"一词的教学

有一位语文老师在教《一夜的工作》时，出示句子："花生米并不多，可以数得清颗数，好像并没有因为多了一个人而增加了分量。"老师问学生："花生米增加了吗？"有的学生认为增加了，有

的学生认为没有增加。老师启发："再读读这句话，想想你读懂了什么?"一个学生回答："我觉得花生米增加了。"另一个学生回答："'好像'这个词语含有花生米增加了，但增加不明显的意思。"又一个学生回答："我也认为花生米增加了，因为透过'花生米增加'这件事，我们不但看出周总理生活简朴的品质，还看出总理的心非常细。"又一个学生回答："对，还体现了总理关心同志，处处想着别人的品质。"

老师点评："体会得真好。同学们已经理解了'好像'的意思以及这句话所表达的思想感情。那么，这句话是比喻句吗?"学生回答："它不是一个比喻句。"老师接着追问："句子中有'好像'这个比喻词，为什么不是比喻句呢?"学生回答："一个比喻句必须要'把什么比作什么'，而它没有这个关系。"老师总结："不错。因此，并不是有'好像'的句子就一定是一个比喻句……"

【评析】

许多教师在教学这部分时，都是以"花生米的多少"先让学生猜疑、争辩，最后总结性地说："其实花生米是多了，不过多得很少罢了。"这样教学总让人感觉不像是上语文课，倒像是在开辩论会似的。而这位教师却积极引导学生读书、争议，以读促思，充分领悟课文语言的丰富内涵，重视学生读书的独特体会。学生在读中悟情，真切体会到周总理崇高的人格魅力。另外，他还抓住了副词"好像"，让学生弄清它在文中所表达的感情。在此基础上，他又以"好像"为依托，引导学生明确了比喻句的特点，懂得了什么样的句子才是比喻句。这样的教学才体现出"用语文的手段解决语文的问题"的特点。因此，只要教师心中有"语文"，学生的心灵就会颤动。（这位老师就是山东省莒县第一实验小学的刘兆生老师）

3.44

将"双基教学"落到实处："眸子"一词的教学

一位老师在教学《爱如茉莉》中"眸子"一词时，首先在黑板上板书这个词，告诉学生"眸子"的意思是眼睛，然后让学生看着黑板大声读。接着，让学生在课文里找到这个词。学生找到文中相关语句后齐读："我笑着回头，却触到妈妈一双晶莹含笑的眸子。"老师提问："谁能来介绍一下'眸子'的本义?"无人举手。老师失望地说："又没查字典，咱们思考问题在哪里？那么我们退一步，猜，用'我觉得'，来，谁？"一个学生说："我觉得'眸'应该是'眼'的意思。"另一个学生说："我觉得应该是目光"。还有学生说："我觉得应该是眼珠子"。老师追问道："究竟是哪一部分？眼珠子当中一个部分？"一个学生站起来说道："我认为'眸'的意思是瞳仁。"老师很高兴地说："对的，掌声送给她。眼睛中间黑色的部分就是瞳仁，也叫瞳孔。那么'瞳仁'的'仁'是怎么写的？"一个学生说："一个单人旁，一个二。"老师夸道："是一个单人旁，一个二，说得多清楚啊，瞳孔也叫瞳仁，还可以写做？"课堂一片沉寂，老师启发："你们对视，看下瞳孔里有什么东西啊？"有学生说有血丝……（全场哄笑）老师继续引导："你们对视瞳孔里能看到什么呢？"学生一下找到了答案——"是人！"老师总结："所以瞳孔又叫瞳'人'。知道了吗？其他同学都明白了吗？因为瞳孔能映出人的影子来。同学们，我们的汉语汉字太有意思了，每一个汉字都有一个故事，每一个词语都有一个故事。"

【评析】

我们知道基础知识、基本技能是为学生终身发展打基础的。老师始终把基础知识和基本技能作为小学语文教学的基础，一点也不放松。这个案例便是让学生扎实掌握祖国语言文字的教学典范。在授课时，老师放手让学生自己找答案。功夫不负有心人，随着老师的耐心点拨，最终学生在老师的启发下自己找出了答案，从而正确理解"瞳仁"。这个案例启示我们：①字词教学并不是枯燥无味的，汉语汉字是有趣的，我们应该在教学中采取灵活多变的形式，激发学生学习汉语汉字的兴趣。②在字词教学方面要做到严谨、精确。不仅要知其然，还要知其所以然。③对于汉语汉字教学，让学生掌握知识并不是最终目的，重要的是教给学生学习汉语汉字的方法，比如课前做好预习、对于不懂的字词一定要勤查字典等。教会学生正确地"理解和运用"祖国的语言文字永远是语文老师的天职。（这位老师就是江苏省徐州市小学语文特级教师于永正。此案例由四川省成都市沙河堡小学的刘红云老师推荐）

3.45
通过词语感悟文章情感："魅力"一词的教学

一位老师在教学第八册《语言的魅力》一文前，先让学生查资料理解"魅力"这个词语的意思，并找一找生活中哪些事物有魅力。上课时，这位老师把课题写在黑板上，问道："谁来说说你是怎么理解'魅力'这个词语的？"一个学生说道："我是通过读课文来理解的。课文中老人面前的那个牌子，先写的文字，没有人给他钱，文字修改后，路人纷纷给钱，说明这些文字引起了行人的注意，把他们吸引住了。"于是，这位老师给了这个学生很好的评价："借助课文内容来理解词语，你是一个善于在阅读中思考的孩子。"

另一个学生回答："我是通过查字典知道的，'魅力'就是指特别吸引人的力量。"他还补充说："'魅'字与鬼有关，它的本义是指迷信传说中的鬼怪。所以它还可以组词：'鬼魅''邪魅''妖魅'

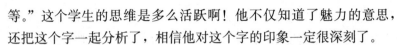
等。"这个学生的思维是多么活跃啊！他不仅知道了魅力的意思，还把这个字一起分析了，相信他对这个字的印象一定很深刻了。

这时，老师趁机问："那你们认为有魅力的事物是什么呢?"学生的小手举得高高的。有的说，我们班的岑宛林是最有魅力的，她不仅人长得漂亮，学习成绩又好，还乐于助人；有的说，唐老师的眼睛最有魅力，有时是温柔的，有时是严厉的，好像会说话；有的说，秋天是最有魅力的，它让果实羞红了脸，它让庄稼乐开了嘴，它给田野披上了金色的大衣，它给树林染上了绚烂的彩虹……多么富有想象力的孩子啊，老师也不禁为她的语言所折服。

这样的训练也为学生的习作训练打下了坚实的基础。于是，这位老师说："那谁来说说你怎么理解课题的?"几乎全班学生都举手了，学生回答："就是指很能吸引人的语言。"通过前面的练习，相信学生在理解课文内容时就很容易感悟行人后来给钱的多极了的原因了。

【评析】

学生的内心世界是五彩斑斓的。这位老师围绕新课标，以学生为中心，把学习、说话的主动权交给了学生。学生在老师的引导下，弄懂了字形、字义，并且用这个词语进行了说话训练，学生的思维得到了拓展，为理解课文内容打下了坚实的基础。如果说低段的词语教学应该侧重于词语"音"与"形"的指导，那么中高段的词语教学应该留意对词语的"义"的理解，努力让字词教学为学生学习文章内容、感悟文章情感服务。（这位老师就是四川省崇州市听江小学的唐红梅老师）

第四章　阅读教学案例评析

4.01

相似拓展，含义自现："叶公好龙"讽刺意义的教学

有一位语文老师在进行《叶公好龙》的讽刺意义教学时，首先让学生进行小组讨论："该成语到底在讽刺什么？"因为叶公好龙的故事年代已经很遥远，所以学生在小组讨论中虽然得到一定的认知，但是仍旧停留在浅层次。

于是，老师暂时将讨论放在一边，出示预先设置的课件。第一张是春秋时期的一则故事：鲁哀公标榜自己招贤纳才，名士子张前来朝见，哀公却言行不一。后来子张的车夫向他讲该寓言故事，子张若有所悟。老师请学生给鲁哀公下评语，学生说言行不一、表里不一。

接下来，老师出示第二张，列举现实中的一些现象，如"从来不读书的人，用书来做摆设；附庸风雅的人，一进音乐厅就打瞌睡……"请学生再举例他们所见到的生活中的"叶公"。学生说："有些人假装慈善家，但真正需要捐款时却一毛不拔。"

老师在此时出示第三张：《"兆鬼"羡鬼——当今最具讽刺意义的叶公好龙》，讲述了某省作协副主席 2008 年 6 月 6 日在《齐鲁晚报》发表的词《江城子·废墟下的自述》，名为纪念汶川大地震，实际虚伪，在社会各界引发争论（大多是负面的评论）一事。老师

在课件中呈现了《江城子·废墟下的自述》全文并叙述人们的质疑："面对数万死难者，一个作家竟然可以写到'纵做鬼，也幸福'，显露出一副奴才拍马屁的无耻相。试问：如果让这个作协副主席去死、去当鬼，他愿意吗？他幸福吗？因此，在这些网友的眼中，'兆鬼'和叶公是同一类人物。'兆鬼'羡鬼和'叶公好龙'的含义相同。"

老师将三张课件分层次给学生看，这时再让学生来讲叶公好龙讽刺了哪些现象。学生说："讽刺了那些为达到某种目的做表面文章的人。"老师顺势引导："对，该成语其实是贬义的，它用来影射所有表里不一的言行，甚至就是'虚伪'的代名词。"

【评析】

新课标建议：在高段阅读教学中，教师应带领学生利用图书馆、网络等信息渠道尝试进行探究性阅读，以扩展阅读面。依据思想相似进行拓展，课文的含义自然而然被学生领悟。这位教师对"叶公好龙"的拓展环节，可谓是充分利用网络资源的典范。五年级的学生虽然进入小学高段学习，但其情感积淀与认知体验还谈不上丰富。学生理解这个寓言的含义并不难，难在如何透过现象探知到本质。值得一提的是，"'兆鬼'羡鬼"这个资料的呈现，使学生对该成语的理解有了深度，也有了广度。（这位老师就是四川省成都市高新区美视国际学校小学部的黄辉老师）

4.02

一标一点总关情：省略号的教学

有一位小学语文老师在进行《圆圆的沙粒》的教学时，为了引导学生体会小沙粒为了实现自己的梦想付出了很大的努力，忍受了别人无法忍受的黑暗和孤寂，除了抓住文中的关键词语，这位老师还紧紧抓住第九自然段的省略号体会小沙粒的决心和勇气。

首先，伴着音乐，老师深情地说："时光伴着海波逝去了，各式各样的议论被海潮冲走了，圆圆的沙粒也被他的同伴们遗忘了。一个月过去了，两个月过去了，一年，两年，十年，几十年过去了……"老师边说边用鼠标点出六个点，告诉学生这六个小圆点叫省略号。省略号的作用有三种：①表示话没有说完；②声音延长；③说话断断续续。在《圆圆的沙粒》这课中，省略号表示小沙粒在这几十年中所经历的一切，作者没有写出来，给读者留下了无尽的遐想。

接着，老师进一步启发："圆圆的沙粒在漫长的几十年里会想些什么、做些什么？它遇到了哪些困难，是怎么克服的？同学们联系上下文，静静地想一想，把所想到的情境写在第九自然段省略号的旁边。"

几分钟的时间里，有的学生写出了小沙粒的孤独、恐惧，有的写出了小沙粒在黑暗潮湿的、狭小的贝壳里也曾有过放弃的念头，还有的写出了小沙粒在听到外面同伴的欢声笑语时的后悔难过……学生在交流自己写的话时，俨然自己就是那颗勇敢的小沙粒，经受了各种考验，终于成为一颗璀璨的珍珠。

【评析】

"关于标点符号，不仅要把它当作一种知识，还要把它当作理解内容、体会感情的一种手段。"（《语文课程标准解读》）其实，在很多课文中，作者都喜欢用省略号留下空白，让读者去联想、去补充，在这些似乎"无"的空白之中，往往渗透着极丰富的"有"。这个环节教学，老师不仅让学生认识了省略号，初步了解了它的写法和作用，而且充分借助文中的省略号给学生想象的空间，恰当地填补了课文中的空白，培养了学生的发散思维。这样的读写训练使理解和写作彼此交融，和谐运行。（这位老师就是四川省成都市沙

河源小学的付洁老师）

4.03

在语境中学习标点符号：省略号的教学

有位语文老师在进行《圆圆的沙粒》中省略号的教学时，首先问学生："其他的沙粒面对圆圆的沙粒坦然地钻进蚌壳里是什么反应？"学生议论纷纷，积极发言。他们把自己当成那些沙粒，揣测圆圆的沙粒在蚌壳里的生活。

继而老师又追问："这蚌壳里会是什么样子？"学生就继续积极讨论发言。最后老师点拨："作者想不到的你们都想到了，也就是省略号省略的内容。"接着，老师又用同样的方法，继续追问圆圆的沙粒还会遇到哪些可怕的事情。学生分小组讨论，这时老师才板书省略号，并总结省略号的其中一个作用就是列举的省略。最后，老师请大家把课堂练习本拿出来，写两句需要使用省略号的句子。

【评析】

一般地，教师注重字词和篇章教学，标点符号的教学一般用于辅助指导朗读。这样的标点教学效果可想而知。这位教师在标点教学上却显得朴实、扎实、灵动、有趣、精彩、高效。他从课文内容入手，充分利用学生善于想象的优点，猜想沙粒们的谈话。学生想象的匣子被打开了，话题滔滔不绝，省略号的作用自然而然地突显了。省略号是一个作用很多的标点符号，省略的作用学生也大概知道，但要具体补充出省略的内容就比较困难。可是经过教师的点拨，就变得触手可及，具体形象，"活"起来了。教师巧妙地联系了课文内容，从学生的认知出发。课本是学习知识最好的载体，标点符号的使用也是不能离开这个载体的。（这位老师就是四川省成都市马鞍小学的曾琦老师）

4.04

抓住标点符号体会句子含义：《儿子们》的教学

有一位小学语文老师在教学《儿子们》（北师大版二年级下）时，先让学生勾画出文中五个有感叹号的句子。老师问："谁会读第一个带有感叹号的句子？"（一桶水可重啦！）第一个学生读得很小声，老师评价："这桶水只有一两斤，三个妈妈提水不费吹灰之力。"第二个学生读得很大声，老师评价："这桶水有五十斤，三个妈妈力气真大！"第三个学生读出了三个妈妈提水时的艰难，老师评价："这桶水可真重呀！三个妈妈走走停停，手都痛了，腰也累得直不起来。"接着，老师又请了几个学生来读，学生都读准了句子的语气。老师说："孩子们真聪明，真会读书！你们会读后面几个带有感叹号的句子吗？"学生跃跃欲试，都准确地读出了第二、三、四个感叹句的语气。老师问："第二、三个句子里都有'真'和'好'，能用这两个字造句吗？"学生随即造出了好多感叹句，老师还把一个学生造的句子板书在黑板上，提示学生在句末打上感叹号。文中最后一个带有感叹号的句子其实不是一个感叹句，而是一个带有强烈感情的疑问句。这个句子是全文的重点和难点。在引导学生体会句子的意思时，老师让学生读"哦，有三个儿子"时读出轻柔、疑惑的语气，在读"我怎么好像只看见一个儿子呢"时，读出比前一个句子更强的疑问语气，并顺势提出问题："为什么老爷爷说他好像只看见一个儿子？"学生结合课文进行讨论，轻松地理解了老爷爷对三个孩子的态度。

【评析】

新课标中要求一、二年级的学生要在阅读中体会句号、问号、感叹号所表达的不同语气。在写话时根据表达的需要，学习使用逗号、句号、问号、感叹号。《儿子们》这篇课文中有五个带有感叹号的句子，表达了艰难、赞扬、得意、疑惑等不同的语气。学生只有把句子的语气读准确了，才算真正读懂了句子。教学中，老师没有讲低年级学生根本无法理解的"感叹句""语气""语调""强烈感情"等语法术语，而是采用形式多样的句子训练让学生体会感叹号的表达作用。老师对学生朗读的巧妙评价，让学生直观地理解了三个妈妈提水的艰难；老师让学生用"真"和"好"造句，并板书在黑板上，这些训练都非常扎实、有效；学生在一轻一重两种疑问语气的对比中，体会到老爷爷对帮助妈妈、关心妈妈的那个孩子的肯定和赞美，轻而易举地突破了课文的重难点。（这位老师就是四川省成都市龙泉驿区第一小学的朱国琴老师）

4.05
点燃思维的火花："质疑"在教学中的妙用

有一位老师在进行《天外来客——陨石》一课的教学时，首先展示一组图片，让学生初步感知这位特别的客人——陨石，然后引导学生思考："这些客人从哪儿来呢？"通过梳理得出这样的结论："他们不是来自你家，也不是来自他家，他们来自太空，所以我们叫他们——（天外来客）。"简短的语言，清楚地概括出陨石的基本特点，突出了它的神奇，激发出学生探索的欲望。

老师接着启发："这奇妙的客人来到课堂上了，你有什么想问他们的吗？"一石激起千层浪，学生思维的火花在激烈地碰撞着："我想问问他们为什么会到我们这儿来？""他们来干什么呀？""他们的世界是什么样子的呢？"……老师适时地肯定和夸赞学生的质疑，并鼓励学生带着这些疑问走进诗歌，去揭开天外来客那神秘的面纱。学生学习热情高涨，学习目标明确，学习的效果亦更好。

【评析】

"不愤不启，不悱不发。"学起于思，思源于疑。新课标指出：教师是学习活动的组织者和引导者。如何创造性地理解和使用教材，激发学生学习的兴趣，培养学生创造性思维呢？作为教师，就应该在课堂的各个教学环节中注重培养学生的质疑能力，引导学生学会质疑。事实证明，当学生急于表达自己的观点，甚至是进行激烈的争辩时，学生的脑神经处于最积极的状态，思维最为敏捷。此时，教师适当点拨，有意识地培养学生的独立思考能力，鼓励他们谈出自己的见解，在学习的过程中逐渐学会质疑和释疑，从而体会到质疑和解决疑问的乐趣，提高他们解决问题的能力，使学生能够快乐地学习。（这位老师就是四川省成都市西体路小学的宋蓉老师。此案例由四川省成都市西体路小学的廖宏老师推荐）

4.06
自悟、自得是阅读原生态：《圆明园》的教学

有一位语文老师在进行《圆明园的毁灭》第四自然段的教学时，首先提出："圆明园内收藏着哪些珍贵文物呢？为什么说它是'当时世界上最大的博物馆、艺术馆'？请大家默读第四自然段，画出关键词语来体会。"学生阅读后争着回答："这段话中的关键词语有'青铜礼器''名人字画''奇珍异宝'。"老师接着追问："这些都是当年园中的收藏品，你找到的这些词语能告诉我们什么呢？"学生回答："文物多。"老师又追问："文物的什么多？"学生答："文物的种类多。"

老师接着又问："你们还画了哪些词？"学生回答："'上自'和'下至'。"老师问："'上自'和'下至'是什么意思？"少数学生举手回答："'上自'是从，'下至'是到。"老师进行拓展提问："从

先秦时代到清代，时间有多长？"学生们兴趣很浓地计算回答："从先秦时代到清代，大概有两千多年。"老师进一步启发："经过这样漫长的历史时期，还能留下来，说明这些文物怎样？"学生答："说明这些文物很珍贵。"

老师总结归纳："园中收藏品这么多，而且十分珍贵，所以说它是当时世界上最大的博物馆和艺术馆。"

【评析】

阅读能力体现着个人的语文能力。五年级的学生知识面较宽，已具备了丰富的想象力和较强的理解能力，他们善于探索，敢于质疑，敢于创新。新课标也提出五年级学生阅读要在交流和讨论中敢于提出自己的看法，作出自己的判断，并且要学习浏览，扩大知识面，根据需要搜集信息。教师要放手让学生自悟、自得。

本自然段内容较少，教师放手让学生自主学习，提问后让学生自主阅读、画出关键词、交流汇报。课堂上给学生自学实践的机会，既让学生自我表现，又让学生多了成功的喜悦。经过善于创设教学情境的教师的点拨，学生迸发出强烈的生命活力。（这位老师就是黑龙江省哈尔滨市的曹永鸣老师）

4.07
插上想象的翅膀：阅读的有效深入

有一位老师在教学《被缚的普罗米修斯》时，为了让人物的形象矗立于学生心中，并让这形象有血、有肉、有声、有情而不仅仅是一个神话中的名字或是雕塑中的造型，他充分发动学生的想象，调动学生的情感。

课文开头两段陈述了人类"没有火"和"有了火"两种不同的情况。老师让学生找出这两个完全不同的画面，并据此展开丰富的想象。老师问："在这样黑暗的环境下，人们看不见什么？还看不见什么？甚至看不见什么？"接着老师从一句"只好吃生的东西"引导学生想象吃哪些生的东西，想象天天吃生的东西的感受；从一句"无边的黑暗"引导学生想象人类都看不见什么，想象听到野兽的叫声时人们心里会怎么想；从"烧熟食物""驱寒取暖""驱赶猛兽"等语言，引导学生想象人类都在用火干什么。当一个个生动、鲜活，或恐怖，或祥和的画面呈现在学生眼前的时候，课文中的文字就有了画面感，有了丰富的情感，学生也就自然理解了普罗米修斯为了人类的幸福铤而走险的原因。

【评析】

一篇好的作品，一定可以从简单的文字里面读出丰富的内容和情感；一节好的课堂，一定可以从简单的环节里面感受丰富的内容和情感。在这个教学环节中，没有具体直观的画面，有的只是想象，想象，再想象。在师生的对话中，学生深深地感受到的是没有火的苦痛，这种苦痛越深入学生的心，学生就越能感受到普罗米修斯对人类充满了同情和爱。因为天上有那么多的神，但是只有他真正"看到"了，所以也只有他敢于为人类盗取天火。在教学中，老师不断带领学生走向阅读的高处，走向思想的远处，走向想象的深处。他与学生一道在文本中慢慢地走，细细地品，并从中发现许多别人不曾留意的细节，因此能与许许多多的美景不期而遇。（这位老师就是浙江省杭州市小学语文特级教师王崧舟。此案例由四川省成都市北新实验小学的韩超老师推荐）

4.08

创新源于生活，练习因人而异：《火烧云》颜色的教学

有一位语文老师曾经是这样教学人教版三年级下册《火烧云》的颜色的。

老师提问："作者说火烧云的颜色有的说也说不出，见也没见过，现在请你们通过丰富的想象帮他说出来，好吗？"学生有的答半紫半黄、半黄半苹果绿，有的答橘子黄、水泥灰，有的答绿油油、蓝盈盈。老师问："绿油油、蓝盈盈的火烧云也有吗？"学生答："有！因为火烧云红得像着了火。我们平时见到的火焰有的是绿油油的，有的是蓝盈盈的。这样的火，说明很旺……"

于是，老师在课堂上就设计了这样一道填空题：这里火烧云的颜色变化极多。一会儿（　　　），一会儿（　　　），一会儿（　　　），一会儿（　　　），（　　　），（　　　），（　　　），这些颜色都有。要求：①所填的词语可以全部选用课文中的；②所填的词语可以一部分是课文中的，一部分是自己想出来的；③所填的词语可以全是自己想出来的（创造）。请学生选一种完成填空。

【评析】

语文学习的外延和生活的外延是相等的，语言教学的真谛就在于引导学生走近生活、观察生活、体验生活，使生活成为语文的内容，使语文教学课堂充满活力和创新思维。"学生答：'有！因为火烧云红得像着了火。我们平时见到的火焰有的是绿油油的，有的是蓝盈盈的。这样的火，说明很旺……'"这样的思维非常独特，这样的回答非常有个性，而且说得有理有据，这就是创新，创新源于生活。另外，老师设计的练习题也具有层次性，因人而异，使课堂

显得十分活泼，人人都得到了最佳的发展。后进生有所得，中等生
有所提高，优等生有所创造、有所发展。（这位老师就是成都市高
新区庆安小学的李玉老师）

4.09

感受朗诵的魅力，爱朗诵，善朗诵：《怒吼吧，黄河》的教学

有位老师在教学《怒吼吧，黄河》时，紧扣"抑扬顿挫"这个
成语，分四个层次引导，让学生感受光未然的情怀和朗诵的魅力，
使学生热爱朗诵。

第一层次：引出"抑扬顿挫"。她引导："如果说黄河的气势让
诗人光未然震撼，写出了歌词，那么，又是什么震撼了曲作家冼星
海，使他谱出了震撼人心的曲子呢？让我们读课文4至6自然段。"
学生自由读，并回答："是冼星海的好朋友光未然朗诵歌词时的激
情。"她接着引导："课文中有一个成语写出了光未然朗诵时的情
形，这个成语是什么？"学生答是"抑扬顿挫"。

第二层次：认识"抑扬顿挫"。她引导："谁能一边用符号画，
一边讲出'抑扬顿挫'的意思？"一个学生边画边讲："抑，就是降
低；扬，就是升高；顿，指的是停顿；挫，就是转折。"另一个学
生说（拿着《成语词典》）："我从《成语词典》上查到，'抑扬顿
挫'指声音的高低起伏和停顿转折。"

第三层次：练习"抑扬顿挫"。她引导："那让我们向光未然那
样也用'抑扬顿挫'的声音朗诵出《怒吼吧，黄河》这个乐章。请
大家翻到93页的阅读链接。"学生齐读。老师又说："词作家李海
燕也是这么写光未然朗诵情形的。把课文中相关的句子画出来。"
学生勾画句子。她出示句子："他的声音时而铿锵有力，充满激情，
如同喷薄而出的朝阳；时而低回婉转，无比哀伤，如同暴风雨中折

第四章

阅读教学案例评析

— 149 —

翅的小鸟；时而行云流水，欢快流淌，如同黎明中穿过雾霭的林间小溪；时而气势雄壮，苍凉悲壮，如同那浊浪排空的怒吼中的黄河……"学生齐读。老师问："当你读到这些句子的时候，眼前出现了怎样的画面？"一个学生说："当读到'他的声音时而铿锵有力，充满激情，如同喷薄而出的朝阳'的时候，仿佛听到抗战的号角已经吹响，仿佛看到抗日的军民正整装待发。"另一个学生说："抗日军民的气势如同黄河水汹涌澎湃，滚滚向前……"

第四层次：感受"抑扬顿挫"。"是啊，当诗人对未来充满希望，看到战斗曙光时，他的声音（生接话）铿锵有力，充满激情，如同喷薄而出的朝阳；当想到战争的惨烈，勇士的伤亡，老百姓妻离子散、家破人亡时，他的声音（生接话）低回婉转，无比哀伤，如同暴风雨中折翅的小鸟；当看到一次次战斗的胜利，人民与战士的相拥相抱庆祝胜利时，他的声音变得（生接话）行云流水，欢快流淌，如同黎明中穿过雾霭的林间小溪；当四万万民众已经团结起来，奋勇作战，誓死捍卫国土，想到这些，诗人的声音（生接话）气势雄壮，苍凉悲壮，如同那浊浪排空的怒吼中的黄河。同学们，这就是抑扬顿挫的声音，这声音犹如澎湃的黄河水，流入我们的心中，请同学也用抑扬顿挫的声音来试着背一背这一组排比句。（生背）这抑扬顿挫的朗诵牵动了在场的每一个人的心，更深深触动了他的挚友冼星海，使他在短短六天，克服重重困难谱写出了《黄河大合唱》的 8 个乐章。这部力作极大地鼓舞了中华儿女的斗志，激发了亿万民众的抗日热情。正是这抑扬顿挫的声音，唤醒了世界各国的华人、华侨，使得侨胞们的爱国热情高涨，涌现了郭隆真、朱枫等一大批仁人志士。正是他们的抛头颅、洒热血，才换来了革命的最终胜利！"

【评析】

朗诵是门艺术。在文艺演出中，朗诵也是节目门类之一。好的朗诵能表现课文意境，强化课文的美，感染并征服学生，胜过教师千言万语的分析。在这篇课文中，诗人光未然用自己的激情朗诵，感染并征服了作曲家冼星海，并让他产生了创作灵感，创作了《黄河大合唱》的8个乐章。这个故事就是朗诵魅力的最好证明和典型案例。我们完全应该把培养学生感受朗诵魅力，爱朗诵，善朗诵作为教学目标，由此把朗诵推向高潮。（这位老师就是四川省小学语文特级教师李雪琴）

4.10
个性化阅读："落""打""飘"的辨析

有一位语文老师在二年级课文《我是什么》一课中区分"落""打""飘"三个动词时，首先启发学生："我变成小雨点是怎么下来的？"学生回答："变成小水珠落下来的。"老师接着问："那我变成冰雹是怎么下来的？"学生回答："变成小硬球打下来。"随后老师继续追问："我变成雪花是怎么下来的？"学生回答："变成小花朵飘下来。"

这时，老师小结："当我变成雨、冰雹、雪时，下来的方式不一样，现在让我们加上动作读一读。"学生一下子兴奋起来了，纷纷伸出小手，和老师一起念"我在空中漂浮着，碰到冷风，就变成小水珠落下来……"一边念，一边举起小手做动作。老师及时发现了有学生在做雪花"飘"的动作时小手轻轻地在空中舞动，而在做冰雹"打"下来的动作时用力在桌子上拍打，忙问："你为什么要这样做呢？"这个学生回答："因为雪花很轻啊，在空中飘；而冰雹很重，打在身上一定很痛，所以我重重地打。"老师对学生进行了表扬，并让其他学生向他学习，再来边读边做动作。

【评析】

这位老师的这节课，整个学习的过程就是让学生自主感悟语言文字的过程。老师没有直接出示三个动词，问它们的位置是否可以调换，有什么异同，然后进行分析讲解，而是激活学生的再造想象，让他们联系自己的生活实际和生活积累，设身处地地体验课文所描绘的情境，使语言文字在学生头脑中形成印象。这样，学生对三个动词都有了十分真切的感受，并通过极具个性化的朗读来展示自己的感受。学生在加上动作的朗读中感悟"落""打""飘"的不同，从中体会雪花的轻盈、冰雹的沉重，这样抓住重点词语，体会作者用词的准确性，既训练了学生的语感，又拓展了学生思维的广度和深度，让学生可以更形象地解读文本。学生一边读，一边比动作，小脸红红，充满笑意，相信学生心里也一定会觉得这样学语文很有趣，很喜欢这样的课堂吧。（这位老师就是四川省成都市锦江区进修校附小语文教师曾岚。此案例由四川省成都市沙河堡小学的刘能老师推荐）

4.11
关注文本表达：有效的句式积累与运用

有一位语文老师在进行《我的影子》一课的教学时，首先就注意到课文语言十分生动有趣，是个语言积累的好时机。在学生读到"我挥挥手，影子也挥挥手。我蹦蹦跳跳，影子也蹦蹦跳跳"时，老师先是邀请学生当自己的影子，老师和学生边做动作边感受影子变化的神奇，边积累带有"也"字的句式。接下来老师引导学生自己试一试，想想影子除了"挥挥手、蹦蹦跳跳"外还能做什么动作。要求学生一边做动作，一边用"_____，影子也_____"这个句子说一说。学生积极参与到交流中，在学生展示环节，老师借助电子白板系统，现场生成学生的答案。白板上"我"和影子的关系——"我做什么，影子就做什么"。一目了然，直接引导出了影子的特点。

在学生读到"影子一会儿跑在前，一会儿跟在后，一会儿跑到我的左边，一会儿又转到右边去了"时，老师引导学生注意影子位置的变化。"影子像小精灵一样前后左右四处乱窜，特别机灵，它的变化速度特别的——"学生争先恐后地回答"快！"老师追问："你是怎么知道的？"顺势引导学生理解"一会儿"表示时间短，变化得很快。老师与学生配合读，在读中体会影子变化快。老师降低学生运用句式的难度，提前进行预设，将变化多且快的小白云引入课堂，让学生用"一会儿……一会儿"造句。老师问："除了白云，你还能不能说一说其他的东西？"将自主权还给学生，提醒"一会儿"表示变化速度快。最后，老师用一句"是呀，它们都和影子一样，调皮可爱。我们一起再来读读小影子的变化吧"回到课文，圆满地完成了本课两个重要句式的积累与运用。

【评析】

低段的阅读教学中，教师一直都非常重视语言的积累与运用。那么，如何依托文本，有效地进行文本的积累与运用呢？文本的积累关键在于教师的引导，教师引导得好，会使学生的语言积累更符合学生的不同情况，并且养成主动积累的习惯。

案例中教师通过自由读、选择读、师生合作读等不同形式的朗读，让学生入情入境，以课文为依托，理解词语、句式的使用方法。然后，教师带领学生在做动作、玩游戏中练习运用句式。学生兴趣十足，语言的积累与运用就在这个过程中轻松地完成了。（这位老师就是四川省成都市盐道街小学的于佳琪老师）

4.12

搭建有效桥梁，彩虹花挂图的妙用

有一位语文老师在进行绘本《彩虹色的花》的教学时，根据绘本内容和一年级学生的特点，制作了一张彩虹花的挂图，其中每一片彩虹色花瓣都可以取下。

上课伊始，老师将挂图张贴在黑板上，瞬间吸引了学生的眼球。老师趁机提问："孩子们想知道在这朵彩虹花身上，发生了什么样的故事吗？"学生们兴味盎然。

随着书页的翻动，老师提问："漂亮的彩虹花遇到了需要帮助的小蚂蚁，它是怎么做的呢？"老师请学生在挂图上取下一片花瓣给小蚂蚁当船。随着故事情节的展开，学生一次次帮助动物们在彩虹花身上取下花瓣。刚开始，他们争先恐后，可到后来，彩虹花只剩下两片花瓣的时候，学生有些犹豫了，好些学生说："老师，彩虹花的花瓣都快没了！"

彩虹花帮助小刺猬后，老师提问："孩子们，彩虹花只剩下最后一片花瓣了，在它身上还会发生什么变化呢？"老师取掉了黑板挂图上的最后一片花瓣，看着挂图上光秃秃耷拉着的彩虹花的茎，学生们瞬间沉默了，眼睛里充满了不舍与期待。

后来，春暖花开。老师提问："孩子们猜猜，彩虹花会发生什么变化呢？"老师将彩虹花重新绽放在原野（挂图）上，学生们欢呼雀跃。

【评析】

对低年级学生而言："喜欢阅读，感受阅读的乐趣"是新课标要求我们首先要达到的目标。借助图画阅读是达到这一目标的有效途径。这位教师注意到了这一点，充分借助了挂图的作用。教学伊始，老师用挂图引起学生对彩虹花浓厚的兴趣。教学过程中，老师结合绘本内容，让学生亲自动手，从挂图上取下花瓣。学生积极参与，从中既直观感受到帮助小动物的快乐，更慢慢感悟到彩虹花助人为乐的品质。美丽的彩虹花已被学生深深喜爱。后来，北风带走了彩虹花的最后一片花瓣，孩子们沉默了，佩服、心疼与难过，是那样真切地写在学生的脸上。

　　彩虹花挂图形象地搭建起语言与情感的桥梁，虽然学生不能准确表达，但通过挂图的有效切入，学生的心情随彩虹花起伏，彩虹花已深深扎根学生的心田。绘本语言已真正浸润学生的心田，绘本阅读已真正拨动学生的心弦。（这位老师就是四川省成都市盐道街小学得胜分校的李忠霞老师）

活用动词调动感官：仿说教学

　　有一位语文老师带着她的学生一起品读完《风》后，继而引导学生发挥想象去生活中找找风。

　　"孩子们，生活中，你还在哪里找到了风？"学生纷纷举手汇报："我看到风吹动头发、红领巾……"学生们都能结合生活实际说出在哪里感受过风，但为了让学生能仿造课文说一小节，老师出示了一节范例："谁也没有看见过风，不用说我和你了。但是风筝飞上天的时候，我们知道风来帮忙了。请同学们朗读，并说说你认为范例好吗，好在哪里。"有学生评价："'帮忙'这个动词用得好，跟叶圣陶爷爷一样，给风娃娃加上了人的动作。"老师立即进行引导："对呀，给风娃娃加上人的动作，就会更加生动形象。"

　　学生们开始动词积累，他们有的说："当头发飞舞起来的时候，我们知道风在调皮了。"有的说："当花儿摇动的时候，我们知道风来玩耍了。"有的说："当裙子飘起来的时候，我们知道风在捣蛋了。"学生们说出来的句子令听课老师频频点头称赞。

　　接着，为了激发学生的想象，老师充分调动学生的各种感官，带学生来到"花园里"，出示一幅花园的图片，让学生闻闻："什么气味？你找到风了吗？"学生纷纷举手，高兴地说："我找到风了，有花香飘来了。"老师成功调动了学生的嗅觉。接着，老师又带学生来到房檐下，那儿挂着一串风铃。学生们听到"叮当"声，找到了风。老师调动了学生的听觉。

学生们利用嗅觉和听觉说出了很多精彩的句子："当香喷喷的饭菜味从厨房传来时，我们知道风来偷吃了。""当玻璃发出嘟嘟嘟的声音时，我们知道风来做客了。"还有学生调动了触觉："当沙子跑进眼睛的时候，我们知道风闯祸了。"

那堂课中，每个学生都能用自己的眼睛或者鼻子、耳朵、皮肤等来找到风，并说出精彩的句子。听课老师感叹，学生的创作才华一旦被激发出来，就是一笔宝贵的资源。

【评析】

仿说是课堂教学中重要的一个环节，既锻炼学生的口头表达，又丰富学生的词语积累。但如何让学生会说而不是生搬硬套，要充分激发学生说的欲望，让他们有所想、有所说。在这堂课的教学里，为了让学生说出的风像课文一样富有生命和文采，老师首先从动词下手，把风当成娃娃，让学生尽量用上娃娃常用的动作。而这对学生来说并不陌生，自然就比较容易。接着，调动学生的各种感官：视觉、嗅觉、听觉、触觉，那大自然的风就随处可以找到了，学生也就能够说出句子来，甚至说出很多句子来。（这位老师就是四川省成都市东光实验小学的胡芙老师）

4.14
激趣导入，开发学生拓展性思维：《穷人》的教学

有一位语文老师在进行《穷人》的教学时，先在黑板上书写一个"穷"字，然后请学生说说心目中的"穷"是什么样的。这时就有学生说到，没有吃的、穿的就很穷；没有工作就很穷；没有钱用

就穷；没有房子住的很穷；家里没有摆饰就穷；没有肉吃就是穷；没有新衣服穿就是穷……接着老师又在黑板上写下"人"字，问学生怎样才能被称为一个大大的人。问题一出，学生们便七嘴八舌地说开了。有的说善良的就是个大大的人，有的说宽容，有的说勤劳，有的说爱做好事，还有的说有错就改，等等（学生在回答时，老师就把典型的答案板书到副板书的地方，为后文教学做铺垫）。学生的回答很精彩，思路一下子都打开了，争先恐后地发言。

这时老师说道："同学们的理解都非常好，今天我们就要在《穷人》这一课中去认识主人翁——桑娜，她虽然很穷，却能被称为堂堂正正的人。"接下来这位老师就让学生们看看课文哪些地方能感受到桑娜一家的"穷"，哪些地方又体现出桑娜具备"人"的这些优良品质。学生们便开始带着问题思考，进入下一个环节的教学。

【评析】

从课题入手是语文教学中常采用的方法，如讲解课题的含义、对课题进行质疑等，其目的都是引起学生学习的兴趣。本案例中，老师没有让学生质疑，也没有自己讲解课题含义，而是让学生说说生活中感觉到的"穷"，以及对"人"的理解。这样做的好处是：首先，贴近学生生活，激发学生兴趣，打开学生思维；其次，让学生把握了这篇课文的线索，一是桑娜家的贫穷，二是桑娜夫妇的善良，为学习整体把握课文做好了铺垫。（这位老师就是四川省成都市沙河堡小学语文高级教师杨军梅。此案例由四川省成都市沙河堡小学的熊莉老师推荐）

4.15

借助插图理解课文：感悟艰辛与坚强

有一位教师在教学《劳动的开端》这篇课文时，引导学生观察书上的插图，深入地理解课文，感悟了劳动的艰辛和劳动者的坚强。

教师指着书上的插图说："让我们用心地看看这幅插图，看仔细一点，你看到了什么？"学生汇报："我看见他的煤撒了一地，他的胳膊、腿都受伤了，衣服也弄破了。"教师进一步引导："你有自己的发现，再看仔细一点，让我们看看他的脸、他的眼睛，还看到了什么？"学生汇报："我还看见他的眉头皱紧了，表情很痛苦，眼眶里似乎含满了泪水。"教师继续引导："你观察得非常仔细。眼眶里似乎含满了泪水。他流泪了吗？"学生回答："没有。"教师又问："痛苦得眼泪都要流出来了，却没有流出来，你感受到什么？"学生说："坚强。"教师继续引导："画里的小运铎没有流一滴泪，没有吭一声，但是这幅画面里的一切仿佛在向我们述说着什么呢？"学生汇报："劳动好艰辛啊！"另一个学生说："穷人真不容易啊！"还有一个学生说："小运铎真坚强！"教师趁热打铁："如果要为这幅画取个名字，你会取个什么名字？"学生纷纷举手说："坚强、穷人、劳动的艰辛……"

显而易见，学生们已经借助这幅画理解了课文内容，感悟到了劳动的艰辛与劳动者的坚强。教师顺势进行学法渗透："同学们，我们从这幅画中知道了这样多的内容，看来我们在学习课文时，要仔细观察插图，这样能让我们更好地理解课文呢。"

【评析】

在多媒体教学已经普遍运用到教学活动中的今天，有的教师舍近求远，使用了大量的课外教学资源，却忽略了我们语文书中自带的教学资源——插图。平时学习课文时，许多学生也会忽视观察插图，不会利用插图来深入地理解课文，让插图失去了本该发挥的作用。

课文插图是教材的一部分，是我们拿着就能用的且非常方便、非常生动的课程资源。我们在教学时要充分重视和利用它，发挥它最大的作用。在这个案例中，教师引导学生一步步地观察插图，如层层剥笋，一次比一次观察得仔细，一次比一次思考得深入，学生对课文的理解也就水到渠成。最后，教师还引导学生要多用"观察插图理解课文"这一学习方法来学习课文，落实到自己的学习活动中，让图文并茂的文本在学生的手中再次精彩纷呈起来。（这位老师就是四川省成都市成华实验小学的巫晓翠老师）

4.16
课堂生成：一幅插图的运用

有一位老师在教学《荷塘旧事》"谈谈文中你喜欢的句子，并想想这样写有什么好处"这个环节时，学生畅所欲言，老师总结后准备进行小练笔。一个学生突然站起来说自己喜欢课文插图，老师很诧异，顺势问："其他同学都喜欢句子，你为什么说喜欢插图呢？"该学生一本正经地说："我认为插图很美很形象，能帮助我们加深对课文内容的理解。"老师表扬说："你不仅会发现，还有自己独到的见解，请大家也来欣赏欣赏，看看你们还有什么感受？"学生纷纷发言。有的说，插图表现了孩子们幸福的生活；有的说，看了插图，才真正感觉乡村的生活其实很美；有的说，这幅图主要表现了荷塘的美，让人们感受到它是孩子们生活的乐园；有的说，这幅图也充分表现了作者对童年时代的留恋……

老师进一步引导："如果让你们根据这幅图来设计作文，你想设计什么呢？比一比谁设计得最有创意！"于是学生设计出各种题材的作文，如以"荷塘的自述"为题目的说明文，以"乐趣"为题的记事作文，以"荷叶与蜻蜓"为题的寓言故事，以孩子、荷花、湖水为内容的儿歌等。

【评析】

一幅插图可以生成这么多的精彩，而这些精彩又出自学生现场的直接感受和观察发现。这些感受和发现不仅体现出学生对插图的理解、鉴赏、运用，而且体现出学生活跃的思维过程和深刻的认识过程；不仅体现出语文教学强调独特感悟、大量积累的特殊功能，而且体现出课堂教学动态生成的特点——不完全依据预设，而根据学生的需求进行有效的生成；不仅体现出教师随机应变的能力，而且体现出教师有效地利用教材资源的能力。

可以这样讲，授课教师在真正意义上解读了"生成"的含义，并根据预设的目标和内容，或把握插图难点有效生成，开拓一个图文结合的生成空间；或围绕插图重点有机生成，创设一个畅所欲言的生成平台；或抓住插图关键，拓宽一个自由想象的生成路径；或利用插图，开发一片创造思维的生成资源。个人认为，这样一种动态生成的课堂教学，就是教师应该追求的最自然、最鲜活的教学境界。（这位老师就是成都市高新区庆安小学的赖洲华老师）

4.17
巧借插图，多维训练：《矛与盾》的教学

有一位小学语文教师在教学北师大版六年级文言文《矛与盾》时，抓住文中一句关键性语句"以子之矛，陷子之盾，何如？"让学生结合课文插图想象图中的小孩、妇人、壮汉、老年人的心里是怎么想的，然后带着这样的想法应该用怎样的语气来说这句话。此时，学生进入文本情境，抓住不同人物身份展开合理的想象，纷纷举手。选择扮演小孩的学生这样说："我是小孩的话，一定会对楚国人对自己矛与盾的吹嘘话语感到疑惑不解，会十分天真地追问楚国人。"学生朗读的语气急切而认真。选择扮演妇人的学生这样说：

"本来矛与盾对她来说是件漠不关心的事，而此时却因为楚国人自相矛盾的吆喝被吸引过来了，一种凑热闹、看笑话的心态跃然纸上。"学生朗读的语气轻佻、取乐。选择彪形壮汉的学生这样说："我本是练武之人，深知矛与盾的特点，早就识破了楚国人的那一番夸大其词的话，想故意戏弄他，试图让他在众目睽睽之下出洋相。"于是学生模仿出一种强硬、恫吓的语气来。选择扮演老年人的学生这样说："以我活了大半辈子的生活阅历，也早就明白楚国人的那番话是言过其实。"学生模仿长者的身份，捋捋胡须以质疑的口气善意地提醒他（众生笑）。此时，教师相机追问这个学生："你想通过这句话让他明白什么？"于是，本文的主旨就在此时揭示出来了：说话做事不能言过其实，自相矛盾，而应该实事求是。

【评析】

　　小学课本所选古文寓言，基本都是文字特别简练却又生动形象，托寓的道理既明了深刻，又颇能让人体味到某种含蓄与幽默。而文言文的寓言教学的重难点除了了解古今词义和表达上的不同外，让学生读懂寓言的寓意并用自己的话表达出来更是学习的难点。那么如何才能突破难点呢？上述案例的教师引导学生抓住文中关键性话语，借助插图展开想象（主要是从人物的心理活动方面），让学生自然进入文本和插图的情境中，通过交流，融想象、表达、朗读、明理训练于一体，水到渠成，很好地体现了语文的工具性和人文性的巧妙结合。（这位老师就是四川省成都市高新区中和小学的黄玉军老师）

4.18
个性化阅读：《生命生命》的教学

　　有一位语文老师在教学《生命生命》这一课时，首先请学生读课题。学生齐读："生命！生命！"老师引导："你觉得生命是怎样的？读出来。"学生活跃起来，有的说生命是坚毅的，有的说生命是激昂的，有的说生命是坎坷的……于是，教室里的读书声时而轻柔，时而高昂，时而激越……老师评鉴："对，就是这样，不同的生命有不同的读法。"

接着开始阅读文中飞蛾的案例。这位老师请学生读第二自然段。学生读完后，老师引导："这段写出了飞蛾强烈的求生欲望，勾出哪几句话讲了飞蛾的求生欲望。"学生读找到的句子。老师引导："不够强烈、鲜明。"再请学生读。读完后，全班齐读。接着老师让学生去找哪些词写出了飞蛾的求生欲望。学生说："强烈、鲜明……"老师引导理解重点词语之后，说："那我们再一起读一读这些句子。"读好之后，老师引导学生总结阅读方法。学生很容易总结出：读，勾重点句子；读，勾关键词语；带着理解读文章。然后，学生就用总结出的方法学习后面的例子，取得了很好的效果。

【评析】

阅读教学是语文教学的重要组成部分。阅读教学中个性化朗读教学一直是比较薄弱的。一般来说，教师要求学生读文章要读出感情，但要怎么做到读出感情，学生不清楚，有时甚至教师也不清楚该怎么讲。要么叫学生自己思考该怎么读，要么直接告诉学生应该怎样读。有时教师怕影响课文的完整性，读得差不多就行了，这样的阅读教学效果可想而知。这位教师很有智慧，他一上课就引导学生百花齐放：不同的生命有不同的读法。其实这也就在告诉学生，读书要读出自己的理解，不要人云亦云。最重要的是这位教师将朗读与学习课文内容紧密结合，以读代讲，以读促悟，让我们的语文课堂生动起来，不再是教师讲授、学生听的课堂，学生真正成为了课堂的主人。最后这位教师还带着学生总结归纳出阅读的方法，让学生真正知道该如何读出感情来。更难能可贵的是，在整个过程中，教师就像朋友一样，适时地指导，唤醒学生的情感体验。他巧妙地将理解、统整、评鉴结合起来，在深入挖掘教材内涵的同时，为学生个性化朗读开创了新天地。（这位老师就是全国著名特级教师支玉恒。此案例由四川省成都市双水学校的尹华琼老师推荐）

4.19

工具性与人文性统一：《黑孩子罗伯特》的教学

　　有一位语文老师在进行《黑孩子罗伯特》的教学，理解"罗伯特听到同学丽莎的病情严重"的"所想"、"所做"时，让学生针对"要是丽莎死了，岂不是永远见不到她了吗？呃，天哪！丽莎，你不能死，不能死，绝不能死"这句话汇报自己的情感体会。学生感受到了罗伯特的担忧、着急、舍不得……这位老师发现学生对文章人物情感的理解只是停留在表面，并未真正深入人物的内心世界，于是这位老师对此点评道："同学们，古人云：为学患无疑，疑则进也。让我们再有所思地读读这句，想想：为了更好地帮我们理解这句话，走进罗伯特的内心世界，针对这句话我们可以提出哪些问题呢？下面就请同学们按8人小组进行讨论，请各组小队长整理本小组同学的讨论，提炼出最有价值的问题，待会儿在全班做交流。"学生们纷纷进入了小组的激烈讨论之中，提炼出了非常具有探究价值的问题来。质疑一：这是一句反问句，作者为什么不用陈述句直接表达，而采用反问句的方式描写呢？质疑二："呃，天哪！"这里为什么要用"呃"这个语气词，而不直接写"天啦"？质疑三：此处为什么要用三个"不能死"？只用一个不行吗？质疑四：前两个"不能死"后面用的都是"，"，而最后一个"不能死"后面用的是"！"收尾！同样的词语，为什么标点符号运用却不同呢？……这位老师对这些质疑并不是一一给予解答，而是让学生相互合

第四章　阅读教学案例评析

— 163 —

作，讨论交流，获得启发，解决自己的困惑！

类似这样的理解人物情感的方式还在这位老师的课堂上不停地呈现，如后面对"罗伯特摸了摸裤子的口袋，深深地吸了一口气，三步两步冲到讲台前，把钱全部掏了出来"这句话中几个关键动词的理解，这位老师同样是让学生自己针对字词句的使用提出自己的困惑，再引导学生自己去解决提出的疑问，使学生掌握了理解字词的方法，理解了人物的情感变化，文章主旨的理解也就不言而喻了！

【评析】

不少老师对语文的工具性和人文性的把握总存在偏差，要么偏重工具性，要么偏重人文性，不容易使二者有机融合。这位老师的这节课就较好地诠释了怎么做才叫协调统一。就全节课而言，总体上还是站在人文性角度来处理的，始终抓住人物的情感及其变化展开教学，以情动人，以情感人，以情化人，以情育人。但是，只做这些，就像文学欣赏课了，或者还有品德课的影子。这堂课在处理人文性的同时，始终不忘工具性的特质，重视学习一篇课文要抓字词，要抓句子，要抓修辞，要抓标点符号，要抓作者的表达方法，要抓语言训练，要抓思维训练，要抓动笔练习，要抓交流反馈，要抓评价导向，要抓理解感悟，要抓归纳提炼，要抓延伸拓展等。这就是在工具性的处理和训练的落实中实现了工具性和人文性的统一。（这位老师就是四川省成都市高新区中和小学的陈莲老师）

4.20

情境教学：《小小的船》的教学

有一位语文老师在进行《小小的船》的教学时，向学生提问："课文中的小朋友看着弯弯的月儿，为什么觉得像小船，而不像香蕉，不像镰刀呢？他想做什么？"学生通过思考，发现香蕉、镰刀只是形状像，而像小船还可以满足坐上去的愿望。老师随即强化情境，引导学生想象自己飞上蓝天，坐在月亮上，并追问学生："在月亮上看见了什么？"有的学生回答儿歌中的内容，有的学生展开想象回答宇宙空间中的天体。在学生充分地说后，老师请学生用"蓝蓝的天"说一句话。学生争先恐后地说："蓝蓝的天上有弯弯的月儿。""蓝蓝的天上有星星一闪一闪的。""蓝蓝的天上有一朵一朵的白云。""小鸟飞上蓝蓝的天。""我坐上飞机，就飞上了蓝蓝的天。""我将来要坐上宇宙飞船，在蓝蓝的天上给老师打电话。"……

【评析】

低段课文内容简单，学生语言积累有限，怎么在课文学习中调动学生说话的积极性，引导学生规范、通顺地将自己所想自然地表达出来，需要很多技巧。这位老师在教学过程中，强化小朋友在院子里仰望夜空的情境，通过强化情境，使作者蕴涵在具体的事物、生活空间中的情感流露出来。在月儿"形"与想飞上天的"情"的相互作用下，学生的情绪一下子被激起，进而由眼前的场景很容易地联想到相似的另一个场景，和已经获得的相关的表象组合、重叠，进入想象情境之中。借助强化情境，学生展开想象，进入课文描写的典型情境中，不仅获得身临其境之感，而且丰富了作者笔下的情境，在不知不觉中将自己对课文情境的所知、所感、所思充分地表达出来。（这位老师就是江苏省南通市小学语文特级教师李吉林。此案例由四川省成都市沙河堡小学的潘颖老师推荐）

4.21
巧妙提问：《惊弓之鸟》的教学

有一位语文教师在进行《惊弓之鸟》的教学时，为了让学生探究出更赢只用弓就把大雁射下来的原因，设计了这样一组问题："假如这把弓是更赢的，却让我们某位同学来拉，那只大雁会不会掉下来？说说理由。"

某位同学的本事是不是和更赢一样？更赢的本事究竟是什么？原本离学生一千多年的更赢，突然间跟自己班上的同学进行比较，学生们甭提有多高兴了，又是看书，又是讨论，有的学生甚至走出位置，围到教师身边哇哇地说了起来。

全文接近尾声，按照寓言的一般教学方法，应该说寓意了。可这位教师又出新招。她笑眯眯地对学生说："究竟是谁害死了这只惊弓之鸟？"顿时一石激起千层浪，学生思维空前活跃，答案各不相同。有的说是更赢的"嘣"，有的说是以前的那个猎人，大多认为是大雁自己。

【评析】

在阅读教学中，最应做到的就是引导学生深入文本，体会文本的含义所在。在这当中，教师的提问尤为关键，巧妙的课堂提问能诱发学生思维，激发学生情感，增进师生间的交流，提高课堂教学效率。

课堂上教师巧妙地提问，要统领全文，要牵一发而动全身。就如本案例，教师为让学生探究出更赢只用弓就把大雁射下来的原因，精心设计了一连串的引人思考的有趣问题，很好地激起了学生的探索欲望。学生像听了无声的指挥一样自觉参与到教学过程中，展开师生对话、生生对话，不断与文本交流，品味语言文字的内涵。在课堂尾声，总结寓意的巧妙提问使学生思维空前活跃，答案各不相同。学生的求异思维得到了充分的锻炼，大大提高了阅读教学的有效性。（这位老师就是成都双语实验学校的陈建维老师）

4.22

巧设活动:《与象共舞》的教学

有一位语文老师在进行《与象共舞》一课的教学时,为了让学生进一步感受人和象之间没有距离,于是在黑板上大大地写出一个"人"字,然后让学生在黑板上写一个"象"字,并说说这样写的理由。

第一位学生把"象"字写得紧挨着"人"字,然后向同学们道出自己的想法:"因为人和象没有距离,所有他们应该紧紧挨在一起。"老师点评:"是啊,人和象如亲密朋友一般紧靠在一起。"

第二位学生把"象"字写在了"人"字的下面,继而道出自己的理由:"因为在泰国大象曾经驮着武士冲锋陷阵,所以我把'象'字写在'人'字下面。"老师动情点评:"是啊,人和象出生入死,生死与共。难道他们之间还有距离吗?"

第三位学生把"象"字写在了"人"字的上面,她的想法是:"在泰国,象会为人做按摩,所以此时象在人的上面。"顺着这位学生的发言,老师随即向学生提问:"大家想想看,当大象用粗壮的大腿给人做按摩的时候,按摩的象和被按摩的人之间还有距离吗?"

第四位学生更加天马行空,她把"象"字写得与"人"字重合在了一起,她的理由是:"我认为在泰国象和人是完全平等的,没有人与动物之别。"

老师作出总结性点评:"几位同学的写法都让我们感受到了人和象之间没有距离。"

【评析】

所谓阅读教学,朗读先行。纵观小学语文课堂的阅读教学,朗读总会成为语文老师的不二之选。但这有个前提,那就是必须建立

第四章

阅读教学案例评析

在感知文义的基础上，否则深情并茂的琅琅书声就会被百无聊赖的鹦鹉学舌取代。而如何引导学生能动地走进文本，感知文义呢？在这堂课上，老师就很好地给我们做出了表率。为了让学生感受到在泰国人和象是没有距离的，老师创造性地设计了一个写"象"字的活动。一个看似简单的活动却有着极其深刻的内涵——对于五年级的学生来说，写出这个"象"字应该是轻而易举的，但是黑板上偏偏先写上了一个"人"字，两字如何排列就成了学生不得不思考的问题。自然，学生肯定要自发地回顾全文，如此方能恰到好处地写出这个"象"字。于是，才有了后来学生们各种各样精彩纷呈的写法。活动设计精巧若此，真是妙不可言！纵观这个教学环节，最难能可贵的还是激发了学生的学习兴趣，为学生创造了良好的自主学习情境。所以说，办法总是想出来的。一个优秀的语文老师应该转变观念，推陈出新，灵活运用多种教学策略，以求语文教学化繁为简，切实有效。（这位老师就是浙江省杭州市小学语文特级教师王崧舟。此案例由四川省成都市五桂桥小学的傅睿老师推荐）

4.23

巧设问题，与文本对话：《半截蜡烛》的教学

有一位语文教师在进行《半截蜡烛》的教学时，选取了学生关注的一个问题为切入点，请学生思考究竟是谁保住了秘密，保住了情报站，挽救了一家人。马上就有学生回答是小女儿杰奎琳。在学生的观点被激发之际，教师顺势启发是否有不同的观点。学生在沉思片刻后认为还有杰克和母亲。此时教师要求学生在文章中找到支撑自己意见的语句，说出自己的看法，并引导学生要采用快速阅读的方法找到内容，仔细琢磨。在教师的引导下，学生在文章中找到表现人物在危险面前从容镇定、机智勇敢的句子。

【评析】

新课标指出：阅读教学是学生、教师、文本之间的对话过程。所有的教师都知道要多读文章，有的教师就在一节课的四十分钟反复读、重复读。所谓"七分文章三分读"，但到底该怎么引导学生读？这位教师就是巧妙地使用问题，循循善诱，一步步引导学生积极思考。他选取了学生关注的一个问题为切入点：到底是谁挽救了情报站？引发了意识冲突，学生的问题意识就被激发了。在说服对方的过程中，学生要不断跟文本"亲密接触"，寻求根据。这就促使学生与文本对话。这种对话产生于学生内心的需要，既激发了学生的学习积极性，又启发了学生的思维。教师适时给予方法指导，这既基于课文内容又对课文内容进行了升华，达到了一举多得的效果。（这位老师就是江苏省特级教师周益民。此案例由四川省成都市三圣小学的欧赟姿老师推荐）

4.24

让学生探究阅读方法：《画风》的教学

有一位语文老师在进行《画风》一课中"怎么画风"的教学时，首先用谜语导入课题，然后让学生质疑，接着老师说："快打开书，到课文中去找答案吧。"学生自由读课文后，老师说："刚才，你们提的问题都找到答案了吗？告诉同组的同学，你读懂了什么，看谁的收获多。"接着，学生以四人小组的形式交流，组内交流结束后，老师接着说："看来同学们的收获可真不少。老师想请教一下大家，怎么做，收获才多？"一石激起千层浪，学生纷纷汇报自己的学法："认真读课文。""注意听同学们提出的问题。"……老师继续说："刚才，同学们说，认真读课文，收获就多。老师现在就想听听你们把课文读得怎么样，在听你们读之前，给老师提提建议，好吗?"于是，学生们抢着给老师提建议，有的说："老师，我建议您让我们分角色朗读。"有的说："老师，您先找几名读得好的同学为我们示范一下。"有的说："老师，让我来练一练吧。"老师高兴地说："好，谢谢孩子们给我提了那么多的建议，下面由同学们推荐代表，分角色朗读。"学生推荐出了代表，此时，老师接着说："在他们读之前，你们有什么要嘱咐的吗?"学生们说："轮到自己读时一定要接上。""声音要洪亮，要读出高兴的语气。""'吹'是翘舌音，'擦'是平舌音，别读错了。"……学生进行了一次高质量的分角色朗读。老师说："课文中的三个小朋友向我们展示了一幅幅生动的画面。下面，也让我们来展示一下自己的风采。在下一段学习中，你们可以把内容演一演、说一说、写一写，也可以延伸课外知识。现在讨论一下，下一段学习，你们小组打算做些什么，看看哪一个小组既能展示自己的特长，又能收获更多的知识。"于是，出现了"百家争鸣"的情境：有的也来画风；有的给书上的四幅插图各写了一段话，来个看图写话；有的分角色表演内容；还有的感情朗诵。

【评析】

新课示指出：阅读是学生个性化行为……不应以教师的分析来代替学生的阅读实践。这一教学片段，充分尊重了学生的独特感受、体验和理解，让学生自读自悟，整个过程为张扬学生个性、激活学生灵性服务。教师给学生独立思考的空间，让学生自己决定怎样读、怎样学，让学生主动探究，掌握知识，形成能力。同时教师为学生提供了一个充分展示自己才华的舞台，为教师提建议，为同学提建议，展示了风采，张扬了个性，真正让学生成为了自己学习的主人。（这位老师就是四川省成都市沙河堡小学的杨军梅老师）

4.25

语文教学生活化：《菜园里》的教学

有一位语文老师在进行《菜园里》的教学时，教室的中间，学生每六人围坐成一个小组，教室的四周摆着许多新鲜蔬菜，有白菜，卷心菜，白色、红色的萝卜，红色、绿色的辣椒，紫色的茄子，浅黄、深黄的南瓜，穿着绿衣裳的黄瓜，还有细长的豆角。此时开始上课了，老师亲切的话语响起："大家看，我们来到'菜园里'，我们四周有这么多蔬菜，你们想认识它们吗？"学生兴奋地齐声说："想！"这位老师继续往下说："那好，待会儿同学们就下座位到教室的四周去看一看、摸一摸这些蔬菜，再读一读旁边的小卡片，试着记住它们的名字，可不要把它们的名字叫错了。读完后把小卡片拿在手里，等到把所有的蔬菜认完了，就回座位。"老师的话刚说完，学生们便像一只只快乐的小鸟飞向了教室的四周，微笑着看看这种蔬菜，摸摸那种蔬菜，有的还凑上小鼻子闻一闻，然后再饶有兴致地拿起旁边的小卡片读一读，看看这可爱的东西叫什么名字。老师在教室里轻轻地走着，观察每一个学生，分享着学生的收获和快乐。当看到学生们因收获而激发出学习的兴趣时，她亲切的话语又在学生们的耳边响起："下面，老师看看你们是不是真的记住了这些蔬菜的名称。我拿出一种蔬菜，你们赶快把它的小卡片举起来，大声读。比一比，看谁找得快，读得准，声音响亮。"老师首先举起一个大南瓜。学生们迅速地在许多张卡片中找出"南瓜"的卡片，并抢着大声地读出来。老师说："你们找得很快、很准，但要注意南瓜的'南'是鼻音，请大家再读一遍！"学生们准确地齐读："南瓜。"老师又举起了黄瓜、豆角、白菜、卷心菜，最后又拿出了紫颜色的茄子，学生们纷纷找出卡片举着读"qié zi""qié zí""qué zi"。于是，老师在众多的读音中分辨出有一个学生把"qié zi"读成"qué zi"。老师亲切地说："好像有人把它读成'qué zi'，我们再读一遍，读准它的名字——'qié zi'，全班齐读。"此起彼伏的读书声过后，学生们慢慢地安静下来。

老师问："你们想把刚才读的生字读给大家听听吗？"学生纷纷举手。课堂上，学生清晰、自信地读书，老师热情地鼓励。为了让学生更轻松地理解课文，将自己的收获畅快地表达出来，老师说："你们刚才认识了那么多的蔬菜，谁愿意说说它们？说说你看到的、摸到的、感觉到的，你愿意说哪个就说哪个！"

"我刚才认识了豆角，我觉得豆角又细又长又软，像一根鞭子。"

"我觉得更像一根绳子。"

"我刚才摸到了黄瓜身上有刺。"

"我知道了，南瓜是黄色的，是圆形的，它的皮很硬。"

"西红柿红红的、软软的，我闻了闻，还有一股清香呢！"

"我知道了卷心菜就是我们平时说的包菜。"

【评析】

生活是教学的源泉，也是学生们认识世界的重要途径。此课中，老师直接将情境生活化，并将教学明显地分成了认识生活与探究生活两个层次。第一层次是通过创设生活化的情境，走入相关认知的园地。此时课文所要学习的生词已不再是一个个陌生的、生硬的方块字的组合，而是一个个学生急于认识的朋友。学生在老师的帮助下，通过自己的努力知道了这些蔬菜的名字，并读准了字音，认识了它们，欢快的气氛就弥漫了整个教室。第二个层次则是创设了一个相对自主的学习环境。学生通过看一看、闻一闻以及摸一摸，自然明白了更多。原来"豆角像一根绳子。""西红柿红红的、软软的、香香的。""我们吃的包菜就是卷心菜呀。"……这些陌生或熟悉的蔬菜的特点，不是老师向学生讲解的知识点，而是学生独自探究的"伟大"成果。学生通过生活获得了认知,又通过进一步的认知,明确了更多的生活中的事例,语言也在认知和探究中得到发展。

这是一个典型的开放课堂,我们仿佛看到了"教育即生活"的教育境界。在这里,教育不再是未来生活的预备,而是学生现实生活的过程。教育在这一过程中不断地增长了学生的知识,发展了他们的能力,使他们形成良好的意识和习惯,并激发他们的情感。(这位老师就是成都双语实验小学的黄蓉老师。此案例由成都双语实验学校的王敏老师推荐)

4.26

适时追问,恰当指导:"就是它"朗读指导

有一位语文老师在进行《朱鹮飞回来》中"就是它"一句的朗读指导时,首先体会了科考队员近 20 年的漫漫寻找的艰辛,感悟了科考队员对鸟儿的爱以及坚持不懈的科考精神。老师动情地说道:"朱鹮飞回来了,找到了。队员们心中都迸发出了同样一句话(PPT 出示)——就是它!"老师问:"如果你是科考队员,你会怎么读?"学生纷纷举起了手。老师走到一个学生身边,说:"你来读!"学生激动地读:"就是它!"老师追问:"你为什么要这样读?"学生激动地说:"因为我太激动了,找了近 20 年呀,终于找到了,太兴奋了!"老师说:"谢谢你!完全理解!"老师继而让另一个学生来读。只见那个学生小心地向前探着身,轻轻地、小心翼翼地读了起来:"就是它!"老师心中一惊,然后追问:"你为什么要这样读?"学生眨着大眼睛,说:"找了近 20 年呀,我要是大声地读,我怕把它们惊飞了,再也找不到了。"老师心中大喜,说:"科考队员的知己也!"随即,老师对全班说:"让我们学着他的样子,轻轻地读,不要惊飞了那珍贵的鸟儿吧!"全班学生上身前探,小心翼

翼地读着："就是它！"全班 55 个人，表情是那样动容，声音是那样轻细，情感又是那样透着珍爱……

【评析】

阅读教学中"适时追问"是非常必要的。有一句名言是这样说的："一千个读者心中就有一千个哈姆雷特。"鲁迅先生也说："小孩子的话总是有缘由的。"每个学生的经历、认识、角度不同，所得到的感悟是不同的。那么，对于学生的发言，我们更应该给予尊重，而且适时追问，同时进行恰当的指导。一方面加深了感悟；另一方面，对于有较为偏激的想法的学生，恰当的引导就显得重要了；第三方面，往往可以得到我们意想不到的惊喜。

这节课上，第一个学生朗读后，老师进行了追问，加深了学生对"朱鹮为什么会飞回来"这个大问题的感悟——爱与坚持不懈。而后面那个学生小心翼翼地朗读，更是让老师始料未及，但老师的追问不但化解了老师的危机，更是收到了意想不到的惊喜——课堂上的又一个亮点。后来，几位特级老师评课时，都纷纷说到了这个细节和那个学生的朗读，觉得学生体会得特别好，而老师的追问和尊重，终于成就了这节课的亮点。（这位老师就是四川省成都市电子科技大学附属实验小学的刘嘉陵老师）

4.27
读出收获，读出问题：《小山村》的教学

一位语文老师在进行《小山村》的教学时，提出要求："再把课文读一遍，想一想：我读懂了什么？我还有什么不明白？"学生们立刻大声阅读起来，不一会，一只只小手举起来了。学生说："通过阅读，我明白了小山村有果树林、新房子、小河。"老师翘起大拇指说："会读书的女孩子会变得更漂亮！"这下其他小手举得更

案例铺路：小学语文教学案例评析

anli pulu

xiaoxue yuwen jiaoxue anli pingxi

高了。一个男生骄傲地站起来说："我读了课文，又看了图，知道了那新房子就是学校，但没有我们学校大。"老师故作惊讶地说："你的眼睛真亮，发现了别人没发现的东西！智慧之星非你莫属！"然后，在小男孩的额头上贴上一枚五星。其他学生不甘示弱，课堂也变得愉悦起来。老师欣喜万分地说："孩子们真能干，读懂了的真不少！"忽然她眉头紧锁，露出一脸的疑惑："还有什么不明白的？"一个女生站起来小声说："我不明白山间公路为什么是弯弯曲曲的？"老师走到她身边，摸了摸她的头说："会思考、敢提问的孩子是最会读书的孩子。能解决问题的孩子又是最最智慧的人！谁来帮忙解决这个问题？"学生们有的说因为大山一座连着一座；有的说因为山很陡，不能直行上去；有的说因为山这一座，那一座。这时候，一个男孩举起一张纸说："我在纸上画了许多山，修路的时候就应该这样修……"他拿起彩笔在纸上演示起来，其他学生瞪大眼睛，神情专注。一会儿掌声响起来，学生笑了，老师也满意地笑了。

【评析】

在一年级的阅读教学中如何引导学生爱上阅读，感受阅读的乐趣，一直让人有些困惑。一般地，老师要么将第一课时上成识字课和写字课，要么重复地阅读，老师没啥讲的，学生读得也累，收效却甚微。这位老师在学生充分阅读的基础上巧妙地设计了两个看似简单却富有深度的问题："再把课文读一遍，想一想：我读懂了什么？我还有什么不明白？"答案不是唯一的，学生或多或少都能抓住课文的要点谈自己的收获。这位老师巧妙地评价："会思考、敢提问的孩子是最会读书的孩子。能解决问题的孩子又是最最智慧的人！谁来帮忙解决这个问题？"这样巧妙的引导让学生学会了思考，享受阅读、思考的乐趣，激发了学生的阅读兴趣。（这位老师就是四川省成都市顺江学校的刘娟老师）

4.28

探究性阅读：《荷塘旧事》与《荷塘月色》

有一位老师在教学完《荷塘旧事》这篇课文后，让学生认真品读《荷塘月色》。十分钟后，让学生说说读了这篇文章后有什么感受，对文章哪些地方感受最深。学生都说文中月色下的荷塘太美了，找到的句段也基本上集中在描写月夜荷塘美景的段落。老师接着问："荷塘月色的确十分美，那这是种什么样的美呢？再去文中看看。"学生们于是又有了更多的发现：这是朦胧的美、柔和的美、动态的美、静态的美、略带伤感的美。此时的学生们明显比往常要兴奋些，也许他们突然发现这篇看似晦涩难懂的文章其实并不难。

接着，老师让他们对比阅读《荷塘月色》和《荷塘旧事》中写景的段落，感受两种美的不同。学生们说，《荷塘旧事》的美能很轻易地在脑海中浮现出来，能在画纸上画出来，感觉特别单纯；而《荷塘月色》中的美景却要复杂得多，好像简单几句话说不清楚。

老师马上让学生去读读文章的开头和结尾，想象一下作者当时为什么会去荷塘，他的心情如何？而回到家后，心情又如何？学生们大胆地猜测起来：也许是他和妻子吵架了，所以赌气出去了；也许是他工作时遇到麻烦了，所以出门散心；也许是他和领导同事闹矛盾了；也许是……作者看到了这么美的景色，心中的烦恼被一扫而空，所以能心情平静地回到家中。

然后，老师将这篇文章的写作背景和作者朱自清向学生们作了个简单的介绍，学生们发现自己的猜测居然有些道理，更是开心了。

最后，老师让学生们判断两篇文章是否都是朱自清写的。学生们充分调动了自己课内外知识的积累，对两篇文章进行了深入的解读，进行了精彩的论辩。

【评析】

新课程呼唤学生主体地位的凸显，新课程理念下的课堂给了学生更多的听说读写空间。但大多数课堂上，学生只是在某些学习环节中拥有小小的自主空间，没有明确的学习目标，也没有获得真正的学习自主权。

这堂课上，老师抓住一个很好的契机，将习以为常的拓展阅读落到了实处，引导学生阅读时关注文字背后所蕴涵的作者的情感、写作的背景，将课内外阅读结合，进行了浅显的对比阅读教学。学生由初步感知到深入体会，再进行合理猜想。最后论辩的结果已经不重要了，重要的是学生在这一过程中品尝到了研读文本的乐趣；品尝到了自主、合作、探究这一过程的乐趣；品尝到了从发现问题到分析问题，最后解决问题的乐趣；品尝到了充分运用课内外信息资料来解决问题的乐趣。（这位老师就是四川省成都市天回小学的张敏老师）

4.29
内容与形式统一：《望月》的教学

有一位小学语文老师在执教苏教版第七册《望月》的第二课时，紧扣"写月"而展开。这位老师先让学生聚焦作者是怎么写望月之景的，在听写了"江中月"后，老师和学生一句一句地来读这段文字。读完后，老师问："谁听出来了，读第一句话前，我用了哪个词？"学生回答："抬头仰望。"老师立刻追问："读第二句话前，我又用了哪个词？"学生答："低头凝望。"老师随即小结："这是作者的观察顺序，也是他的写作顺序。这个顺序就是从上——"学生说："到下。"老师又问："还没有写完，我们继续读。放眼眺望远方，只见——"学生接读："江两岸，芦荡，树林和山峰的黑色剪影，在江天交界处隐隐约约地伸展着，起伏着。月光为它们镀上了一层银色的花边……"老师再次提问："谁听出来了，这次我用了哪个词？"学生答："放眼眺望。"老师进一步启发："放眼眺望，望的是近处还是远处？"学生答："是远处。"老师说："那么，第二句的低头凝望，望的是近处还是远处？"学生立刻回答："是近处。"老师再进一步启发："这是作者的又一个观察顺序，也是他的又一个写作顺序。这个顺序就是从近——"学生答："到远。"这时老师说："我们连起来看'江中月'这段文字，它的写作顺序就是——"学生回答："从上到下，从近到远。"老师再次总结："没错，赵丽宏就是这样写的。"接着老师又让学生关注"江中月"这段文字，写天上的月光，写江面的月光，写江两岸的月光，写江天交界处的月光，都是写景，提炼出了"望月只是月"的写法。

【评析】

在这位老师的课堂中，我们欣喜地发现了那久违的练习听写，久违的背诵品味。但是在这传承之中又有了创新。如在听写的时候，老师读"江中月"部分，让学生在听的过程中把这部分的关键词抠出来。这不但提高了学生的阅读能力，听写的目的也达到了，而且形式更加灵活。

这节课，老师带着学生从作品本体转向了欣赏主体和创作。学生在优美的曲调中聆听范读听写词语是一种创造。美的意境和工具的落实居然就这样融为一体。"梳理写作顺序"与"体会观察顺序"合二为一，又是踏雪无痕般的设计。美文欣赏，品词品句，每个片段一个抓手，目标明确，学生读悟皆好。

叶圣陶先生说："作者思有路，遵路识斯真。"一定的语言内容决定了一定的语言形式，一定的语言形式表现了一定的语言内容。阅读教学唯有做到两手关注：一手关注语言内容，一手关注语言形式，方可收到良好的效果。（这位老师就是杭州市拱宸桥小学特级

教师王崧舟。此案例由四川省成都市沙河堡小学的罗颖老师推荐）

4.30

用"心"朗读：让景色"活"起来

有一位语文教师在对《美丽的武夷山》中描写九曲溪的优美句子进行朗读指导教学时，先让学生用"——"勾画出描写九曲溪溪水的句子，自己读一读，再让全班齐读，使学生先初步从文字上了解溪水的清澈澄静。接着，在指导朗读"溪水很清，清得可以看见溪底的沙石"这一句话时，采用了图文结合、以看代讲的方法，让学生通过多媒体观看溪水的图片，直接从形象的视觉感受上体会"清"。学生看了之后都瞪大了眼睛，情不自禁地发出了阵阵惊叹："真的可以看见水底的石头！"看到学生有了感触，教师马上提问："这么清的溪水，你能从水中看见什么？""我能看见溪底的泥土。""还可以看见河里的小鱼！""还有河里的小蝌蚪和水草！"……听见学生精彩的回答，教师连忙夸赞："你的小眼睛真尖！"并顺势引导："连小蝌蚪都能看见，那这溪水真是太清了。你愿意把你看到的美景读给我们听听吗？"学生通过视觉的直观感受，立即抓住了"很清"这个重点词，并能结合个人的情感体验，带着惊叹的语气来读。教师鼓励："你的朗读真的让我看到了清清的溪水。谁还愿意来挑战？"很多学生都饶有兴趣地举起了手。教师适时渗透阅读方法的指导。趁着学生沉浸在欢快的朗读氛围中，教师进行了男女赛读，让学生在竞赛中想读、爱读、能读。这样，到最后全班齐读的环节时，所有的学生基本都能结合个人体验，做到入情入境地朗读了。

【评析】

读是语文课堂的生命线，朗读是语文教学的重要一环，但朗读教学的现状却并不理想，一是朗读的量不到位，讲得太多，读得太少；二是朗读的质不到位，读前没有要求，读中没有指导，读后没有及时的评价反馈，学生只是"有口无心"地为读而读，致使朗读水平较低。这位老师在进行朗读教学时，却做得自然、有趣、精彩、有效。她没有直接找句子让学生读，而是引导学生抓住重点词句体味，再结合多媒体，让学生多感官参与到学习中来。这样既拉近了学生与课文的距离，更有利于学生体会文章的意境，感受语言的美。通过指名读、男女比赛读、齐读等多种方式让学生反复诵读，并进行激励点评，突出强调以人为本的课堂氛围，引导学生进入角色，用"心"来读书。只有学生乐学，才能真正体会到作者的情感，产生共鸣。（这位老师就是四川省成都市金牛区洞子口乡王贾桥小学的胡敏老师）

4.31
用生活去体验课文：《春雨》的教学片断

有一位语文老师在教学古诗《春雨》时，学生对最后一句"润物细无声"无法达到情感共鸣。怎么办呢？课后，广西小学语文特级教师莫雪莲与这位老师作了交流，并提出了解决的办法：让学生的生活世界与课文描写的情境世界相通。莫雪莲提出了这样一个设计流程：

（1）老师："春雨滋润了万物，孩子们说说，她都滋润了大自然中的谁呀？"学生会说："花儿，草儿，小树，我家的屋顶，农民伯伯的田地，我的头发……"

（2）老师："孩子，假如你就是这万物中的一种，在春雨阿姨的怀抱中，你会对她说些什么？"学生会说："我是一朵小花儿，我对春雨阿姨说，'阿姨，你的手在抚摸着我，多舒服啊，就像妈妈的手一样。有了你的滋润，我会更加漂亮的……'"

（3）老师："春雨多美好啊（这回是学生自己感受到的），把这首赞美的诗献给她吧!"（激情朗读课文）

（4）老师："再给大家背诵几首赞美春天的小诗，行吗？或者自己写几句儿歌、画幅画儿，只要能表达自己的情感，都行。"

听了莫雪莲的建议，这位老师很兴奋，说改天再试一试。几天后，这位老师在莫雪莲的博客上留言：

昨天，柳州来了一场好雨。我把孩子们带出教室，迎着细细的雨，感受春天的美。我带孩子们到树下，听听有没有雨点落下的"嘀达"声；我带孩子们到水池边，观察有没有雨点滴落的小圆圈；我让孩子们到草地上踩一踩，感受一下湿润的土地；我让孩子们仰起脸，让轻轻的雨落到脸上。回到教室，孩子们兴奋地说着感受。一个小姑娘托起沾满细细水珠的头发说："雨落到我的辫子上，我都不知道。"一个小男孩低着头说："这么小的雨，我的鞋子怎么湿啦？"我把"润物细无声"板书到黑板上，全班安静了。一个孩子站起半个身子，睁大眼睛看着黑板，我问他想说什么，他说："古时候的人太聪明了，才五个字就把我们说的这么多话说完了。"这节课孩子们上得快乐，我也很开心。

【评析】

叶圣陶先生讲："不了解一个字、一个词的情味，单靠翻查字典、辞典是不够的，必须在日常生活中随时留意，得到真实的经验，对语文文字才会有正确丰富的理解。"

"润物细无声"中的"物"是类概念，不具体，不好体验。老师引导学生联系生活，把"物"具体化为花儿、草儿、小树、我家的屋顶、农民伯伯的田地、我的头发……这就可以切身体验了。"润物细无声"中的"润"也不具体。老师引导学生联系生活，把"润"转化为具体生动的画面："我是一朵小花儿，我对春雨阿姨说，'阿姨，你的手在抚摸着我，多舒服啊，就像妈妈的手一样。

有了你的滋润，我会更加漂亮的……'"这就便于体验了，让学生真切地感受春雨给这个世界带来的美好。这位老师还把学生带到春雨中去听春雨、看春雨、沐春雨，丰富了学生的生活，也就丰富了学生对"润物细无声"的体验。（这位老师就是广西柳州市景行双语实验学校的李佳老师）

4.32
读懂文需知其人：《我的伯父鲁迅先生》的教学

有位语文老师在执教《我的伯父鲁迅先生》中关于"碰壁"这一章节时，先让学生自由读这部分课文，边读边想："你仿佛看到了一个怎样的场面？"学生读后交流："我看见一家人坐在一起吃晚饭，周晔兴致勃勃地与伯父谈起'碰壁'这件事。""我看见每个人的脸上都洋溢着笑容。"老师总结出"谈笑风生"，并与学生再现了这样的场面。（齐读这部分）

接着老师又问："这个夜晚充满温馨，这个夜晚谈笑风生。但是，我们在感受这份幽默与风趣的同时，有不明白的地方吗？或者说哪句话值得我们认真思考？"引导学生点出"你想，四周围黑洞洞的，还不容易碰壁吗？"这个教学难点。

紧跟着学生提问："鲁迅真的是碰壁把鼻子碰扁的吗？如果不是，他为什么要跟周晔说是碰壁把鼻子碰扁的呢？"这样，学生把难题抛给了老师。老师并没有直接给答案，仍然让学生自己思考发言。最后，学生认识到，"四周围黑洞洞的"是指中国旧社会都是非常黑暗的。还有学生提出，伯父所说的"碰壁"是结合封建社会的黑暗来谈的。老师总结："对，我们在思考一些难以理解的问题时，就可以联系当时的社会背景来谈。"于是学生茅塞顿开，悟出了鲁迅说的"碰壁"的意思。

老师见学生找到了点，于是介绍："是的，鲁迅作为一个用笔猛烈抨击当时黑暗统治的文学家，作为一个苦苦寻求民族解放之路的思想者，作为一个有着独立人格和自由精神的人，在现实生活中可谓处处碰壁。他的文章被禁止发表，他多次面临被暗杀的危险，为了顺利发表文章，他竟然使用了120多个笔名。鲁迅对'碰壁'真是有切身的体会啊！"

老师又问："当你结合这一段历史再来思考，再来读读这部分课文时，从这个谈笑风生的场景之中，在这风趣、幽默的语言背后，你看到了一个怎样的鲁迅呢？"

于是学生踊跃地发表自己的看法："一个饱经沧桑的鲁迅！""一个坚持不懈、不怕艰险的鲁迅！""一个拥有强烈爱国精神的鲁迅！"……甚至有学生想把鲁迅比作一种动物——裹在茧中的虫！他解释说："虫如果要变成美丽的蝴蝶，就要拼命挣脱茧的束缚。鲁迅先生当时就处在一个黑暗的茧蛹中，他必须要坚持不懈地拼搏才能冲出黑暗！"全场掌声雷动。

老师顺势再引导："鲁迅先生曾经把这个黑暗的社会比作一座铁屋子，他的比喻与刚才这位同学的比喻有相似之处。当时的鲁迅先生处境危险，多次面临被暗杀，连发表文章都不自由，还要使用120多个笔名。在这种情况下，他还能与侄女谈笑风生，这又是一个怎样的鲁迅呢？"于是，"乐观的鲁迅！""坚持不懈与黑暗势力作斗争的鲁迅！""坚强不屈的鲁迅！"自然而然就从学生嘴里蹦出来了。

【评析】

"碰壁"一直是小学语文阅读教学的一个难点，鲁迅也一直是小学生难以完整、全面去深入认识的一位文学家。而这位老师在"碰壁"教学中联系社会背景，循循善诱地挖掘文本，凸显鲁迅的特点，学生自然而然走近了鲁迅。整个过程没有老师强加给学生的知识和情感，非常自然，而且很有深度。（这位老师就是浙江省杭

州市小学语文特级教师王崧舟。此案例由四川省成都市白果林小学
的刘泽玲老师推荐）

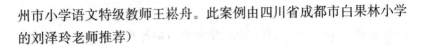

4.33

立足语言悟道理：《鱼游到了纸上》的教学

　　有一位语文老师在教学《鱼游到了纸上》中体悟"鱼游到了心
里"和"鱼游到了纸上"的关系时，首先请学生回顾全文，谈一谈
从哪儿体会到画鱼青年的"忘我"与"特别"。学生纷纷举手，一
个学生说："通过后来的交谈，他知道，画鱼青年每个星期天都到
玉泉来看鱼。"

　　老师启发："从这些地方能看出他的'忘我'与'特别'。虽然
他是个聋哑人，但正因为他的勤奋、专注，画鱼才画了一年多的时
间就能让'鱼游到了纸上'。大家也都有自己的课余爱好，要想提
高这些爱好的水平，应怎么做？"此时的课堂气氛活跃，学生争先
恐后地回答："要向那位青年一样用心观察思考，专心致志地刻苦
练习，最好能达到'忘我'的境界。"老师接着引导："除此之外，
还应该——"学生积极响应："像他一样，坚持不懈，持之以恒。"
教师继而让学生用一句简洁的话表述"鱼游到了心里"和"鱼游到
了纸上"的关系。两个学生进行了表述，但不够清楚简洁。老师稍
作引导："给你推荐'因为……所以……'这组关联词，再表述。"
学生迅速站起来说："因为鱼先游到了他心里，所以才游到了纸
上。"老师一本正经地追问："大家也有各自的爱好，如果也想画
鱼，怎样才能让鱼游到纸上？"一女生抢答："大家只有像那位青年
一样，先让鱼游到心里，才能让鱼游到纸上。"

　　老师点评："非常好！用上了'只有……才……'这组关联词
语，说明了自己应该向他学什么。老师相信，只要大家努力，也一
定能取得令人称赞的成绩的。"

【评析】

本文教学的难点就是理解"鱼游到了纸上"与"鱼游到了心里"的关系。教师让学生根据研读课文的情况，表述二者之间的关系，并提示运用恰当的关联词语。这既是对学生学习结果的检测，又进行了语言文字的训练，加深了对文章说明的道理的体会，使学生进一步受到启发。另外还值得说明的是，在师生对话中没有出现常见的脱离语言文字空发议论的问题，而是利用教材资源和课堂互动中生成的资源，恰当地选择训练点，不失时机地对学生进行语言文字训练，使教学更具"语文味"，学生的语文学习效果更加扎实。（这位老师就是山东省东营市垦利县胜坨实验小学的王纪学老师）

4.34
阅读就是发现：《石猴何以为王》的教学

有一位语文老师在执教《石猴何以为王》时，首先告诉学生："阅读就是发现！阅读像《西游记》这样的名著，更是要细细地发现。学贵有疑。"然后，老师让学生质疑问难，经过讨论，学生认为"这么多猴子中，为何单单石猴成为了王？"这个问题最有价值。接着，学生浏览课文，找句子，在书上写批注。五分钟后，老师说："我们来交流一下你们与众不同的发现，石猴的领导能力表现在哪儿？（并且提醒学生）倾听是一种美德，在旁边记下同学发言的关键词。"学生妙语连珠，灵气逼人。学生1说，从"那猴在山中，却会行走跳跃，食草木，饮涧泉，采山花，觅树果"读出他活动能力强。老师点评："你有一双火眼金睛。好，你去板书。"（学生板书：活动能力强）学生2说，从"忽见丛杂中跳出一个石猴，应声高叫道'我进去！我进去'"中看出这只猴子很勇敢，别的猴子都不敢进去。老师引导学生体验角色，让他们当一回石猴，读出这石猴的勇敢。学生 3 说，从"端坐"一词读出了他的"威严"。老师幽默地附和着："哈哈，像个领导，一般领导都'端坐'着，威严。"（学生板书：威严）学生 4 说，从"石猴却又瞑目蹲身，往里一跳，叫道：'都随我进来！进来！'"读出了他有领导风范，不但勇敢，而且能带头示范。老师评价："嗯。这叫'身先士卒'。"（学生板书：身先士卒）学生 5 说，从"我们都进去住，也省得受老天之气"读出他懂得与人分享，能为他人着想。老师精妙地点评："是啊，独乐乐不如众乐乐啊！"学生们不知不觉地被带进了妙不可言的"洞天"。

【评析】

以往的阅读教学几乎是教师牵着学生在走，学生的思维被禁锢。这位教师给学生留下了自得自悟的空间和时间，带着发现的眼光，确立了下一步开放探究性很强的主题："这么多猴子中，为何单单石猴成为了王？"教师和学生一起行走在字里行间，发现石猴成王的素质，经历着一次又一次的发现，学生的思维始终处于亢奋状态。整个课堂，板书全部是学生自然生成的，这样的课堂是真正的"以生为本"的课堂。在这样的课堂上，阅读成为了师生一起参与的最为美丽的寻觅，学生成了自己的伯乐。（这位老师就是浙江省杭州市现代实验小学的张祖庆老师。此案例由四川省成都市西一路小学的夏蕾老师推荐）

4.35
主题教学："落叶"童话剧

秋天，落叶满地。有一位语文教师以落叶为主题设计了主题教学系列活动，如整合几篇文章进行细致学习，捡地上的树叶进行"拔根儿"的说话游戏，选合适的落叶进行贴画写话的比赛。

下面是以课文为主，附带其他内容而编创的"童话剧"。

第一幕：品读课文。

秋天到了，天气凉了，一片一片的树叶从树枝上落下来。

树叶落在地上，小虫爬过来，躲在里面，把它当作屋子。

树叶落在沟里，蚂蚁爬上去，坐在当中，把它当作船。

树叶落在河里，小鱼游过来，藏在底下，把它当作伞。

树叶落在院子里，燕子飞来看见了，低声说："电报来了，催我们赶快到南方去呢。"

在这样的课文情境中，教师和学生扮演课文中的不同角色，采用文本、师生、生生对话的方式，抓住"爬""躲""藏""游""飞"这些表现小动物动作的词语，比较品味，然后朗读体会落叶给蚂蚁、燕子、小鱼、小虫带来的情趣。

第二幕：欣赏《秋姑娘的信》。

秋姑娘摘下片片枫叶，给她的好朋友们写信。

一封写给南去的大雁，让它们路上多加小心。

一封写给要冬眠的青蛙，让它们盖好被子别着凉生病。

一封写给贪玩的松鼠，让它们快准备好充足的食品。

一封写给山村孩子，让他们别忘了给小树裹上"冬衣"。

咦，树上的枫叶都到哪儿去了？

哈，全被秋姑娘写了信！

这一环节让学生体会到了秋姑娘的聪明能干，还能写信给冬眠的青蛙、贪玩的松鼠、南去的大雁、山里的孩子。

第三幕：教师和学生一起朗诵教师编写的小诗。

春天来了，带着微笑，飞上树梢。

风吹过，哗啦啦，我们舞蹈。

风住了，静悄悄，我们思考。

放假了，乘着风儿，带上奖状，回到大地的怀抱。

小虫的屋子，蚂蚁的小船，鱼儿的大伞，燕子的电报……

啊，大地，亲爱的妈妈！在你的怀里，我们好好睡觉。

总之，整合写落叶的童话、诗歌进行教学，学生认识的落叶就人性化、立体化了。蚂蚁的屋子、鱼儿的大伞、燕子的电报，还有给青蛙、松鼠、大雁的信，都成了落叶的创造。

【评析】

主题教学的主题不是思想主题、知识主题、写作主题，而是文化主题，如诚信、亲情、山水、离别、对自然的关爱、对弱小的同情、对未来的希冀、对黑暗的恐惧等。每一个主题就是学生精神成长的脚印，并构成学生的成长道路，成为其人生轨迹。主题教学所带动的人文性就像一首乐曲的主旋律，得到落实的工具性就像那不断颤动的琴弦，教师就是指导学生弹奏高妙乐曲的琴师。窦桂梅老师在这里以落叶为主题展开教学。学生进行了一次落叶之旅，从落叶中感悟人生，也用语文的方式表现人生。工具性与人文性得到了有机的统一。（这位老师就是北京小学语文特级教师窦桂梅）

4.36
抓重点词语，概括内容：《和氏献璧》的教学

有一位语文老师在进行《和氏献璧》第二课时的教学时，为了帮助学生概括课文内容，首先请学生回顾："面对同一块石头，玉匠怎么评价？卞和怎么评价？"学生回答："玉匠认为这块石头普通。""玉匠认为'普普通通'。"老师板书"普通"和"普普通通"两个词。接着引导："卞和怎样评价呢？"学生说："无价之宝。""稀世珍宝。"老师板书"无价之宝"和"稀世珍宝"。老师接着说："你们对比着读一读，能试着读出他们截然不同的态度吗？"学生有感情地朗读。最后，老师问："你能尝试着把它们连起来，说一两句话吗？"学生说："玉匠认为这只是一块普通石头，卞和却认为它

是无价之宝。"老师评价："联系课文内容来运用这两个词语很好，帮助大家回顾了课文。谁还能再试试，用这些词语连起来说一两句话，帮着大家回顾课文内容。"在此启发下，学生回答："卞和在楚山脚下得到一块石头献给大王，可是玉匠却说这只是一块普普通通的石头，而卞和认为它是稀世珍宝，坚持献璧被砍去双脚，最后经过打磨，这块美玉终于呈现于世。"

【评析】

新课标要求：学生阅读课文要准确全面地整体感知，把握文章的核心内容和主旨。概括能力是语文素养中最基本也是最重要的能力。把握文章主要内容是阅读的一项重要能力。学生的感性思维好于理性思维，对于把握文章的主要内容，很多学生觉得有障碍，困难很大。老师对帮助学生把握主要内容有不可推卸的责任。在小学语文的每一篇课文中都有些重点词语，这些词语在课文中的出现频率很高，抓住文章中的这些信息源，也能抓住课文的主要内容。然后组织语言，就能概括这篇课文的主要内容。《和氏献璧》这一课，老师就是充分利用了文中玉匠和卞和对同一块石头截然不同的态度这些重要信息源，帮助学生组织语言，概括这篇课文的主要内容。（这位老师就是四川省成都市实验小学花园分校的林媛老师）

4.37

读好人物语言：《秉笔直书》的教学

有一位小学语文老师在进行《秉笔直书》中人物对话的教学时，首先请学生勾画出几位史官临死前说了什么，然后指学生回答，全班齐读："按照事实写历史，是史官的本分……"学生读完后，老师点评："置身课本外的读书只能算唱读。下面我请几个同学把自己当成史官再来读，其他的人听一听，你听出什么？"学生

1起立，红着脸朗诵。学生2点评："他太紧张了，还不够生气！"老师问："为什么要生气？"学生2答："（权臣）崔杼不听他的意见（蛮横），可是史官说的都是事实，是我的话，肯定很生气！"老师顺势说："那就请你来对崔杼说。"学生2高声朗读，学生3点评："他读得比刚才的同学好，感觉有气势，但是又有点像和人家吵架！"老师问："为什么不能像吵架？"学生3答："他们当官的人很有知识，不会当着人吵架啊！"（全班大笑）老师顺势说："我们通过预习知道了他们是史官，史官的职责就是按照事实写历史。既然这样，他们说的都是有道理的！再想想要怎么读？"学生4说："是我的话，我会讲道理。"老师顺势引导："他们三个都是在讲道理，都想说服他，你也想和崔杼讲道理啊，那你就应该读得怎样？有一个词可以概括。"学生4思考片刻答："理直气壮！"老师说："就请你理直气壮地读！"学生4起立读得理直气壮，义正词严。全班掌声一片。老师小结："走进课本中的人物的内心世界，读好人物的对话，可以帮助我们更好地理解人物。"

【评析】

阅读教学中，朗读是非常重要的手段。有专家说过，朗读就是朗声读书，变文字这个视觉形象为听觉形象。朗读是一项口头语言的艺术，需要创造性地还原语气，使无声的书面语言变成活生生的有声的口头语言。

在教学中，让学生通过朗读人物对话来体会人物形象是非常有效的一个方式。案例中，老师正是步步引导学生，让学生能"穿越"到课本的场景里与课本人物感同身受，层层深入，让学生悟出人物当时说话的语气，让学生真正走进了人物内心。（这位老师就是四川省成都市天涯石小学锦东分校的陈冬霖老师）

于问中求深：《彭德怀和他的大黑骡子》中 "发火"的教学

有一位小学语文老师对《彭德怀和他的大黑骡子》（苏教版国标本第十册）中的"发火"是这样教学的。

首先，老师在多媒体上出示课文片段：这天晚上，草地篝火旁多了些生机。彭德怀推开警卫员端来的一碗肉汤，发火道："我吃不下，端开！"

然后，老师问学生："彭德怀对警卫员发火了。同学们想想，他仅仅是对警卫员发火吗？他还可能是在对谁发火呢？"有学生回答说："我觉得他还可能是在对自己发火，因为是自己下达命令杀了大黑骡子。"也有学生回答说："我认为他还可能是对这茫茫的草地发火，是这恶劣的环境让他们断粮的。"还有学生回答说："他还可能是在对敌人发火，是敌人的围追堵截让他们走进这草地的。"

老师说："同学们都说得很好。从'发火'中我们能感受到什么呢？"学生回答说："感受到他对大黑骡子的那份爱。"

老师说："是的，他爱大黑骡子。此时此刻，面对这一碗肉汤，彭德怀有的只是发火生气吗？"这时，有学生答他还很伤心；有学生答他还很痛苦；还有学生答他还很恼恨。于是，老师让学生带着这样的情感来读一读这个片段。

说伤心的学生读："彭德怀推开警卫员端来的一碗肉汤，伤心地说：'我吃不下，端开！'"

说痛苦的学生读："彭德怀推开警卫员端来的一碗肉汤，痛苦地说：'我吃不下，端开！'"

说恼恨的学生读："彭德怀推开警卫员端来的一碗肉汤，恼恨地说：'我吃不下，端开！'"

......

【评析】

在学生与课文文本对话之前，教师对文本应有一番"虚心涵泳，切己体察"，也就是现在常说的细读文本。教师细读文本的深度往往影响着学生对文本理解的深度。这个片段中，看似平常的"发火"却大有玄机。教师分两个步骤进行引导，先是理解发火的对象，接着又跳出"发火"，感悟此时彭总复杂、矛盾的心理活动，引导学生真正走进文本，走进彭总的内心深处。（这位老师就是江苏省南京市溧水县洪蓝中心小学的姜训平老师）

4.39
在模仿动作中体验：《祖父的园子》的教学

有一位小学语文老师在教学《祖父的园子》时，有一个环节是这样的。

在老师引导学生说出祖父的园子的特点是"快乐和自由"后，老师又让学生快速浏览 14 自然段，做到"一目十行"。学生快速读完了这个自然段，老师要求边读文字边做动作来模仿作者。于是，学生一边念着"拿瓢浇菜"一边做着动作。起初，有的学生感到不好意思，因此动作做得不是特别到位。后来，老师让他们再次模仿并规定"老师没喊停就不能停"。顿时，课堂变得活跃起来，学生个个都很卖力地"浇菜"。

老师顺势引导学生："与其说作者在浇菜，还不如说他在——"

学生的积极性被极大地调动起来，都把小手举得高高的。老师一一请学生来回答。有的说"玩"，有的说"嬉戏"，有的说"泼水"，有的说"人工降雨"，还有的说"浇人"……当听到这众多的答案时，老师和同学们都笑了。

老师又启发："同学们说了这么多答案，那你们体会到作者当时的那种心情了吗?"这时，学生都迫不及待地回答："我体会到了作者当时的快乐。"

【评析】

这个环节的教学让我感受到了阅读是学生的个性化行为，不应完全以教师的分析来代替学生的阅读实践。在教学过程中，教师的任务是"主导"而不是"主讲"，学生的任务是"自学"而不是"接受"。在此教学环节中，教师让学生模仿作者浇菜，不仅仅是为了调动课堂气氛，更重要的是让学生在模仿的过程中体会到了作者的心情。后来，老师让学生说"与其说作者是在浇菜，不如说是在——"时，不仅调动了学生学习的兴趣，更让学生发挥了自己的想象力，更深一层地体会到作者当时快乐的心情。(这位老师就是杭州市崇文实验学校的虞大明老师)

4.40
师生共演:《想吃苹果的鼠小弟》的教学

有位语文老师在进行《想吃苹果的鼠小弟》的绘本阅读教学时，和学生一起扮演书中的角色。老师扮演海狮，学生扮演鼠小弟。

老师带上头饰，自我介绍说："现在我是海狮。我也想吃苹果，可惜我不会飞，不会爬，也不会跳，哎!"老师遇见扮演鼠小弟的学生，打招呼："你好! 鼠小弟，你怎么愁眉苦脸呀?"

学生疑惑地问："你好! 海狮! 你会飞吗? 你会爬树吗? 你有长长的鼻子吗? 你有长长的脖子吗? 你跳得高吗? 你的力气大吗?"

"我听出来了，你很着急。原来，你很想吃树上的苹果呀!"老师遗憾地说："这些我都不会。"

老师又得意地说，"不过，我有一个本领。聪明的鼠小弟，猜一猜，我有什么本领？"

学生回答："游泳。"

老师启发说："再想想，我还有其他本领吗？"老师用双手学海狮顶球动作进行启发。

学生恍然大悟："你可以顶球哇！"

老师摸摸学生的头，高兴地说："谢谢你，真了解我。鼠小弟，你有什么好办法吗？"

学生转转眼珠，兴奋地说："你会顶球，你可以把我顶上去啊！"

老师点头夸奖："这个办法真好！"

海狮抱起又轻又小的鼠小弟往上抛。鼠小弟坐在高高的苹果树上，把苹果摘下来抛给海狮。他们终于吃到苹果了。瞧，他们在玩游戏呢，分享着合作的成果，分享着彼此的快乐。

【评析】

低段阅读教学目标有：喜欢阅读，感受阅读的乐趣。扮演角色，是低段小学生非常喜欢的阅读形式。通过这位老师夸张的动作、生动的表情，学生深深喜欢上这位爱动脑、会合作的鼠小弟。在角色扮演中，老师和学生的精彩对话不仅调动学生阅读的好奇心，更能让学生体会鼠小弟着急的心情，走进鼠小弟的内心世界。学生都愿意跟这位鼠小弟一样永不放弃。（这位老师就是四川省成都市桐梓林小学的李星星老师）

4.41

多种形式进行阅读指导：《冰灯》的教学

有一位老师在教学《冰灯》一课时，是这样指导学生的。

文章第五自然段有这样一句："父亲正在离炕很远的地方打磨一块冰。"老师让学生将其和"父亲正在打磨一块冰"这一句进行比较，两句有什么不同，哪一句比较好，为什么？通过比较句子，学生明白父亲之所以在离炕很远的地方打磨冰，是因为孩子睡在炕上，父亲生怕吵醒孩子，耽误孩子休息。"很远"一词表现出浓浓的父爱。

　　作者看见父亲又一次把手放进棉袄时，急忙喊道："爹，你到我这里来暖暖手吧。"教学时，老师为了让学生理解"喊"，创设情境让学生表演："操场上，你和同学处在操场的两端，你要让他过来和你一起玩，你怎么喊他呢？谁来试试？"学生情绪高涨，纷纷举手。在学生"喊"完后，老师又问："文中'喊'前面加了一个什么词呢？"学生齐答："急忙。"老师又问："'急忙'说明什么呢？"学生回答："说明速度快，作者看到父亲就马上喊了出来。"老师继续引导："'急忙'说明喊的速度快，谁来急忙喊一喊？""作者看到父亲做冰灯，非常寒冷，所以急忙喊。透过'急忙'一词，你能体会到什么呢？"通过这一系列的引导，学生很容易就明白了作者非常心疼父亲，生怕父亲冻着，想让父亲快点儿来被窝里暖暖手。

【评析】

　　长期以来，教师在阅读教学中为了赶时间或省心省事，常常无视学生的自主性。教师拿着教学参考资料，根据作品的时代背景、作者介绍、分段分层，概括段落大意和主题思想，分析作品的写作特色，一路介绍下来，只是生硬地肢解了作品。在这样的阅读教学中，学生是被动的接受者，接受的是教师对作品的解读，而不是学生对作品的自主解读。

　　以上教学中，教师抓住重点词语，通过不同形式，引导学生感悟句子。或比较，或设置情境表演，让学生品词嚼句，玩味语言，体验那浓浓的"爱"。在此过程中，学生始终保持浓厚的兴趣，教师教得轻松，学生学得也开心。（此案例由四川省彭州市庆兴神钢学校的赵秀凡老师推荐）

4.42

举象显情，披文入情：《墨竹图题诗》的教学

有一位小学语文老师在教《墨竹图题诗》一文时，首先让学生通过小组合作疏通诗意，接着，在学习"衙斋卧听萧萧竹，疑是民间疾苦声"这两句诗时，老师通过课件出示该诗创作的背景，历史的画面加上老师低沉的讲述给学生还原了当时饥民的惨状，再配以《国风·哀郢》的音乐，让学生感动。在这么一种氛围感染下，学生情感得到激发，诗句朗诵自然大气磅礴。于是，老师趁势追问："同学们，这是怎样的疾苦啊？读到这里，你仿佛听到了什么，看到了什么？"学生纷纷举手，有的说："我仿佛看到了哀声遍野，生灵涂炭的景象。"有的说："我看见了老人那瘦骨嶙峋的身躯。"还有的说："我看见了小孩那无辜又无助的眼神，他们流着泪望着远方，可怜极了！"在想象描述中，学生与诗人的心贴得多么近呀！

在教学"一枝一叶总关情"一句时，老师再一次向学生讲述了诗人郑板桥因为开仓放粮而被罢官的历史事件，使学生的情感再一次受到了震动。老师再一次引导学生想象："郑板桥只是一个小小的县官，却能如此关心百姓的疾苦，那些位高权重的人在干什么呢？"一个学生答："达官显贵们熟视无睹，瘦骨嶙峋的老人就这样倒下去了，饥肠辘辘的小孩在哭泣，无助的人们在流泪……"另一个学生答道："由此，我更加佩服诗人的为人了。他真是一位爱民如子的好官！我们应该牢牢记住他！"老师点评："是啊，诗人在被罢官后，从来都没有后悔过，面对官场的黑暗、百姓的苦难，他喊出了'千磨万击还坚劲，任尔东西南北风'的豪言壮语。"于是，

老师出示诗人的另一首诗《竹石》，学生齐诵后更加感受到了诗人那不屈不挠的品格。

【评析】

中国古诗博大精深，每一首古诗都是诗人心路历程的写照。没有感情就没有诗；没有诗人真挚浓烈的感情，就不可能产生动人心弦的诗歌。感悟古诗，不在诗句的字面意思，而在诗句背后的情味和意蕴。如何引领学生读出诗句背后的那份情、那份爱、那颗心、那种味，便显得尤为重要。在教《墨竹图题诗》这首诗时，这位老师紧紧抓住"诗象"这一中介，成功实现了古诗情感模式的突破。"苦"和"情"两字化为这样的画面：瘦骨嶙峋的老人、年幼无知的小孩惨死在饥荒之下，诗人开仓放粮，却被罢官……怎不让人顿时产生悲切凄凉之情？情来自何方？靠咀嚼字面意思是很难生成的。"情"要靠"象"去显，当平面的诗句通过学生的想象生成为一幅幅鲜活的画面、一段段感人的旋律、一幕幕逼真的场景时，学生才能投身其中，感诗人所感，想诗人所想。于是，诗句背后的情味和意蕴就在"象"的召唤和引领下，喷涌而起，一泻千里。（这位老师就是四川省成都市龙泉驿区第七小学的高淑娟老师）

4.43
灵性的对话：《我的伯父鲁迅先生》的教学

有一位语文老师在进行《我的伯父鲁迅先生》中"碰壁"这个故事的教学时，让学生练习评点、赏析课文。其中有一句："他嘴里嚼着，嘴唇上的胡子跟着一动一动的。"老师让学生思考，如果你是一名语文教师，你现在是在批改学生的作文，你会写下什么样的批语？一个学生说："注意观察，描写细致，真乃好句！"另一个学生说："人物描写活灵活现，让人读了如见其人。"又一个学生说："这样写，写出了伯父有趣的一面。"忽然，有一个学生发表了与众不同的见解："这句话可写可不写，能不能删去？"老师一愣，他没想到竟会有学生提出这样的看法。可他马上将这一问题交给学生讨论，很快形成两种意见：一种不赞成删去；另一种赞成删去。两方的代表还分别发表了精彩的意见。这时，老师该如何处理？学生们又把目光投向老师。这位老师没有像通常我们所见过的那样，把自己变成一个裁判，在两种意见之间作出裁决。他告诉学生："简洁是一种美，具体生动同样也是一种美。"老师还分别与两方代表握手，对不赞成删去的代表说："假如你将来成为一名语文教师，你的学生的作文一定是具体生动的。"对赞成删去的代表说："假如你将来成为一名语文教师，你的学生的作文一定是简洁凝练的。"

多么精彩、多么艺术的处理！全场爆发出热烈的掌声。

【评析】

新课标指出：阅读教学是学生、教师、文本之间对话的过程。这位老师对这一教学环节的处理，就是一次富于灵性的对话。

对话是需要氛围的。老师在课堂教学中极力营造了民主和谐的氛围，老师和学生之间平等交流，学生和学生之间融洽互助。学生的身心完全处于一种放松的状态，没有拘束，没有顾忌。正是因为有了这样的氛围，才激发了学生的灵感，才能够使学生提出那样与众不同的见解。

对话是需要机智的。在对话的过程中，思维的碰撞会产生智慧的火花。在火花闪亮的一瞬间，老师要做到临阵不乱，敏锐地对教学现象进行判断、分析，作出科学的、恰当的、艺术的应对。

对话更需要的是尊重。在教学中，老师不再是权威的化身，教师和学生一样是阅读的参与者。在课堂上老师坦然地承认这个问题他也没想到，然后与学生一起去探讨。对学生不同的合理的见解，老师给予充分的肯定，尊重学生在阅读过程中的不同感受，鼓励学生多角度、多层面地去理解课文。只有这样才有利于调动学生学习的积极性和主动性，才有利于培养学生的创新精神。对于学生富于创新精神的见解，老师的惊喜、兴奋之情溢于言表。这本身也是对学生的一种激励。（这位老师就是江苏省徐州市小学语文特级教师于永正。此案例由四川省成都市龙泉实验小学校魏蓉开老师推荐）

4.44
关注言语形式：《天游峰的扫路人》的教学

有一位语文老师在进行《天游峰的扫路人》（苏教版六年级下册第15课）的教学时，问学生："对于这一节，谁还有什么新的发现？"一个学生说："老师，我有个问题，最后一句为什么说'我不禁倒抽了一口气？'"老师请学生发表自己的看法。一个学生说："'倒抽了一口气'就是说作者看到扫路人这样不怕危险、不顾劳累地扫石阶，感到很惊讶，很佩服。"老师问另一个学生："他的解答你同意吗？"另一个学生说有点同意。老师又追问："就是说还是有点不满意？"另一个学生发表了自己的意见："我觉得既然是表示作者的惊讶，为什么不说'我不禁惊讶起来了'呢？"老师顺势引导："你又提出了一个更有价值的新问题！请大家都来思考一下，如果换成'我不禁惊讶极了'或'我不禁惊呆了'行不行？"又一个学生说："我觉得可以。因为意思都一样嘛，而且又读得通顺。"还有一个学生说："我认为不能换。虽然意思一样，都是说作者很惊讶，但直接说出来了，反而没有'倒抽了一口气'给人的印象深。"老师又追问："为什么'倒抽了一口气'印象就深？"学生接着补充："因为'倒抽了一口气'让你感觉到自己的呼吸了，就跟感觉到自己的心跳一样！"

老师及时评价："这就是我们中国语言的无穷魅力！一个意思可以有多种不同的表达形式，说'惊讶'也可以，但看不见、摸不着，不太好体会；说'倒抽了一口气'就形象化了，你就能亲身感受到它。类似的例子很多，比如说表示害怕，还可以说成'倒抽了一口冷气''吓得浑身起鸡皮疙瘩''脊梁骨发冷'。我们要学习和运用这种形象化的表达方法。"

【评析】

阅读教学是以培养学生的语感为轴心的，而语感的培养着眼于学生言语形式的直觉，从心理表现来看，是一个由言语形式到言语内容的过程。因此，我们在重视理解语言文字的同时，更应该关注品评作品的形式，通过言语形式让学生去体会作品是怎样达到某种效果的，实现读与写的有效结合。这位老师就特别重视引导学生"据意识言"。教学中老师以强烈的语文意识和高超的实践智慧抓住课堂上学生对"我不禁倒抽了一口气"的质疑，展开了淋漓尽致的导引过程。让学生在比较品味中感悟到：原来对一个老人的形象感知是因为作者运用了形象的表达方式和方法，是用侧面描写，从而进一步体会到作者的表达方式和方法。这样不仅理解了言语作品的意思，而且内化了言语作品的表达方法，真正实现了工具性和人文性的统一。（这位老师就是江苏省语文特级教师陈建先。此案例由四川省成都市龙泉实验小学的魏蓉开老师推荐）

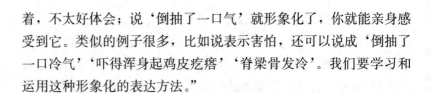

4.45
展想象，创情境：《荷塘月色》朗读教学

有一位小学语文老师在教《荷塘月色》描写荷塘的美时，首先谈话引入："这是一番什么样的荷塘美景，让作者如此难忘，让我们走进课文中一起来欣赏吧。"接着，请一个学生来读课文的第三自然段。在学生读了之后，老师进行点评，建议学生边读边想象文中描绘的画面，这样读才会有新体会，才会读出新的感受。紧接

着，再请学生读。在学生读后老师进一步启发："多美的画面！请大家抓住这些句中印象最深的词句进行想象，告诉大家你看到了怎样的画面。"学生展开了想象的翅膀，纷纷举手发言。一个学生说："读了这段，我仿佛看到了荷塘'浮光跃金，如繁星闪烁'的美丽画面。"另一个学生说："'整个月牙泡恰似一弯晶莹的新月嵌在田野上'这样的景色太美了，就像是哪位画家特意描绘的一样。"

老师结合学生的发言进一步引导朗读："好一幅'浮光跃金，恰似繁星闪烁'的月夜荷塘美景，让我们把语调变得柔和一点来读，和美景和谐地统一起来。"学生在老师提示后展示朗读。老师接着对学生的朗读作点评："从你轻柔的语气中，老师感受到了月夜荷塘宁静的美。再请同学来读读，用轻柔的语气来读，千万不要打破了荷塘那份独有的美。"举手起来读的学生更多了，于是老师鼓励学生一起来读，一切水到渠成，学生的朗读越来越有味，读出了月夜荷塘的美，更读出了自信。

【评析】

崔峦老师曾经说过："在小学的阅读教学中，对于景美情深的课文，教师要重视创设情境，使学生自然而然地入境入情，在陶情冶性的同时，品味生动、形象的语言。"这位老师在教学时，没有过多繁琐地提问，而是创设情境，引导学生展开想象，通过层层递进地指导朗读，让学生在多种形式的朗读中体会文章的意境，感受语言的美。学生刚开始朗读时，还停留在文字表面，但是经过老师的逐步引导，学生结合语言文字展开自己的想象，渐渐融入了课文所要描绘的美景中，朗读也越来越有感情。学生的朗读一旦进入到入情入境的状态，就会不断超越原有的认知经验、智慧水平和想象能力，从而有效地促进学生语感能力的发展。（这位老师就是四川省邛崃市北街小学的叶霞老师）

4.46

变式朗读，乐学古文：《鹬蚌相争》的教学

有一位语文老师在进行文言文《鹬蚌相争》理解课文大意的教学时，首先把课文读通顺，解决字音问题；让学生自读，查字典标音，纠正，再抽读；然后全班齐读。解决了"雨""曝""啄""喙"等字的读音后，接着再出示第二个要求，初知课文大意，让学生了解学习古文的方法，即古文、译文对照朗读，了解古文大意。这一环节，老师先让同桌一起学习，用"对读"的方法让学生熟悉译文，接着由老师读译文，学生找到原文的相关语句。为进一步读懂课文，了解课文大意，也为了避免学生感到乏味，这位老师进一步设计，打乱顺序灵活变通，进行游戏性的"抢读"。老师随便读一句古文，抽学生立刻用译文解释；老师读译文，学生则读古文原句。如此反复，学生兴趣高涨，注意力也很集中。因为顺序是不固定的，他们必须快速地寻找。最后，在了解大意的基础上，老师具体落实几个关键字的解释，如"蚌方出曝"的"方""曝"，"渔者得而并擒之"的"并""擒"等。循序渐进，逐层加深要求，学生轻松掌握字音、字义和古文大意。

【评析】

古文教学是小学高段语文教学中的一个难点！要么枯燥乏味，要么囫囵吞枣。古文学习又是向初中语文学习的一个过渡。因此，老师一定要在最开始教给学生一些方法，克服学生的畏难情绪。按新课标要求，小学生学习文言文，不要求学生逐词逐句对译，更不需要学生了解文言文句式等有关古汉语知识，只要会朗读和背诵，重点词句由学生对照注释来理解，自己尝试弄懂每句话的大概意思。在这一个教学环节，老师循序渐进，从易到难。先解决字音，

这是读通课文的基础，然后在多次的、不同形式的读中大致理解句意，最后在此基础上具体落实几个关键字的解释。老师在课堂上起到一个引领的作用，"游戏式"的激趣，教方法，以学定教，拾阶而上，真正做到了教得有效，学得愉快。（这位老师就是四川省成都市龙江路小学分校的黄菊老师）

4.47
培养概括能力：《石榴》的教学

有一位语文老师在进行《石榴》一文概括主要内容的教学时，首先说："同学们，通过刚才再次读课文，老师相信你们一定都发现了，课文的二、三自然段就是在写石榴的——"学生接着回答："生长过程"。老师又说："你能用自己的话来说说这个过程吗？别着急，这次老师还要比一比谁能说得最简洁。给一点提示，只要你说清楚这是在什么季节，石榴怎么样了，就可以了。同桌之间赶快讨论，看看谁的速度最快。"学生讨论完后，老师请一个学生起来说，并且告诉学生，他要配合学生，把学生说的写在黑板上。学生说："先是春天，石榴抽出了新的枝条。"老师接着说："他刚刚说石榴抽出了新的枝条，老师可以更简洁地说——抽枝。"然后板书：抽枝。老师提示："春天仅仅是抽枝吗？有没有补充的？"一个学生马上说："还长出了新的嫩绿的叶子。"老师马上说："看看黑板上归纳的规律，能说得更简洁些吗？"一个学生接着说："长出了叶子。"老师追问："还有更简洁的吗？"学生又说："长叶。"老师立刻表扬："看，多好呀，他就发现了这样的规律。"并马上板书：长叶。学生开窍了，接着说："夏天开花。"老师又板书：开花，接着问："最后一个季节呢？"学生答："秋天果实成熟了。"老师鼓励："瞧，同学们学得真好，越说越简洁了。现在你能连起来说说石榴生长的过程吗？"学生站起来说："石榴在春天抽枝、长叶，夏天开

花，秋天果实成熟了。"老师说："真好，看来二、三自然段的意思大家已经读懂了。"

【评析】

获取信息、概括总结是最基本、最实用的阅读能力。新课标将能初步把握文章的主要内容作为中年级阅读教学的学段目标。但从目前情况看，概括文章的主要内容的教学主要存在着过于具体，近似于课文内容的复述；或过于简单，概括的内容不够全面的问题。这在一定程度上影响了对学生概括能力的培养。而《石榴》这个教学片段不但将概括能力作为教学内容之一，而且还采取了恰当的教学方法。老师考虑到对三年级学生进行信息提取和内容概括难度较大，有意巧搭"脚手架"，帮助学生步步为营，层层深入，先示范引入，再引导模仿，然后是自主提取，最后是连词概括，四个过程自然连贯，水到渠成。通过这样的训练，学生不仅完成了这一环节的学习任务，更重要的是从中收获了提取信息、概括大意的阅读方法，无疑为今后的语文学习提供了有益经验。（这位老师就是江苏省南京市瑞金路小学的倪鸣老师，此案例由四川省邛崃市宝林小学的高仙琼老师推荐）

4.48 教师课堂评价语言的魅力："准"和"巧"

有一位教师在执教二年级上期"丁丁冬冬学识字"单元的《一个字》时，在上到"祝枝山、唐伯虎、文征明是明朝著名的文人"这句话时，教师问："什么叫著名？能给它换种说法吗？""出名""有名"……正确答案纷纷从学生的嘴里蹦出。正当教师准备下一个教学环节时，一只小手却倔强地举着。教师请这个学生发言，学生说："还可以换成高明"。其他学生马上说："不对，不对。""错了，错了。"这位教师略一沉吟，对这个学生说："著名的人一定在某一个方面或几个方面很高明，就像故事中的这三位文人既会做文章又擅长于绘画和书法一样，但高明的人却并不一定都著名。"学生点点头，知道了自己的错误，却又并不觉得难堪。接着，教师又顺势而导，引领着学生进入下一个教学环节——欣赏三位文人的绘画、书法精品。

【评析】

教师的课堂评价语言属于教学语言的一个有机组成部分，虽寥寥数语，却重如泰山。用好了，不仅可以为提高语文教学效率、顺利完成教学任务奠定基础，而且还能激发学生的学习兴趣，增强他们主动发展的内驱力。

这位教师在课堂上就此处对学生进行的随机教学评价既"准"且"巧"，符合新课标对"教师评价语言"的要求。

准，即准确。这是教师在评价学生时最起码应做到的要求。因为认知水平、生活经验等方面的原因，学生在课堂上出错是很自然的一种现象，这时就需要我们的老师敏锐地加以判断，并纠正其错误，一定不能听而不评，造成学生认知上的干扰。这位教师在听到该生把"高明"误认为是"著名"的近义词时，即联系文本，修正了学生的错误认识。

巧，即巧妙。这是指教师的课堂评价不仅是对学生学习现状的价值判断，更应是下一步学习活动的逻辑起点。这位教师在这一点上做得尤为突出。学生将"高明"误认为是"著名"的近义词，本是课堂中一个意料之外的小插曲，但教师机智地捕捉到其中的教学契机。"著名的人一定在某一个方面或几个方面很高明，就像故事中的这三位文人既会做文章又擅长绘画和书法一样，但高明的人却并不一定都著名。"这段评价语既顺势讲清了两个词语在语义上的区别，又不漏痕迹地将教学导向下一个环节——欣赏三位文人的绘画、书法精品，去体会他们在这些艺术领域的"高明"，由此知道他们"著名"的原因。（这位老师就是四川省成都市龙江路小学的胡军老师）

4.49
做学生发展的伯乐：《唯一的听众》的教学

有一位语文教师在《唯一的听众》的教学中问："课文几次写到老妇人的眼神，都在哪里?"学生很快找到了相关的句子，有学生说："我发现有一个词语可以概括老妇人的眼神，是平静。"教师立刻问如何理解老妇人的平静。一个学生说："第一次，老妇人静静地坐在木椅上，平静地望着青年。她是一个音乐老教授，首席小提琴手，她经过长期艺术的洗礼，非常懂音乐。她可能从青年的这种'锯床腿'的声音听出了他的天赋，所以她包容他，鼓励他。"另一个学生说："第二次，老妇人一直很平静地望着青年。平静的眼神中，她看到了这位青年一天天地在进步，也坚定了自己相信青年能够再次进步的理由。"还有一个学生说："第三次，这平静的眼神更是意味深长，是老妇人对青年进步的感动、高兴、欣慰，仿佛因他的进步流露出了感动的眼神，就像一汪深深的潭水。同时，还有老妇人对青年的更深的期盼。"教师对前面的回答都进行了表扬。这时，突然有个学生说："老师，这个老妇人是最有声望的教授，比老师更优秀吧?"教师问其原因。学生解释说："这个青年学习小提琴，应该有教他的老师吧，他的父亲和妹妹也是懂音乐的，也应该教过他吧，但可能父亲、妹妹和他的老师教学方法不适合这位青年，所以青年没有进步，反而认为自己是音乐白痴。而这位老妇人用她独有的'平静'的方法，润物细无声地使青年成为了一位音乐家。因此，老妇人才是真正高水平的老师，真正的伯乐……"

【评析】

"有教无类""因材施教"的教育思想其实要求我们的教学要以学生为本，尊重每一个学生的个性，因为每个学生都是独特的，都是不可复制的、个性鲜明的个体。我们的教育需要的不是标准化的培养模式，而是个性化的教育培养模式。然而，许多教师在平常的语文教学中很少思考把因材施教落到每一个学生身上，却用相同的教育方式在辅导着不同的学生，束缚着无数学生的成长和未来。这个案例中，学生认为教授比教师更优秀，因为她有更为个性化的教学方式，这种仿佛天真的想法可能会让许多教师感到吃惊、不解，还感到些惭愧。因此，让我们用不同的眼光去看待学生，去挖掘学生的潜力吧！相信每个班级的学生都是"千里马"，让每位教师每天都做"伯乐"吧！（这位老师就是四川省成都太平寺西区小学的刘凤军老师）

第四章

阅读教学案例评析

第五章　习作教学案例评析

5.01

作文训练：从让人有所知到让人有所感

　　有位老师在黑板上写了一句话："今天很冷。"然后，他请每个学生想一句话来表达这句话的意思，但说的话里不能出现"冷"字。

　　起初，学生面面相觑，不知道怎么说。当一个学生说出"北风呼啸"后，大家就争相发言。有的说，大雪纷飞；有的说，寒风刺骨……你一言，我一语，一下子说了许多。

　　这位老师把学生们说的这些话一一写在黑板上，并请学生给黑板上的这些话编组。写环境的编到第一组，写人物衣着的编到第二组，写人物动作的编到第三组。学生兴趣盎然，很快就完成了任务。

　　最后，他请学生写一段话，要求用"今天很冷"总起，然后从一、二、三组里找出句子，依次讲述。结果，99％的学生都能写上一段完整的话。

　　有个学生写道："今天很冷。（点评：这只能让人有所知。）西北风呼呼地刮着，路上的一些小树也被刮断了，小河里结了厚厚的冰。大家都穿上了冬装，小朋友尽管穿上了棉袄、棉鞋，还戴上了手套和围巾，仍然冻得瑟瑟发抖。"（点评：这才能让人有所感。）这段话把"冷"写得具体可感了。

【评析】

你说"今天很冷",别人听后也知道了"今天很冷",但就是感受不到"今天很冷"。能让人感受到"今天很冷"的是情境。情境让人联想,让人身临其境,从而有所感。具有画面感的人、事、景、物,具体可感。(这位老师就是上海市著名的小学语文特级教师贾志敏)

5.02

玩,也是作文素材

天下着雪。远山裹着蒙蒙的雾气,近处的房屋、地面,早已盖上了厚厚的一层。空中,小精灵们还在不知疲倦地翻飞、舞蹈。飘飘雪花何所似,未若柳絮因风起。

老师:"玩雪去吧!躲在教室里干什么?"

学生们仿佛得到圣旨:"哦,太好了!""老师,你真好!以前,我们可不敢去玩雪。"

老师:"不是不让你们玩,是雪地里比较危险,而且你们还小,摔倒怎么办?你们要出去玩,有什么要提醒你的伙伴啊?"(这位老师及时地引导学生)

学生:"别猛跑!""注意将身子缩一缩。要摔倒时,用手护住头!""玩雪不能欺负人"……

学生们七嘴八舌地提出很多建议。得到允许,他们小鸟似地飞出教室,操场上沸腾开来。

要知道他们在老师眼中一直是群小不点,没想到他们想的比老师还周到。这位老师震撼了:不能小瞧了任何人!操场上的积雪铺得极厚,小不点们三五成群打雪仗、堆雪人,甚至组织起来"攻打"年轻的老师们。笑声,喊声,不绝于耳,校园顿时生机勃勃。

最吸引人的是操场的一隅，有几个学生正在筑"万里长城"，"长城"沿着操场四周的边沿蜿蜒，一块块"城砖"历历在目，一个个"垛子""射口""堡垒"清晰可辨。他们如此专注，是不是已经飞到长城上空呢？是不是正在采访古时候的劳动人民呢？是不是正在惊叹于这世界之绝呢？

这位老师又引导学生把他们刚才怎么玩的、怎么想的写下来。快乐的文字洋洋洒洒。这位老师会心地笑了。

【评析】

人生需要多少体验啊！为什么老师们总是以安全为借口，用孩子们快乐的童年埋单呢？我们老师想想自己小时候，不也"疯"玩过吗？因此，还孩子们快乐的体验吧！孩子们只有在体验中、实践中才能总结出什么该做，该怎样做，什么不该做，为什么不能做。老师的讲解是苍白的。孩子们的生活一旦枯燥，想象力、思维、写作都是空乏的。生活处处是教材，这是上天赐予的礼物，为什么不接受呢？玩，也是作文素材。（这位老师就是四川省广元市朝天区曾家镇小学的刘荣玲老师）

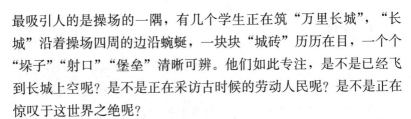

5.03
创设情境，获取素材，为作文铺路

有一位语文老师在引导学生进行作文《一件_____的事》时，考虑到班上有一个学生每次作文都不知怎么下笔，胡乱写几十个字或一百字左右就交差，在刚跨进教室时，就气冲冲地把一个学生叫起来，愤怒地对他说："虽然你的成绩不是很好，但是以前每次都是准时交了作业的，可今天的作业为什么没交？"这学生刚要张口辩解，老师马上又说："你不用给我解释什么，我不想听，刚才我已经打电话问了你的家长，你的家长说没看见你昨天回家写作业。

我没有看见你写的作业。"只见这学生此时脸已经是气得通红，眼泪都快流出来了。老师这时又说了："如果你认为老师冤枉了你，那你就把你昨天什么时候写的作业，怎么写的，又交给谁了，还有心里的委屈都写下来，下午放学后交给我。其他的同学也可以根据这件事写出自己的看法和想法。"

【评析】

大多数教师都认为，作文教学是语文教学中的难点，很多学生不善于在生活中去搜索作文素材、提取作文素材，需要教师在作文教学中给予引导和帮助，才可以下笔作文。对于班上的学困生来说，他们往往觉得生活中没什么可写的，找不到材料写，这时教师就得给他们铺路，创造一些作文情境，让他们有东西可写。教师为了关注学困生，现场创造了这样一个让学生被冤枉、受委屈的情境，然后再让学生作文。这样，这个学困生就有话可说，有东西可写了。（这位老师就是成都市龙盛小学的胡廷香老师）

5.04
用心感悟生活：生活中的小事就是素材

有一位语文老师在进行《生活中的小事就是素材》的习作教学时，随手取下班上一位女生头上的发夹问："同学们，老师手里拿的是什么？"学生们异口同声地回答："××同学的发夹。"老师继续笑着问："还有其他的答案吗？"一个学生说："老师手里拿着一个红色的发夹。"另一个学生说："老师手里拿着一个漂亮的发夹。"还有学生说："老师手里拿着一个小小的发夹。"老师请出这个戴发夹的女生接着说："这真是一个非常漂亮的发夹，你能告诉大家是谁买的吗？"女生回答："是妈妈买的。""你喜欢吗？"老师接着发问。女生肯定地点点头。老师对学生进行启发："妈妈给你买这个漂亮的发夹，你感受到了什么?"女生回答："妈妈的爱。"老师笑着点头请这位女生坐下。老师环视了一下全班同学，再次举起手中的发夹问："老师手里拿的是什么?"学生们顿时有所领悟地回答："妈妈的爱。"老师进一步启发："生活中，母爱伴随着我们成长，母亲默默地为我们做了很多事。你能联系自己的生活说一说你从生活中的哪些小事感受到了母爱?"学生们纷纷举手回答。

【评析】

习作教学一直是困扰着许多语文老师的难点，在学生的习作中时常会出现假、大、空或千篇一律的现象。一提到有关母爱的作文，很多学生要么写自己生病的时候，母亲怎么无微不至地照顾自己；要么写自己在学习上遇到困难时，母亲是怎么鼓励、帮助自己的。这种现象归根结底是学生没有学会用心去感悟生活，尤其从生活中的小事去感悟生活。这位老师这节习作教学课的目的就是要引导学生学会用心从生活中的小事去感悟生活。每个人的生活都有不同的地方，那么自然能从不同的事情中有所感悟。例如放学时，母亲焦急而耐心等待的身影；由于自己的马虎，母亲专程到学校送来遗漏在家的课本；每天出门上学时，母亲那一声声的叮嘱；甚至是自己犯错时，母亲那恨铁不成钢的一顿打骂……这样的小事，生活中不胜枚举。这样一来，学生写出的文章就不会千篇一律，也尽可能地避免了假、大、空这样的习作现象。(这位老师就是四川省成都市电子科技大学附属实验小学的程静老师)

5.05
活动中观察思考："魔术"作文课

有一位小学语文老师在上作文课时，总是喜欢为学生创设具体的情境，让孩子走入情境，参与其中，有所感悟。本次作文课，他决定为学生们上一堂"魔术"作文课。

因为春晚，学生喜欢刘谦，喜欢魔术。当这位老师宣布给他们表演一个魔术时，学生兴奋不已。他在挑选小助手时，学生个个都把手举过头顶，最后他选择了刘思明做他的助手。他把小助手拉出去商量了一阵子，教室内的学生好奇地猜测着他俩的谈话，同时也期待这个魔术。

魔术开始了。老师拿出了四个纸杯，分别编上 1、2、3、4 号，请一个同学上来检查了一番，然后这个同学向全班宣布："这的确是四个普通的纸杯。"之后，又请另一个同学上来检查硬币，仔细检查后，这个同学又向全班大声宣布："这也的确是四个普通的硬币。"活动的规则是——由任意一个同学来选择一枚硬币，将硬币放在任何一个纸杯里，老师不看，然后来猜，硬币在几号纸杯，但是小助手要监督整个过程。

活动开始了。先上来了一个志愿者，老师面向黑板，学生放好之后，他转过身来，全班几乎是屏住了呼吸。有的同学有些得意的神情，好像在说："你猜吧，你根本不可能猜中。"有的同学满脸疑惑。有的同学投来好奇的目光，仿佛在说："真有那么神奇吗？"一下子，老师就像聚光灯一样，所有孩子的目光全部都聚集到了他的身上。他装作紧张，左听听，右瞧瞧，嘴里还时不时地嘀咕着："魔币魔币告诉我，你在几号纸杯呢？"当他最后锁定目标，揭开纸杯时，全班同学"哇"的一声，觉得太不可思议了。有的学生自言自语："怎么回事呢？"有的热烈地议论着："是不是纸杯有缝儿？是不是老师的眼镜有问题？"有的同学疑惑地说："难道老师真有魔力……"

学生们疑惑不解，觉得很神奇，于是要求再来一次，如是重复了两次游戏，每一次都被老师猜中。这时，几乎所有的学性都有自己对这个魔术的解说，有的说老师的眼镜是透视镜，有的说是纸杯有问题，有的说是小助手通过手势告诉老师答案的，有的说是小助手的眼神有所提示，还有的说是小助手的语气……但是具体是怎么回事他们说不清楚。因为，他们在整个过程都太兴奋了。虽然活动开始前，老师提醒过他们注意观察，但是活动一开始，他们早已忘了老师的提示，整个人已完全被魔术吸引住了。

最后老师请小助手公布了游戏前他和老师在教室外的谈话：也就是魔术的秘密——如果放在 1 号纸杯，助手就说："老师，好！"若是 2 号，就说："老师，好了！" 3 号，就说："老师，可以了！" 4 号，就是："老师，已经好了！"孩子们听后，恍然大悟，各自发出了不同的感慨，议论纷纷……

整个教室充满了快乐、兴奋、激动……学生们在这样的氛围下开始了写作。老师在教室转了一圈，发现他们的题目很有趣，如《李老的障眼法》《有趣的魔术》《意外的作文课》……每一个学生都有自己独特的创作。

此次活动作文课不仅让学生有话可写，喜欢写作，同时也让学生明白倾听很重要，懂得学会倾听，学会观察。

【评析】

小学作文课要求学生我手写我心。本课教师为学生们创设具体的情境，通过魔术活动，让学生参与其中，亲身体验，而且学生很喜欢魔术，所以特别愿意参与其中，当然也就喜欢这堂作文课。以往学生一听到写作文，就很烦恼，不知道写什么，也不知道怎么写。这堂作文课不仅激发了学生的课堂参与，也让学生有话可写，更重要的是写得还很精彩！真正实现了我手写我心。（这位老师就是四川师范大学附属实验学校的李洋老师）

5.06
把事情写清楚：习作《吹字典》的教学

怎样指导三年级学生把一件事写清楚？有一位语文老师是这样

做的。她拿来一本厚厚的字典，竖放在桌子中央，让学生不借助任何肢体帮助，用吹气的办法吹倒字典。

"游戏开始了！请你们仔细观察第一个同学的动作、表情。"学生表演完毕，老师说："谁来把他刚才的表现说一说？我当演员，按照你的提示来表演，看和刚才同学的表演是否一致。"

学生说："游戏开始了！第一个上场的是瘦瘦的涵涵。只见他面带微笑，走上讲台，深深地吸了一口气，吹了出去……"老师面带微笑，走上讲台，然后故意对着门口，吸气，吹气，全班哄堂大笑。另一个学生纠正："他走上讲台，转过身来，对着字典使劲儿一吹……"老师按照指令，却故意挺直了腰杆，生硬地对着字典吹，学生们又大笑起来。第三个学生继续："他弯下腰……"老师马上弯腰。"不对，不对，是身子微微前倾"……在几个学生的帮助下，老师终于准确复制了第一个学生的表演。

老师说："怎样把你的所见准确清楚地写下来？通过刚才的表演，你懂得了什么？"学生纷纷说："不能漏掉动作。""用词要准确。""要慢慢回想，说详细一点才能说清楚。"……

老师让学生马上写下来，然后交流，表扬有超越的学生："他还加了自己的想法。""他用了一个比喻句"……

老师小结："瞧，刚才同学的表演不过一瞬间的事，可是我们却写了五六行。这样写文章，就能把一件事情写得清楚明了。明白了吗？"学生答："明白了！"老师又说："好，请三个同学上台，依次吹字典。你们选择一个重点观察。不仅观察表演者，而且注意教室里的氛围和同学的反应，然后写下来。"

学生观察后，马上刷刷刷地写了起来。老师巡视，板书"胸有成竹""沉着老练""欢呼雀跃"等词语，一节课下来，最差的也能写两百多字了。

【评析】

和干巴生硬的修改指导课比起来，这次尝试的效果要好几倍。对三年级学生起步作文而言，《吹字典》这种分环节活动对于把一件事情写清楚是有效的。

其一，活动体验，有效激发了学生的兴趣。先体验，再作文，这是符合三年级学生特点的。有了亲身的活动体验，写起文章来不愁无米下锅。

其二，降低坡度，有效解决了下笔难的问题。即便亲身体验时有诸多感受，三年级学生也难把一件事情清楚地叙述出来。一边活动，一边马上写下活动的片段，降低了难度。因为学生的记忆有及时性，对刚刚发生的事印象最深，趁热打铁写下来，又新鲜又有趣，还很容易。

其三，指导巧妙，有效解决了写不清楚、写不具体的问题。先请学生表演，然后师生合作，让学生当导演指导教师动作。这一奇特新颖的形式大大提升了学生的注意力与参与度，增加了教学的趣味性和有效性。其间，一次次更正，一次次改进，教会了学生怎样准确清楚地表达，这远比教师抽象的讲解来得高效。

其四，引导观察，适时提升了学生的学习力。同时请三个学生表演，并增加了难度（不但观察学生的动作，而且要观察教室氛围、观众反应），不仅关照了学困生，而且使优秀学生有自由发挥的空间。

当然，把一件事写清楚、写具体，不可能一节课就能实现，到了六年级都还要进行这方面的训练。像这样的"即兴体验＋即兴观察＋即兴写作"，使学生们对写作的兴趣浓了一些，写起来不那么难了，成就感的体验要强一些了。（这位老师就是成都高新区芳草小学的王晓燕老师）

敞开心扉，自由表达：《人物素描》的教学

有一位老师在进行《人物素描》作文教学时，问："认识我吗？"学生齐答："不认识。"老师继而启发："那用你的眼睛看看今天来的老师有什么不同，要善于观察哦，发现三个不同说明你有一双睿智的眼睛。比如长相啊，言谈举止啊，不管是美的还是丑的，看到什么就说什么，用自己的眼睛看，实话实说。"学生兴趣盎然，纷纷说："老师的牙齿是兔板牙。""老师人比较高。""老师背有点驼。""老师脸上有酒窝。""老师很幽默，每说一句话都让我们笑。""老师尖嘴猴腮。""老师很会反驳，说牙齿是龅牙是可爱，说脑袋小就是智慧多……"老师接着启发："对老师有什么整体印象？还有什么联想？用几个词概括一下。"学生继续回答："身材修长。""说话风趣，很幽默。""动作不拘谨。""和蔼可亲，慈祥。""文质彬彬。"老师随即介绍自己，并点评："除了有一双会观察的眼睛，还应有一双会描述的手。请用三五句话把对老师的印象写出来。老师只有一个要求——（板书：真实）老师说的话也可以写进去，语句要连贯，注意语句间的内在联系，写完了还可以自己改一改。时间是五分钟。"

【评析】

我们如今总抱怨学生：日常生活是丰富多彩的，而作文的内容是枯燥乏味的。其实，我们没有给学生一双会发现的眼睛，他们自然缺乏自觉的"作文意识"。常言道："言为心声。"这声是生命之声、心灵之声。作文有一个基本性质，就是它的交际性，为交际而生，为交际而用。学生也会说话，也会交际，但说的是大白话，学习是用规范精美的书面语言来改造、丰富、发展学生的口头语言，

从而更利于人与人之间的表达、交流。纵观这位老师的指导课，从谈话切入，拉近距离，启迪学生打开思路，由说到写，课堂上没有老师的激情渲染，没有刻意的写作技巧传授，在看似平淡如水的师生对话中却处处流淌着智慧和灵感，课堂上充满了快乐的气氛，学生们学得轻松，写得愉悦。现阶段都在喊高效课堂，什么是高效？学生喜欢说，喜欢写，乐于写……这样的作文课堂才是真正的高效课堂吧。（这位老师就是江苏省吴江市盛泽实验小学著名特级教师薛法根。此案例由四川省成都市天涯石小学锦东分校的罗春慧老师推荐）

5.08
关注学生兴趣点："捉"出来的精彩

有一位小学语文老师在教学生观察柳树时，学生惊奇地发现学校的柳树上有很多虫子眼，里边都是毛毛虫。学生们大呼小叫，精力全在毛毛虫身上了，没有人再来观察柳树。

见此情境，这位老师灵机一动，因势利导："同学们，你们想当啄木鸟帮柳树捉毛毛虫吗？"学生热烈响应。于是，这位老师布置学生中午放学回家准备好铁丝、小瓶子等工具，下午开展"紧急救援活动"。当时班里一片沸腾。

下午，学生在老师的带领下，来到柳树前开始了救援行动。他们撅着小屁股找毛毛虫，这儿一堆，那儿一簇，大家围着柳树叽叽喳喳，不时传来惊叫："看，这里有一只！""好，我也捉到了一只！""啊，这个洞里有六只呀！"……活动结束，师生一起坐在柳树下朗诵起贺知章的《咏柳》。

活动之后，老师引导学生绘声绘色地讲述自己的捉虫经历，进而引导学生把自己的感触写下来。正是因为有了之前投入的观察，才出现了后边的真情表达，一篇篇极富个性的习作应运而生，如

《柳树的第二次生命》《当一回啄木鸟》《啄木鸟医生》《救护大行动》《我们都是小英雄》等。

文中对毛毛虫的描写是那样真实、细致。一个学生写道："它们身穿黑色的衣服，长着一对长长的触角，还有一双火红火红的眼睛，真像一个小强盗！它们用眼睛紧紧盯着我，好像要跟我拼命似的。狡猾可恶的小东西，我狠狠地踩了它一脚。"另一个学生是这样写的："……这时，一只毛毛虫冲我发起猛攻，我来了个'泰山压顶'，它却一翻身逃了出来，见情况不妙，连忙撤退。我一个飞棍，把毛毛虫打倒在地。"

【评析】

学生是学习和发展的主体。语文综合性学习中要爱护学生的好奇心、求知欲，充分激发学生的主动意识和进取精神。良好的语文综合性学习有利于学生在感兴趣的自主活动中全面提高语文素养，是培养学生主动探究、团结合作、勇于创新的重要途径，应该积极提倡。

本案例中，教师非常重视学生的观察能力的培养，更关注学生的兴趣点。大家都知道，学生的观察体验易于产生写作的激情，他们的语言表达必定具有自己的独创性。该教师引导学生将自己积极主动观察所得通过说写的形式，自由和有创意地表达出来。（这位老师就是山东省东营市海河小学的山东省教学能手周丽萍老师）

5.09
观察中发现，体验中感悟：习作教学

一位语文老师在教学《美丽的春天》的习作时，首先要求学生把自己脑海中春天的景象描写下来。很多学生作出了诸如"春暖花开""河水清澈""草长莺飞"等千篇一律、毫无真情实感的描写。

接着，这位老师带领学生来到山坡上、小河边、田野里……要求学生留心观察周围的景物，用眼睛看看周围的小草，柳枝的颜色、形状，用鼻子闻闻泥土的气息，用嘴巴尝尝花儿的味道，用手摸摸河水的温度，用耳朵听听山涧的声音……结果学生发现，展现在他们面前的是另一番春天的景象。紧接着，老师问："你们看到了什么"？一个学生说："春天是绿绿的，因为春天到了，小草都绿了，树木发芽了，长出了新的叶子。"一个学生说："春天是五颜六色的，因为草地上开满了各种颜色的野花，可美了。"还有的学生说："春天是香香的，春天是快乐的，春天在唱歌。"……然后，老师让学生根据自己的观察、体验，抓住景物的特点，展开合理的想象描绘春天。学生们兴趣盎然，有的俯首疾书，有的举目高唱，有的闭目轻吟……很快，一篇篇赞美春天的佳作呈现出来。"三月的春天是孕育的季节，一切都在萌芽阶段。柳枝轻摇，梢尖微点水面，荡起泛泛涟漪，满眼的是无际的嫩绿，感受着心脾的清爽和温柔的抚摸……""我真的走进一个浓浓的春天里来了。我听到了鸟儿清丽婉转的歌声。春天泥土的气息从窗外飘来，菜地的绿色也从窗外扑来。春天，穿透了寒冬，穿透了窗户，仿佛也要把我的身心穿透了……"

【评析】

新课标强调了"珍视个人的独特感受""写出自己对周围事物的认识和感受""表述自己的意思"。这就要求习作教学不仅要引导学生学会观察，主动积极地体验，表述体验的过程，还应引导学生将各种体验真情表述，使学生的习作异彩纷呈。

本节课中，教师在教学中充分调动学生的积极性，引领学生置身于大自然怀抱，学会观察，勤于观察，在观察中去发现。大自然是个巨大而美丽的宝库，大到广袤的宇宙、巍巍的群山，小到一草一木、一鸟一石。让学生明白只有留心观察，才会发现生活中处处皆风景，处处有素材。如果不留心观察，就会视而不见，听而不闻，许多美景就会擦肩而过。其次，教师让学生调动自己所有的感官去看、去听、去尝、去触、去闻、去想、去体验、从而发现生活的丰富多彩。做到有话可说，有情可表，避免了胡编乱造、空话套话连篇的现象。这样才可能让学生用我手写我心，用我笔抒我情，运用个性化的语言，使用个性化的表现手法，畅谈认识和感悟，抒发审美情感。写出来的文章才会有鲜活的内容、真实的情感。

生活是习作的源泉，阅读是习作的基础，感悟是习作的生命。只要引导学生热爱生活，对生活充满激情，善于观察，善于发现，在实践中去体验和感悟，就能写出优美的文章。（这位老师就是四川省广元市元坝区元坝一小的刘晓莉老师）

5.10
生活是写作的源泉：围绕主题词写片段

有一位小学语文教师在教《小镇的早晨》时，品读并分析课文后，利用课堂最后 10 分钟进行了一次小练笔的指导。

师：小镇的早晨是那么"安静"，船过无声，耳畔隐约回响着船工哼的小调。其实，还有很多地方也是安静的，知道吗？

生：教室、图书馆、清晨的校园、我的卧室。

师：让我们把眼光放得再远些。（出示课件图片：深山、花开的大草原、寺庙、荷塘……）

师：只要留心观察生活，就能发现最安静的地方。赶快拿出课堂本，选择一个你认为最安静的地方，采用总分的结构，用一两句话来描绘它的安静。

教师巡视。

师：很多孩子都有了自己的作品，谁愿意先来读读？我们在分享时依然注意关注他描写时用到的好词。

生1：我的卧室到了夜晚最安静，书包呀、玩具熊呀、台灯呀，都和我一起沉沉地睡了。

师：好有童趣的睡眠，老师也想和你的玩具熊一同美美地睡了。你的"地"字短语简单，用在这里极美，它就是——

生：沉沉地睡了。

师：精彩继续，谁紧随其后？

生2：我回老家观察到中午的池塘特别安静，荷花在挨挨挤挤的荷叶间冒了出来，不好意思打开自己的花瓣，就羞红了脸。

师：你的语言如诗如画，宁静的美让我们陶醉，也记住了他用到的好词——

生：挨挨挤挤。

师：很凑巧，前两位同学还有一处相同的修辞手法，是——

生：拟人。

师：精彩不间断，接着？

生3：我今年春天和妈妈爸爸一起去了大草原，那里甭提有多安静了。绿得发亮的牧草，嫩嫩的、软软的。一群牛儿静静地享受着美餐，"沙沙沙"地响。我看得都呆住了。

师：本课才讲的知识，你学以致用，以声音衬托安静，老师为你鼓掌。他的好词是……

生：嫩嫩的、软软的。

生：我还喜欢他写牛吃草用的"沙沙沙"。

师：补充得很对，有声、有色、有形，你真是个全才，你笔下的草原很生动。

【评析】

在教学了总分结构的构段方式后，教师通过抓主题词"安静"，在课件图片的展示中帮助学生想象与联想，拓展写作的内容，书写眼前美景更可以说是表达心中安静的美。教师细致地指导了围绕一个特点有序表达和生动表达的方法，提升从读到写质的飞跃。这正是三年级片段描写应该关注的着力点：在肯定中激励学生对词语的大胆应用和对修辞手法的尝试。这个拓展部分不仅让整个课堂更加充盈，更是将语文学科的文字魅力在想象中加以丰富。（此案例由四川省成都市成师附小万科分校的李静萍老师推荐）

5.11
培养学生的写话兴趣：绘本的力量

有一位语文老师在激发和训练二年级学生的写话兴趣和能力时，发现有一种形式让学生对说话、写话兴致高涨，那就是绘本。它的力量不容小视。开学初，老师给班上学生的推荐阅读书目中有大量的绘本，家长反映学生非常喜欢，而学生也迫不及待地把这些书带到班上和大家分享。

中午午间管理的时候，老师总是让学生轮流拿出喜爱的绘本，投影到大屏幕上和大家分享，边翻阅边讲出自己对图画理解后编出的故事。老师也乐得享受，在旁也不强求讲的学生或听的学生把故事和想到的写下来，可总是有学生说："我想把这个有趣的故事写下来！"老师心里暗自欣喜，这不正是学生发自内心的需要和渴求吗？这种内驱动力比什么都要来得珍贵！

记得一次老师带了一本绘本《失落的一角》跟学生分享。当听说写这本书的作者还是大家熟悉的写《爱心树》的作者时，学生们都激动地欢呼起来，看得出，他们很喜欢这个作者的作品。其实，当老师初次看到《失落的一角》这个题目时，觉得很深沉，但翻看时发现内容却是非常简单的图画，心中有些迟疑，心想：学生虽然能看懂书中简单的图画，但是可能并不能明白画中所表达的意思。想不到班上的学生不但读懂了图画的内容，有几个学生还不差毫厘地讲完了故事，大家还争先恐后地谈起了自己的感受。有的说：

"这个圆真勇敢。"有的说："这个圆很会找快乐。"……

对，在学生心中，它就是一个很可爱的，和他们一样喜欢和蝴蝶玩，喜欢和花儿游戏的"小孩子"。学生在图中读到了坚强、坚持，读到了有梦想，把画中意思、心中想法表达出来。课后，老师发下写话本，让愿意写的学生写下这个故事或自己的感受，想不到全班学生都完成了。看着交上来的一份份作业，老师欣喜不已，学生那一句句朴实的话语正投射出一颗颗纯真的心，没有半点矫揉造作、虚情假意。

【评析】

"对写话有兴趣，写自己想说的话，写出自己对周围事物的认识和感想"是新课标中对低段写话的要求。兴趣，谈何容易，这是个让师生都倍感头疼的事情。这位老师抓住刚升入二年级的学生的特点：会认会写很多字了，正是到了用这些文字写出自己心中所想的时候。这也是激发学生写话兴趣的最佳时期。既然学生对这些有别于传统意义上图画的绘本如此喜爱，那就尝试利用这个很好的平台，读写结合激发学生的写话兴趣！而且绘本对培养学生观察、想象等各方面的能力都有潜移默化的影响，可谓是"一箭几雕"呀！（这位老师就是四川省成都市龙舟路小学的邓桃老师）

5.12
用绘本引导学生写话：《我的爸爸》

一位教师在一堂低段写话课时，独具匠心地运用《我的爸爸》这一绘本进行教学。首先，教师出示一幅图画，让学生说说对爸爸的印象。学生观察后说："这是一个贪吃的爸爸。""这是一个正在发呆的爸爸。"这些都是学生对图中爸爸的初次印象。

接着，教师又连续出示了几幅图画让学生观察。学生们兴趣高涨，完全被图画中的情境吸引住了。就在这时，教师出示第五幅图的文字：“爸爸把美国健将刘易斯甩在了后面，汗都变成了云彩。”教师问：“这又是一个什么样的爸爸呢？”学生说：“这是一个勇敢的爸爸。”教师追问：“爸爸的勇敢表现在什么地方？”学生说：“他敢和短跑冠军赛跑，并且还超过了他。”“他竟然把巨人给摔倒了。”“他敢走钢丝，而且不会掉下来。”从学生的语气和表情可见对爸爸由衷的敬佩，觉得爸爸很了不起。

然后，教师又出示了两幅图画，引导学生说话。一个学生说：“爸爸像鱼儿一样能游泳，行动灵活。”另一个学生说：“爸爸变成了一条自由自在的鱼。”此时，教师表扬学生：“‘行动灵活、自由自在’这两个词用得真好！”

最后，教师出示了两幅图画，引导学生创作。一个学生说：“爸爸像大猩猩一样强壮。”另一个学生说：“爸爸像河马一样跳舞愉快。”接着，教师将上面两幅图中配的文字出示出来，让学生读。然后，教师总结：“孩子们，老师发现你们刚才说的话比大作家说得还好，你们都变成小作家了。”学生听到老师的称赞，一个个神采飞扬，对这堂写话课更感兴趣了。

【评析】

习作是小学语文教学的难点，写话是低段语文教学的难点。现在的一部分小学生害怕写作文，对写作没有一点兴趣，不知道从何写起，甚至无话可说。怎样解决这一问题？我认为培养学生写作兴趣是关键。新课标中一二年级的写话目标是：“对写话有兴趣，写自己想说的话，写想象中的事物，写出对周围事物的认识和感想。”由此可见，在小学低段培养学生浓厚的写话兴趣非常重要。

这个案例中，教师巧妙地选择绘本引导学生说话写话。教师并没有简单地把绘本中的文字当成习作例文，让学生干巴巴地仿写，也没有简单地让学生看图写话。教师首先让学生看图画吸引注意

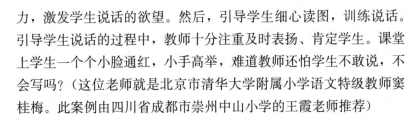

力，激发学生说话的欲望。然后，引导学生细心读图，训练说话。引导学生说话的过程中，教师十分注重及时表扬、肯定学生。课堂上学生一个个小脸通红，小手高举，难道教师还怕学生不敢说，不会写吗？（这位老师就是北京市清华大学附属小学语文特级教师窦桂梅。此案例由四川省成都市崇州中山小学的王霞老师推荐）

5.13
让作文写真话：《秋天》的写话教学

有一位语文老师在进行二年级《秋天》的写话教学时，发现学生写话的内容千篇一律，什么大雁排成人字形向南方飞去，田野里一片金黄之类，几乎所有学生都写到了树叶和天气的变化，而且如出一辙地说树叶全变黄了，都从树上落下来了，天气变凉爽了等。

当时还是九月初，天气还异常炎热，树上的叶子也没有丝毫凋零的迹象。这位老师在看了学生的写话后，就问学生："现在的确是秋天，但你真的感受到天气凉快了吗？"启发之下，终于学生说："不是凉爽，而是更热了，比夏天还闷热。"老师引导："对了，你感受到的天气是热就是热，不用为了让别人觉得是秋天，就违心说变凉爽了。"在这位老师的鼓励下，一个学生又说："老师，我知道大人把这样的天气现象称为秋老虎，就是说秋天的热比老虎还要可怕，让人难受。"老师说："对了，这就是今年成都秋天天气的特色，同学们写话要写出自己真实的感受。"

紧接着，老师把学生带到操场上去观察，并引导："你们都说到整棵树上的树叶都变黄了，而且树叶落下来了。现在请大家看看树叶都变黄了吗？是不是树叶都在往下落？"经过认真仔细的观察，其中有个同学说："老师，我觉得整棵树上的树叶只是没有夏天绿得那么浓了，它们的颜色在由绿向黄过渡。"老师立即鼓励："瞧，你观察得多仔细啊！"有一个学生说："微风吹过，树上偶尔有一两片树叶从树上悄悄落下来。"还有一个学生观察得很仔细，他这样说："有的树叶的叶尖开始变黄了；有的树叶一半黄一半绿，好看极了；还有的树叶上布满了星星点点的黄，像是小朋友用蜡笔故意点上去的……"另一个学生摸了摸树叶说："树叶摸上去有点脆脆的，因为秋天来了，它开始枯萎了。"还有学生说："早上我们去做早操的时候，踩过草坪，感觉小草没有上学期那么软绵绵了，踩上去咯吱咯吱响。小草也要枯萎了。秋天真的来了。"最后，老师总结："是呀，同学们，这才是你们周围真实的秋天呀！请你们用笔记录下来。"

【评析】

陶行知先生说过这样一句话："千教万教，教人求真；千学万学，学做真人。"其宗旨告诉我们："真"比一切都重要，"真"使学生的习作有了了生命力。写作文要讲究真情实感，那么，低年级学生的写话更要让其写出真实观察到的感受，而不是按照套路模式去编。这位老师正是强调让学生写真话，并亲自把学生由课内带到课外，经过自己认真观察和体验，循循善诱下，学生们纷纷描绘出了他们眼里真实的秋色，多么的真切生动，耐人寻味！（这位老师就是四川省成都市高新区石羊小学的李沙老师）

5.14
习作从写好一句话开始：一个仿写句子的教学

有一位语文老师在进行北师大版第八册第一单元《语文天地》里一道习题的教学时，是这样的。先请学生反复读题目，引导学生借助题目中的例句明白这道题的练习意图。

《语文天地》这道习题是：抄一抄，仿照句子写一写。

我回家乡去，在村边、河畔堤坡，遇到老人拄着拐杖散步，仍然像四十年前的一年级小学生那样，恭恭敬敬地向他行礼。

刚开始，有的学生认为是用"恭恭敬敬"写句子，有的学生认为用"像"写句子，经过反复思考再讨论，认为应是前面的句子是对后面词语的解释。学生又通过反复读例句，内心逐渐明晰了句子的表达格式。

老师的教学并没有到此停止，而是继续联系课文，再找这样的句子。例如：孔子从不以家境贫穷或富裕，天资聪明或愚笨来选择学生，所以他门下的学生包罗各种各样的人才。有教无类，因材施教是孔子受到学生敬重的重要原因。

引导学生反复读，再体会，再感悟，对这样的书面表达有了信心。几分钟后，学生呈上来的作业五彩纷呈："小猫去钓鱼，一会儿捉蝴蝶，一会儿捉蜻蜓，三心二意的，怎么能钓到鱼呢？""花园里的花开得很茂盛，有红的、有黄的、有紫的，五颜六色。"

【评析】

很多老师反映，习作一直是学生惧怕的活动，学生在习作方面很难达到新课标要求。怎样才能够落实新课标中对各年段提出的习作要求？平时的课堂上，在阅读教学、综合活动等学习活动过程中，老师要时刻心中有"习作"的意识，与生活联系，与具体的语文学习活动联系，并且将习作有意识地落实，落实到每一个具体的环节中，小步子，密台阶，学生日积月累，有一定量的练习，从用好一个词、写好一句话开始，然后再到段，再成篇，水到渠成。

这个教学片断中的老师就运用了恰当的教学智慧，没有把课后的一道习题孤立地进行，而是紧密联系课文语言，引导学生明白这一类句子的表达方式，完成了从习题训练到习作的过渡、启发、练习。反之，如果老师不联系原文，不与自己生动的阅读教学活动联系，而是课后孤立地去做题，结果会怎样呢？这也让我们想起了那句话："单元备课，整体备课，提前备课。"如果老师胸中对这一单元一课的阅读、习作等各种目标都了然，那么笔笔都润物无声；如果老师将习作教学活动孤立出来，为了习作而习作，那么学生就会惧怕，一怕无内容可写，二怕不会表达，久而久之，习作就成了学生和老师共同的心病。

所以，老师不要惧怕习作教学，要从日常教学的每一个细节做起，踏踏实实，相信学生在老师有计划、有策略的教学过程中自然就生发出习作的兴趣和能力。（这位老师就是山东省广饶县第一实验小学的燕丽华老师）

5.15
修改自己的习作，并主动与他人交换修改

一位老师在教学习作《我最好的朋友》时，列出了如下要求。

评改方式：

1. 学生互改，均用红笔；

2. 四人一组，座位两两相对；

3. 作者读，其余三人听；

4. 四人均应在四个作文本上写下评改意见，自己的作文写自评，其余三人的写上他评，并签上评阅者名字；

5. 要有字里行间的修改，要有旁批和总批；

6. 评语包括优点和改进方向，语言应有文采，以鼓励为主。

评改内容：

1. 字、词、句、标点的修改。

2. 中心：健康、突出，应抓住"朋友"和"最好"。

3. 内容：充实、具体、生动。

4. 结构：有层次、有条理。

5. 语言：简明、连贯、得体、有文采（词语准确，修辞恰当）。

6. 新颖且有创意：选材、中心、语言、构思等。

评分等级：

一等（90～96 分），二等（80～89 分），三等（80 分以下）。

该老师先指导十分钟，其余时间交给学生。学生评改时，老师穿梭其间，既适时指导又倾听学生的"高见"……下课时，将所有作文收上来浏览一遍，选出"评改优秀小组""评改优秀个人""写作优秀个人"，加以表彰，并总结此次作文及评改情况。

学生四人一组，气氛热烈。朗读声、点评声、争论声、掌声此起彼伏。学生时起时坐，笑意四溢；间有沉思，奋笔疾书……此时的他们，既是作者又是读者，作者与读者现场交流，及时反馈。作文成功者非常有成就感；作文失败者羡慕成功者，并发誓下次一定用心写好，为自己争回面子。

【评析】

这样的作文课上，恹恹欲睡的学生不见了，"优秀阅卷老师"多起来了；为改作文忙得焦头烂额的老师不见了，穿行其间、适时点拨的"领路人"出现了……学生合作了，师生互动了；学生愉悦了，老师轻松了。

俗语说："当局者迷，旁观者清。"自己写的作文是自己心里想说的话，而别人并不知道你在想什么，只能凭文字来理解，往往会导致自己写得不清楚，自己明白，别人却不明白。正因如此，学生相互修改就显得十分必要了。这堂课老师没有花哨的教法，把新课标中"修改自己的习作，并主动与他人交换修改"落到实处，"小老师"不见得比小作者的水平高多少，但能挑出毛病来加以改正，写作水平就会在这一次次的修改中得到提高。"教是为了不教"，学生修改习作的习惯、能力一旦形成，便能在落笔之前勤于思考，成文之后反复推敲。如果能持之以恒，其习作水平必将大有提高。（这位老师就是四川省成都市天涯石小学锦东分校的谭琪老师）

真实情感激扬语言的活力：片断作文教学

有一位语文老师在进行教学时，入门即说："今天我们要写一篇作文。"结果是哀叹声在学生中间悄然蔓延。老师略停几秒，请学生畅谈。"不想写。"第一个学生脱口而出。老师一言不发地板书：真情实感，大气表达。左下边接着写道：（1）正话反说；（2）借境（景）抒情；（3）活用修辞。最后在中间板书：不乐意。老师面向学生说："中国的汉语历来讲究含蓄之美，不用直白的语言来表达自己的情感。请你们真实表达出听说要写作文后的心情，但是文中又不能出现'不乐意'。时间为七分钟。"话一说完，学生惊诧了，感觉很难，但老师已开始计时了，碍于师威，学生只好硬着头皮写了。

七分钟过后，学生已基本完成了片断描写，都在一百字左右。相互交流中，通过学生那鲜活的用语，此时熟悉的语文老师"像鬼魂一般游荡在教室门口"，"是天外来客砸向了和睦的地球"，"身穿红袍的程咬金带着恐怖的武器——作文本"，学生郁闷的心情好比"被逼吃加了大蒜的饼——辣"。"快乐在和自己捉迷藏，逃得无影无踪。"……随着交流，学生们的欢笑声在教室里此起彼伏，"可怜"的语文老师正喜上眉梢。

【评析】

此片段有个序曲：新来的音乐教师走错了教室，兴奋的学生发现是空欢喜一场，只好无奈地上语文课。学生经过六年的学习，已经具备了一定的语言表达能力。如何让学生能畅抒心中真情，表达别具一格？对比明显的情绪体验给了绝佳良机。疏导学生情绪宣泄为切入点，指引具体写作方法给钥匙，规定时间写作逼思考，互赏写话作品明收获。学生自己没有想到只是在宣泄心中情绪咋就写出了优美片段，无奈而写，快乐下课，此为作文教学的有效生成。教师虽似蛮横无理，其实是甘当靶子激活学生的真实情感。此案例的成功在于教师以情铺路，以情活思，以情引笔。拥有真情，学生的语言能如月光般倾泻而出，因情而激生的语言是充满个性的，因情而组合的语言是最有魅力的。另外，通过这个训练，学生对于汉语的含蓄表达有了初步体会。（这位老师就是四川省成都市北新实验小学的李仁琼老师）

5.17
中段习作具体法：喊"暂停"，齐"追问"

有一位老师在执教北师大三年级上期习作《记自己成长经历最_____的一件事》时，老师做示范，学生自主搜集素材，同桌讨论，然后指名进行全班汇报。

这是个成绩较差的男孩，说出来的句子结结巴巴，颠三倒四。大意是他读幼儿园时，有一次考试得了 100 分，回家拿给妈妈看，妈妈很高兴，奖励了他一只小铅笔。

于是，老师鼓励他调整语序后讲第二遍。第二遍里，他说出的句子流畅了许多，但显得简单平淡。接着，老师又让其说第三遍，并且让其他同学和老师竞赛，在自己感兴趣的地方或者不懂的地方喊"暂停"，并"提问"。于是，男孩又进行了第三次"说话"。

"有一次，我在幼儿园考试得了 100 分——"话音刚落，老师马上示范举手问："看到 100 分时心情怎么样？"男孩说："得意。"老师穷追不舍："谁能把得意的心情给他补充一下，你们生活中有过得意的体验吧？"台下一同学站起来补充："我得意得心都要飞出去一样"。这一兼用比喻和夸张的句子顿时博得教室里的一片掌声，也把大家想说的热情给点燃了。大家屏息静听，处于高度戒备状态，随时准备和老师一决高下。男孩继续说："回到家，妈妈给我一只小铅笔——"这时，一个学生抢问："什么样的小铅笔？"一语道出了众人心中的疑惑。男孩回答："是红底的铅笔，上面有一个米老鼠。"其他学生又问："米老鼠是什么颜色的？""妈妈听到这个消息时，会怎么样？"……

在老师和同学的坚强支持下，这位成绩不太理想、不太自信的学生在说第四次时，竟然流畅、具体、生动地描绘出了这件事情的经过。

【评析】

三年级的学生由于年龄小，语言积累有限，所以，在说话时，常常是心中知道，嘴上却找不到恰当的词汇来表达。所以，三年级的习作重点就是指导学生把话说清楚、说具体。

在上述案例的"表达修改"环节中，老师无意中选出了一位成绩不太理想的学生，四说经历。第一次结结巴巴，老师为他调整了语序后说第二次；第二次说得流畅了，但内容粗略，于是老师让他说第三次；第三次每说一句，都有老师和同学叫暂停，在大家"感兴趣的地方"和"有疑问的地方"不断地追问，不断地补充，不断地扩张，不断地丰富。这里的"问"融入了全班学生和老师的智慧，也融入了人们普遍的关注点和兴奋点，这"两个地方"隐藏着的是事物的原生态面，也是生活中最生动、最鲜活的情节或细节。在不断地追问中，学生打开了生活的大门、情感的大门，还原了生活本身，表达自然一次更比一次好。（这位老师就是四川省成都市嘉祥学校的张笔春老师。此案例由四川省成都市杨柳学校的苏春艳老师推荐）

创设情境，让语言更丰富：仿写片段的教学

有一位语文老师在进行《流动的画》的仿写教学时，首先让学生想："假如你坐在火车上去旅游，你可能会看见窗外有什么美丽的画面？"学生回答："高山、大树、草原、楼房、立交桥、鲜花……"老师又说："如果你想让你看到的景物更美，你可以给它加什么修饰语呢？"学生说："连绵的高山、高大翠绿的大树、碧绿辽阔的大草原、高高耸立的楼房、五颜六色的鲜花……"老师接着说："火车也许会路过农村、城市、高山、沙漠、平原……路过不同的地方，就会看到不同的画面。你希望火车路过哪儿呢？会不会有你最想看到的画面呢？"学生的思维一下子打开了，一个学生说："我最希望火车路过草原，我就会看见成群的牛羊、辽阔的草原、五颜六色的小野花。"接着，又有学生说："我最希望火车路过大海，我会看见大海浪花翻起，鲸鱼在海里跳跃，轮船在海上航行。"接着，学生纷纷说了自己最希望看到的画面。老师又说："你还可以想象，如果是不同的季节，又会看到什么画面？白天呢？晚上呢？"学生的思维活跃起来了。最后，老师让大家把刚才说的仿照课文那样写下来。学生很轻松地写了出来。

【评析】

语文教学中，读写结合是很重要的，一般的老师都是学了课文后，马上让学生仿写或续写，这样对于大多数学生来说要写点东西很难，没话可写，下不了笔。这样长此下去，学生也许就会不愿写、怕写、对写失去兴趣，那么后果可想而知。而这位老师是先让学生说，并且创设情境打开学生的思维，先让学生想可能会看见什么，然后又让学生想加上什么修饰语可以让景色更美，接着又让学生说自己最希望看到什么，在不同的时间、不同的地点会看见什么。这样，学生就有话可写，而且乐于去写，写的效果也好。这位老师的这个教学方法，把枯燥的写变得生活化、趣味化，同时也教会了学生如何去想、如何去写，提高了教学效率。他巧妙地联系了学生的生活实际，唤醒了学生的经验世界。生活是语文的环境（语境），又是学语文的资源，还是用语文的阵地。语文教学一旦贴近生活，就"活"了起来。（这位老师就是四川省成都市新都区新新路小学的孙岚老师）

5.19
从生活出发："写事"作文教学

有一位小学语文老师在进行"写事"作文教学时，拿着一个包装精美的礼品盒子，故意等到上课铃响过了，才从门外走进教室，学生的注意力一下子被吸引住了。上课后，老师让学生复述刚才看到的事情，学生试着说了。老师把学生说的"兴致勃勃""疑惑不解"等词写在黑板上。接着老师说："大家猜猜老师带来了什么礼物？"学生兴趣高涨，众说纷纭。有的说："里面肯定是书，老师希望我们多读书。"有的说："不对，礼品盒装不了多少书。"老师向他投去赞许的目光。还有的说："里面是橡皮蛇，老师想让我们轻松一下。"众人笑。然后，老师让学生写下自己的想象，老师在黑板上写下"大胆想"。接着，老师让学生选出几个代表去摸礼物，但不能告诉大家，让其余学生观察台上学生的表情，进行猜想，也写下来，老师又在黑板上写下"仔细看"。然后，让学生读自己写的片断，老师把同学们认为写得好的词语写在黑板上，并在板书旁接着写下"认真听"。最后，老师请大家把这件事完整地写下来，完成习作。

【评析】

学生的习作一直是"老大难"问题。很多时候学生习作要么就是交差了事，要么就是东拉西凑，或者去照抄。这样长此以往，学生怕写作，厌写作，要想进步，几乎是空想。这位老师在习作教学上却让学生想说想写，值得借鉴。老师巧妙地将生活与习作进行联系，唤起了学生表达的欲望，在教学中让学生留心周围事物，珍视自己的独特感受，进行大胆想象。这样学生的习作自然会内容具体，情感真实；学生也会乐于表达，爱上习作。语文教学尤其是作文教学，一贴近生活，学生就会下笔千言，而不会无病呻吟了。（这位老师就是四川省邛崃市北街小学的王芹老师。此案例由四川省邛崃市北街小学文昌校区的杨永宏老师推荐）

5.20

儿童诗的仿写：寻找风的踪迹

有一位语文老师在进行儿童诗《风》的教学时，先让学生充分阅读诗歌，读通、读顺。诗歌的语言朗朗上口，学生读得饶有兴趣，加上一定的动作、舒缓的音乐，整个课堂沉浸在优美的诗歌氛围之中。读着读着，自然而然总结出叶圣陶爷爷从生活显而易见的现象中看出风的存在，采用了不重复的方式告诉我们风正走过来，风在那儿，风来游戏了。

老师接着启发："你也能从你的身边去寻找风的踪迹吗?"学生有的答："飘扬的五星红旗。"有的答："转动的风车。"有的答："窗户哐啷响起。"

老师进一步启发："我们也用上诗歌的格式来仿写仿写。这样你也成小诗人了。"学生自由创作。有的写：谁也没有看到过风，不用说我和你了。但是风车转动的时候，我们知道风正走过来。有的写：谁也没有看到过风，不用说我和你了。但是五星红旗高高飘扬的时候，我们知道风在那儿了。

老师再进一步启发："瞧，你们能很好地借鉴书上的词语，说风正走过来、风在那儿了，那我们能不能在此基础上进行一番创新，用上不同的动词，让风显得更加可爱。"

经老师这么一点拨，学生的想象力被极大地调动起来。不一会儿，有的这样写：当窗户哐啷响起的时候，我们知道风又来捣蛋了。有的这样写：当小草弯腰时我们知道风在舞蹈了。

【评析】

众所周知，小学低段是培养学生习作兴趣的最好时机，要让学生知道习作没有什么困难的，就是用语言文字表达自己生活中看到的，记录自己的所见所闻。对于刚入校的一二年级学生来说，从仿写诗歌入手是不错的选择。教材在编写的时候，为我们提供了一首首短小精干、朗朗上口、易于朗读、易于模仿的诗歌，我们应该好好地利用，好好地挖掘和整合。

这个案例就是仿写诗歌，充分利用教材资源的典范。俗语说得好："熟读唐诗三百首，不会作诗也会吟。"学诗，必须从读诗入手。接下来，老师让学生畅所欲言，用自己的眼睛去寻找风，模仿诗歌，仿编一小节。但我们不能仅仅局限于模仿，还要主张在此基础上进行创新，这很关键，要不然学生的习作千篇一律，没有新鲜感。这也极大地鼓舞了学生，让学生感受到了习作的快乐，品尝到了成功的喜悦，给学生留下了深刻的印象。（这位老师就是四川省成都市双流县华阳西寺小学的刘建英老师）

5.21

贴近学生实际："学做菜"的教学

有一位小学语文老师在进行作文教学时，想到马上是端午节了，就对学生们说："同学们，端午节快到了，我非常想到你们各家去过节，不知道哪位同学愿意请我？"学生们都面露喜色，大声喊："老师到我家！我愿意请您！"老师很高兴地对学生说："大家都愿意请我，我很高兴。但这样争也不是办法。我看这样吧，谁会做菜，而且做的菜色香味俱全，我就到谁家去做客。"这时，学生们面露难色，都不说话啦。老师说："这个条件可能让大家为难了。不过，离端午节还有好几天呢！如果同学们肯学，一定能学好，能请到我的。"学生一听，兴高采烈地说："好，一言为定！"

两天后的作文课上，老师问学生们学会做菜了吗？学生们都齐声说："学会了！"老师很惊讶："呀，这么快？跟谁学的？"这时，学生七嘴八舌地说开了，有的说跟爸爸学的，有的说跟妈妈学的……老师心里一阵感动，对学生说："感谢你们的一片诚心。那你们都学会做什么菜了呢？一定很好吧！"不等老师点名，学生就纷纷起立，争先恐后地说了起来。

老师请了几个学生上讲台说给大家听。

听完后，老师说："刚才这几位同学都讲得不错。听他们一讲，我就知道菜一定做得不错，老师连口水都快流出来了。但全班这么多同学，不可能每个人都上来说，有什么办法能让老师知道每个同学学会了做什么菜，做菜的过程怎样呢？"一个学生立刻把手举起来，说："老师，让我们把做菜的过程和做的什么菜写出来，您不就知道了吗？"老师赞扬："这个主意真好。这样，老师不但知道你们做的什么菜，而且还能比较一下，看谁的菜做得最好，我就到谁家去做客，好吗？"学生齐答："好！"

【评析】

新课标倡导"写作教学应贴近学生实际"。案例中的老师抓住了写作教学的规律，选用了"学做菜"为写作内容，素材直接来自生活。教学时，老师先以请老师做客为由，不知不觉中给学生布置了学做菜的任务。这些引导让学生在写作前先对生活实践进行体验，在体验中培养学生观察、思考、表达的能力。到了写作课上，老师先通过充满智慧的谈话引导学生说说做菜的过程，然后借口方便老师比较，让学生书面写作。因为每个学生都想请老师做客，所以整堂课上，虽然老师只字未提"作文"二字，可学生们却在宽松、和谐的气氛中积极主动地完成了写作。写作来源于生活，写作描写生活，学生只有在观察生活、体验生活、思考生活的基础上才能表现生活，只有在像生活一样的环境中才"易于表达，乐于表达"。（此案例由成都市行知实验小学的谭蓉花老师推荐）

5.22
一个榴莲一出戏

有位小学语文老师是这样教作文课的。

第一幕：猜一猜。

上课了，老师提着一个榴莲走进教室，往讲台上一放，立刻吸引了学生的目光，他们很好奇，都问是什么东西。老师学着主持人的腔调说："猜——猜——看！"这下可热闹了，学生们七嘴八舌猜起来，就是没人说中。老师粉笔一挥，"榴莲"两个大字赫然出现在黑板上。

第二幕：看一看。

"老师，拿下来让我们看看吧。"后排有几个学生急得站起来了。"对，要看要看，要仔仔细细地看。"说着，老师把榴莲提下去，让大家分组观察，并提示小心榴莲刺。榴莲在学生中间传递着，学生仿佛在欣赏什么宝贝似的。

第三幕：查一查。

观察完外形后，老师问："谁能给大家介绍一下榴莲的知识？"学生你看看我，我看看你，直摇头。"想想有什么办法？"老师期待着。有个学生大声回答："查字典！"大家迅速找出字典、词典查起来，然后交流汇报。

第四幕：尝一尝。

老师笑着问："想尝尝榴莲的滋味吗？""想！"学生眼里放着光。老师先把榴莲剥成四瓣，让学生观察一番，接着又切成若干小块分给他们品尝。学生吃状各异，笑语声声。

第五幕：说一说。

榴莲品尝完了，老师又顺势引导学生："今天，你们不但大饱眼福，还大饱口福，想不想回家跟家人说说呀？"学生齐答："想！"老师接着说："好，那就围绕着榴莲，试着把自己的所见、所闻、所感说一说。"学生发言踊跃，气氛热烈。

第六幕：写一写。

最后，老师说："说得真好！想不想把刚才说的话永久留下来？""想！"学生异口同声回答。老师接着说："接下来请大家自己拟个题目，一边回忆一边写吧。"学生欣然提笔写了起来……

【评析】

一个榴莲一出戏，学生个个心欢喜。这堂作文课之所以有戏，主要是老师利用榴莲的资源，抓住学生的好奇心开展教学，让学生从"文本课程"走向"体验课程"，所以学生不但课上得高兴，而且作文也写得漂亮。（这位老师就是四川省成都市新津县顺江学校的刘雪婷老师）

5.23
让每个学生都动起来：作文评讲课教学

有一位语文老师在上作文评讲课时，首先把学生分成了红、绿两个队。每队在欣赏了本组队员的文章后，派出最优秀的选手来读文章。当红队代表读文章时，红队的队员就想方设法找代表的优点，找到一个加一分；绿队队员则想方设法找他的缺点，找到一个可为自己那一组加一分，如果找到缺点后还能给出改进意见则再加一分。

学生们个个都竖起耳朵，面朝代表，甚至身子靠前认真倾听。代表读完后，学生们都自发地鼓起掌来，特别是小宇的文章把大家都感动得热泪盈眶。她不仅文章写得好，读的时候还很有感情，老师破例给她个人加了一分。

其实，小宇开始朗读的时候已经拉响了下课铃，但直到念完、评讲完，没有一个学生想下课。

【评析】

作文评讲课一直没有引起同学们的足够重视，很多时候都是老师或者班上几个能干的学生在唱"独角戏"。一般情况下，老师在讲台上读优秀作文，学生只带两只耳朵来听，听了后要么是一言不发，要么就是说"写得好"或者"写得不好"。你要是问他为什么，教室里就是一片死寂。这样的状况丝毫不能让学生从作文评讲课中汲取到营养。而这位老师采用了学生们喜欢的比赛方式来评讲作文，让每个学生都能在看本组作文时学到别人的优点，而且在推荐优秀文章时，提高了学生的鉴赏能力。此外，老师让优秀选手自己读自己的文章，既增强了学生的自信心和荣誉感，又为老师减了负。同时，这位老师还在学生读文章时，有意渗透有感情朗读，为读得好的学生加分。而其他学生都有事可做，有的找优点，为自己那组增光；有的找缺点，为自己那组带来荣誉。而且不光找到了缺点，还能从给别人建议中学会修改作文。真正体现了学生的主体性，让每个学生都充分地动起来了！（这位老师就是四川省成都市龙泉驿区第八小学的邓雪梅老师）

5.24

观察催生作文之花：“升旗仪式”作文教学

有一位语文老师在星期一的升旗仪式前，向学生布置观察任务："请仔细观察升旗仪式的每一个环节，升旗手，护旗手，台上台下的老师和同学的表情、神态、动作、语言等，思考用怎样的语言才能描述得更准确、生动。"在有了明确的观察任务后，整个升旗活动学生屏住了呼吸，全神贯注地观察着。

课堂上，老师并不急着让学生一吐为快，而是先让学生想想，怎样才能做到"言之有序"，试着轻声说一说。两三分钟后老师引导学生："今天担任护旗手的同学是哪个班级的？这个班级有什么特点？"学生答："今天担任护旗手的是我们班的同学，我们班像春天的小草一样生生不息，积极顽强，不畏困难，团结向上。"老师接着引导学生关注全体："老师和同学们的神态又是什么样的呢？"学生答："同学们都不像平时那样嬉笑打闹了，很安静。""每一个人的眼神都随五星红旗而动，注意力特别集中。"老师引导学生从关注他人到关注自己的心情："当主持人宣布是你班同学当护旗手时，你的心情怎样？"学生争先恐后地各抒己见："我的心情特别紧张，真担心护旗手出一点差错，心都提到嗓子眼儿上了。""我的心咚咚跳个不停，像揣了一只小白兔。""我觉得非常自豪，我的同学在全校师生面前展示着班级风貌、班级精神，让大家看到了我们班积极向上的一面。"老师进一步引导："整个升旗仪式的过程你想用什么词语来概括？为什么?"学生答："我想用'无比崇敬'来概括，因为五星红旗是革命先烈用鲜血染红的!""我想用'庄重严肃'来概括，因为五星红旗是伟大祖国的象征!""我想用'骄傲自豪'来概括，因为飘扬的五星红旗就是腾飞发展的中国!"学生激情澎湃，文思泉涌，对升旗仪式的意义有了更深入的认识。"把你刚才所看到的用笔记录下来吧。"老师安排学生开始习作。

【评析】

作文教学一直是语文教学中的"软肋"，教师苦于难教，学生苦于难写。写出来后，要么记流水账，要么言之无物，要么语言干瘪。生活是学习语文的源泉，学生是真的没有这样的"源泉"，还是教师没有交给学生摄取泉水的"高招"?

这位教师提前布置观察任务，学生有目的地从人物的"表情""神态""动作""语言"上去观察，摄取了"活水"，成了一个个"有米之炊"的巧妇。作文讲究"言之有序"，这个"序"是作文的基本要求，如果文章颠三倒四，那就根本不能成文。学生积累了语言素材后教师没有急着让他们一吐为快，而是让学生静下心来想，静下心来说，做到"言之有序"。老师有序的引导为学生搭好了架子，让作文有了"骨头"，充分运用积累的好词好句便让作文"有血有肉"了。作文教学就应像这样，引导学生学会观察生活，学会积累素材，做生活的有心人，学会"用我手写我心，用笔表我情"。（这位老师就是四川省成都市龙泉驿区第二十六小学的叶虹老师）

5.25

发现让学习更有效：标点符号占格的教学

有一位语文老师在进行作文修改课教学时，为了让学生正确掌握一行开头标点符号的占格，她先让学生记录了自己习作里错误的

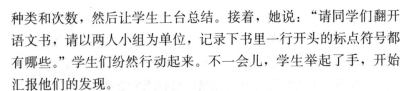

种类和次数，然后让学生上台总结。接着，她说："请同学们翻开语文书，请以两人小组为单位，记录下书里一行开头的标点符号都有哪些。"学生们纷然行动起来。不一会儿，学生举起了手，开始汇报他们的发现。

学生："我们小组发现在×页、×页和×页一行开头用了前引号。"老师："很好！你们不仅认真寻找了，还进行了总结。"老师在黑板上记录了下来。那个学生高兴地坐下了。学生："我们发现×页一行开头用了书名号。"老师点了点头。学生高举着小手争着说："我们发现×页和×页一行开头用了省略号。""我们小组还发现×页一行开头用了破折号。"老师微笑着不停地点头，记录下了他们的收获，其余没有机会发言的学生发出一片遗憾的叹息声。

老师再神秘地轻声说："你们发现它们有什么特点？"学生们盯着黑板观察、思考。突然，一个学生站了起来，惊喜地说："它们都是占两格的标点符号！"老师又说："那为什么他们可以放在一行的开头，而其他逗号、句号、问号、感叹号、冒号等不能呢？"学生们顿时交头接耳，热闹起来。一个高个子的学生站起来，说："我们小组认为，它们占了两格，有的还分前部分和后部分，所以在书写时不能分开，要在一行。"另一个学生说："我要做补充——它们的前半部分要写在上一行的最后一格时，才是这样。"老师又说："那我们上一行最后一格已经写了字，还要打逗号、句号、问号、感叹号、冒号等该怎么办呢？"学生齐答："只能挤着写在这个格子里。"老师说："同意吗？我们一起来做一个总结。"学生们把刚才的发现连起来说了一遍。

老师又在黑板上按小字本的格式画出方格子，并写出了五句比较特殊的标点符号占格的例句，让学生认真地抄写在小字本上。

【评析】

新课标中指出要让学生"正确使用常用的标点符号"，而标点符号的占格又是老师和学生们普遍头痛的问题。一般的做法是老师列举出常用的标点符号，让学生记住，再有经验一点的老师就让学生抄抄带标点的句子。这位老师却让学生们到语文书中去发现、探究、总结，既轻松解决了这个难题，又让学生们对自己的发现充满了自信和喜悦。其实，这样的教学才是最有效的教学。（这位老师就是四川省成都市龙泉驿区第十一小学的陈红俟老师）

5.26

习作无处不在：用一双慧眼看待习作教学

有一位语文老师在一天下午走进教室准备上课时，看见黑板上用红、蓝和白三种颜色的粉笔写着："王老，你好狠心哦。你让我们留下来读书，可是你竞（竟）然没有来。让我们孤苦伶仃地等你。你一定要给我们一个说法！（另起一行）我竖起头发赞成!!!!"老师看了这段话一愣，下边许多学生偷偷地笑着。

这位老师点点头说："这段文字写得不错。它强烈批评了这位王姓老师不讲信用，尤其是第二排的字，看得出写字的人肯定是在气疯了的状态下写的，因为这些字写得很潦草。（学生笑出了声）不过从语文的角度看，这段文字有值得商榷的地方。谁来说说?"一个学生说，"孤苦伶仃"指一个人，而中间用的是"我们"，显然是许多人，所以这两个词前后矛盾，应该改成"苦苦"或"呆呆"会更好些。老师拿起粉笔进行了修改。另一个学生说，还有一个错别字，"竟"写成了"竞"。老师同样也做了改正。还有一个学生说，最后一句用了四个"！"，虽然能表示强烈的愤慨之情，但是书面语言中没有这种用法，显得不规范，建议删掉。老师微笑着点点头将其删掉。有学生悄悄地说："不愧是语文教师!"接下来，老师就这个事情真诚地给学生们道了歉，并对参与修改的学生表示了感谢。

【评析】

生活即语文，生活是习作的源泉，生活也需要能发现美的眼睛。学生在生活中情动而辞发，写的东西真实、感人。这样好的材料需要教师敏锐地抓住，积极地引导。语文教师如果能够坚持做下去，学生的习作就会有源头活水。学生也最终会明白习作其实就是阐述自己的观点，同别人交流思想，从而爱上习作。

面对课前突发事件，教师没有严厉地批评，没有简单地将其擦掉，而是利用这段话进行了一次精彩的习作修改训练。教师从内容入手，精彩评价，巧妙引导，然后让学生自己去发现，自己去改。整个修改过程朴实、真诚、精彩。这个短短的片断，让人可以感受到师生之间的平等与尊重，感受到学生的快乐与阳光。（这位老师是四川省成都市磨子桥小学的王平老师）

5.27

培养想象能力，为写作奠基：诗歌仿写教学

有一位语文老师在教学《我有一盒彩笔》的诗歌仿写时，首先让学生熟读课文，感受诗歌的韵律、节奏，然后再重点讲解第二小节。学生自由读诗歌，感受小作者大胆的想象："我画透明的海洋，为了看清海底的宝藏……"老师启发："小作者的想象画面真美啊！孩子们，你们平时有没有这样异想天开的想法呢？和大家分享一下吧！"学生们的兴趣立即被调动起来，同组同学互相交流后都纷纷举手发言。有的笑容灿烂地说："我好想天上的星星掉下来哦！"有的迫不及待地说："我想到云上去跳一跳，肯定很爽！""我想去看外星人""我想……"老师进而赞赏："孩子们，你们的想法有趣又独特，把老师都吸引了。把这些想法写下来，肯定也是一首优美的小诗。"接着，老师在黑板上出示句子："我画结满面包的大树，为

了永远消灭饥荒。"老师引导学生分析句子的构成：小诗先写我画什么，再写为什么要画。学生理解写作特点后，就开始在书上仿写句子了："我画_____，为了_____"。反馈时，学生说："我画星星落到海里，为了让海底光明。""我画房子修在云朵上面，为了能在云上玩耍、睡觉。""我画树林连成一片，为了呼吸更新鲜的空气。"

【评析】

仿写句子是作文的基础，学好仿写就是在为写作奠基。而培养写话的能力关键是激发"写"的兴趣，途径在实践，要与生活、与阅读、与活动紧密结合，这样学生才愿意写，有的写。而对课文的仿写就使学生有内容可写，有格式仿照，学生就会觉得轻松简单，不易产生厌学心理。而在这节课中，老师先激发学生的兴趣，让学生大胆表达出平时天马行空的想象。学生感受到自己的想象受到了重视，就说得无拘无束、淋漓尽致，完全真实地表达了自己的心情。"我口说我心，我手写我口。"有了说的冲动，才有写的兴趣。当然写作方法的讲解也是很重要的，老师让学生反复读，反复感受诗歌的韵律及写法，做到"以读为本""自读自悟"，进而轻松解决写作难点。这样由易到难，由简到繁，三年级学生写作文就水到渠成了。到最后写句子时，学生又经历了仿写、反馈、修改、朗诵，这些写作的基本步骤已经潜移默化地印在了学生的心间。（这位老师就是四川省成都市崇州梓潼小学的蔡娜老师）

5.28
启发性和开放性的结合：句子的仿写教学

有一位语文教师在进行《三月桃花水》第六自然段句子的仿写练习时，首先让学生默读第六自然段，圈一圈在"三月桃花水"的这面镜子里你看到了哪些事物。学生很快圈出了燕子、垂柳、一群姑娘、炊烟。接着，教师再让学生标一标这些事物的特点。学生找到了"裹着白云""披上了长发"等关键词。

然后，教师引导学生分小组交流：这组句子中的四个分句在叙述方式上有什么共同点？学生很快发现这四个分句都采用了"它看见……（什么）……（怎么样）"的方式来叙述。

教师再让学生观察第六自然段末尾（此段只有一句复句）采用了什么标点符号。学生发现了省略号，这时教师借机引导学生弄清省略号的作用，发挥学生的想象，说一说在"三月桃花水"的这面镜子里还能见到哪些事物。学生说到了小草、太阳公公、野花、大树、嬉闹的孩子……接着引导学生想一想这些事物有什么特点，鼓励学生把这些事物当成人来写，写出他们的动作、心情等。

最后，引导学生采用"它看见……（什么）……（怎么样）"的方式来写一写自己看到的事物。学生的描写多种多样："它看见花儿睁开了惺忪的睡眼。""它看见小草扭动着苗条的身姿。""它看见太阳公公露出了笑脸。"……这时教师再鼓励学生尽量写成一组复句，甚至一小节诗。各个层次的学生在这一教学环节中都各有所得，兴趣浓厚，收获颇丰。

【评析】

句子的仿写教学在中段的语文教学中十分重要，它是作文教学的基础，语言积累的重要途径。这个案例中，教师抓住了有代表性的课文片段，从物到物的特点再到语言的表达方法，层层引导，给学生创设了思维想象和交流空间，不断地拓展延伸，实现了阅读与教学、阅读与写作、启发性和开放性的有机结合，让每个层次的学生都学有所得。（这位老师就是四川省成都市新津县万和小学的万红霞老师）

5.29

情感体验，作文教学的源头活水

一位老师在教学"礼物"主题单元的作文时是这样做的。她告诉同学们在今天的课堂上每个同学都将收到老师送出的一份礼物。一句话就勾起了同学们的好奇心，纷纷猜测老师会送什么礼物给自己。可是看到老师两手空空，大家的兴奋一下子变成了疑惑：有人认为老师开了一个善意的玩笑，有人认为老师的礼物可能是一句话或者一个表扬。于是，教师让大家用笔写出自己的想法，并且在学生写的过程中给予点拨和指导。接着，她将自己为学生准备的礼物——一张白纸送给了每个学生。看到大家一片茫然的样子，她又让学生大胆地猜测老师为什么会送给大家这样奇怪的礼物，并把自己的想法写在纸上，写完后先在小组内交流，每组推选一至两篇再交流。老师在交流过程中对学生的作文片段及时点拨，提出修改意见和建议。最后，教师让学生将今天的作文片断进行整理，形成初步的作文草稿。这位老师既保护了学生的作文兴趣，又降低了作文的难度，轻松完成了一次作文教学课。

【评析】

作文教学一直是语文教学中的老大难问题，老师感到难教，学生也觉得难写。大多数老师都比较注重作文方法和技巧的指导，而忽视了学生的生活经历和情感体验。细心的老师可能早就发现了，学生害怕写作文的一个重要原因就是学生没有相关的情感体验。因此，在作文时就表现得非常害怕，有时可能为了完成老师的任务还从其他的作文书上抄袭。这位老师在进行作文教学时就非常注重学生的情感体验，每一次的心理变化都让学生动笔写下来，有了真实的情感体验，学生的作文难度就大大降低了，他们就愿意动笔将自己的真实感受写出来。而且在指导写作的过程中，学生有小组内的交流和全班的交流活动，这样也照顾了学习成绩较差的学生，让他们有更多的机会学习。如果我们也能像这位老师一样，让学生有更多的机会获得更多的情感体验，我相信学生的作文兴趣和作文水平都会得到较大的提高。（此案例由四川省成都市新津县花源小学的范鸿萍老师推荐）

5.30
生活中的习作："小白兔"

"哎，真不知道怎么写。"学生一边叹息一边整理着作文本。"你见过兔子吗？""见过，可我没有仔细观察过呀！"一位老师的语文课上，学生们议论纷纷。

"没关系，让我们去看看小兔子吧！"天哪，不知什么时候，老师从讲桌下的小纸箱里摸出了一只小兔子。嘿，这个小家伙显然没见过这么大的场面，一上讲桌就被吓呆了，身子蜷成一团，脑袋使劲埋在两只前腿中间，不住地往后退呢！"看来，它还害羞呀！"老师笑呵呵地说。这下教室里可热闹了。老师指导大家有顺序地观察："看，那小兔雪白雪白的，远看好像一个毛绒绒的线团呢！""哦，都说兔子的耳朵是竖着的，不对呀，它害怕的时候会把耳朵耷拉下来！""小兔子，别怕，别怕，我们不会伤害你的，我来喂你青菜叶吧！"一个学生跑上讲桌，将一片菜叶塞到兔子嘴边，可它把头歪向一边，露出一副大义凛然的样子，喂了好几次，它都不吃！正当大家埋头写作文时，忽然响起"咔咔沙沙"的声音，哦，小兔子两只前脚轻轻按住青菜叶，吃得正香呢！

这次，学生们的作文写得有声有色，读起来都觉得十分有趣。

【评析】

新课标指出："留心周围事物，乐于书面表达。""懂得写作是为了自我表达和与人交流。"然而，目前许多学生怕写作文，写的作文内容空洞，或随意编造，或抄袭。造成这种现状的原因是多方面的，但与学生缺乏习作方面的体验不无关系。写作的冲动来源于学生心灵的震撼。如何让学生有写作的素材和深刻的体验呢？老师要善于创造最真实的生活情境，让学生从生活中习作。

"生活如泉源，文章犹如溪流，泉源丰盈而不枯竭，溪流自然昼夜不息。"生活是作文之本，丰富多彩的生活为作文提供了取之不竭的材料，让学生在生活中多一些感悟，多一份灵感吧！

5.31

探究方法，迁移训练：《瑞雪图》片段仿写

有一位语文老师在进行习作教学时，为了让学生更快更轻松地掌握写作的结构方式由总到分，观察顺序由远到近，写作方法动静结合，并将这一写作手法学以致用，在教学时，是这样做的。

在已经教学了课文《瑞雪图》的前提下，老师再一次出示文中第四自然段的内容，问学生："在这个自然段中作者采用的结构方式、观察顺序、写作方法分别是什么？"学生通过前面课时的学习很快地回答出："写作的结构方式由总到分，观察顺序由远到近，写作方法动静结合。"

接着，老师让学生欣赏一幅《五彩池》的美景图，并按照所学的方法仔细观察这幅图，再出示一段描写此景的文字，让学生采用上面的写作方法将文字重新排序。学生经过思考后，迅速准确地将文字按由总到分、由远到近、由静到动的写作方法排列出来。

接着，老师又出示了一幅峨眉山的画，问学生："看到这样的美景，你情不自禁发出一声赞叹，你会怎么说？"学生回答道："哇！好美的峨眉山呀！"

老师启发："极目远眺，你看到了什么？"学生回答："金顶云

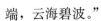

端，云海碧波。"

老师进一步启发："看近处，看到了什么？"学生回答："杜鹃竞相盛开，树木枝繁叶茂。"

老师再进一步启发："想象一下，微风拂来，山上的杜鹃、树木会怎么样呢？"学生说："一阵微风吹来，花儿们纷纷绽红了笑脸，唱起了欢快的歌儿。那优美的歌声引得树叶也翩翩起舞。"

最后，老师举一反三，进行拓展："下面请同学们拿出准备好的画，也采用刚才的写作方法进行写作。"学生习作的积极性高涨，很快就将由总到分的结构方式、由远到近的观察顺序、动静结合的写作方法运用到了自己的习作中。学生探得其中的奥秘，兴奋而又回味无穷。

【评析】

习作一要具体，二要通顺。这两点看似简单，做起来却不容易。为把作文写顺，我们常用的方法是仿写；为把作文写具体，我们的方法还是仿写。教育家叶圣陶曾经说过："语文教材无非就是个例子，凭这个例子学生要能够做到举一反三，练习作文和阅读的技能。"在语文教学中因课而练，利用经典文章指导学生进行仿写，是非常重要的基本功训练。

这个案例就是四年级习作仿写的典范。《瑞雪图》是一篇写景的抒情散文，课文以雪为线索，各部分顺序清楚，结构严谨，适合做写法指导。老师执教的"景物片段描写"练习就选择《瑞雪图》第四自然段为模板，教给学生习作方法，让学生将所学写作方法运用在自己的习作中。片段仿写训练步骤：（1）学习例段，课文导"法"；（2）创设情境，激趣导"源"；（3）笔下生花，赏析导"思"。（这位老师就是四川省成都市双流县棠湖小学的帅小玲老师）

5.32
心中有生活，写作如泉涌

　　一次习作课，老师问同学们到过哪些风景名胜，个别同学说了些，绝大多数同学都没什么说的。看着这种情况，老师把范围缩小了些，因为全班都是新津人，老师就问新津的名胜有哪些，自己去过哪里，哪里最好玩。通过调查，全班每一个同学都到过新津的老君山。老师就说写老君山。老师又问同学们什么时候去老君山最好玩？同学们异口同声地说"正月初一"和"老君山的庙会"这两个时间去最好玩。

　　老师再问为什么好玩？这时同学们兴致高涨，有的甚至站了起来说："因为人多，又有好吃的、好看的、好玩的。"听到这，教室里像一锅煮沸的汤，同学们七嘴八舌地说人怎么多，什么好吃，什么好看，什么好玩……过了好一会儿，老师说："那你们把它写下来，向外宣传宣传，让祖国各地的朋友都来我们新津旅游吧。"同学们答一声"好"，提着笔就想写。这时，老师提醒："要把这里美丽的环境，老君山怎么有名，怎么热闹写出来，大家才有兴致来这里浏览观光，若有不知道的内容可上网查寻一下有关老君山的资料。"只用一节课的时间，学生们笔下的老君山让人身临其境。

【评析】

　　三年级的学生作文要从学生身边的事物、知晓的内容、感兴趣的话题入手。在写之前，让学生亲身经历了，仔细观察了，亲口述说了，学生在写作时就心情愉悦、乐于表达、易于动笔，写作起来轻松流畅，就不会觉得无话可说。当然老师也不要忘了自己是一个引路人，要提示学生写作的顺序、详略等。学生写出自己的真情实感，才能把自己的写作发挥到极致。要在平时的学习生活中注意积

第五章　习作教学案例评析

累，培养学生的观察能力、阅读能力和分析能力，以及他们的语言表达和动手查阅资料等能力。这样，他们的写作能力才会慢慢提高。（此案例由四川省成都市新津县花源中心小学的肖桂芳老师推荐）

5.33

感知作文法：生熟鸡蛋之谜

有一位语文老师在上作文课时，让学生准备两个鸡蛋，一个生，一个熟。老师说："《西游记》中有这样一个故事，讲孙悟空和羊力大仙比赛'隔板猜物'。羊力大仙有双'透视眼'，能隔着木板看到箱子里的东西。羊力大仙的这种本领最近老师也学会了，老师能隔着蛋壳看到里面的蛋清。所以，大家带的鸡蛋，我能辨出生熟，你们信吗?"学生大笑表示不信。

老师从学生手里借来两个鸡蛋，神秘地把两个鸡蛋放于讲桌上，然后两手分别捏着一个鸡蛋上部一拧，鸡蛋便旋转起来。接着，用手一按，再将手抬起……微笑着对学生说："我已经看出鸡蛋的生熟了!"学生急切地要老师说出来。

老师举起其中一个鸡蛋说："这个便是生鸡蛋，另一个是熟的。"边说边将手中的鸡蛋皮磕开，把蛋清蛋黄倒入杯中，又磕破另一个，剥开，露出蛋白，学生们啧啧称奇。

这时老师说："谁来说说所见所感?"

一个学生说："今天，老师说自己能看出鸡蛋的生熟，她从同学们那里取来两个鸡蛋，放在桌子上，然后双手分别抓着一个鸡蛋，用力一拨，鸡蛋转了起来。突然，老师用手往鸡蛋上一按，又将手拿开。我发现，一个鸡蛋一动不动地停在那儿，另一个转了几下才停。老师举起其中的一个鸡蛋告诉大家：'这只是生的。'打开一看，果然没错。老师是怎么判断的呢？我百思不解。"

另一个学生说:"'两手分别抓着一个鸡蛋,用力一拨'表达不准确。"

老师问:"你认为应该用什么词语表达呢?"

学生答:"老师双手分别捏着两个鸡蛋的上部,用力一拧,鸡蛋便飞快地旋转起来。"

老师问:"你为什么用'捏'和'拧'这两个字呢?"

学生答:"因为老师是用手指把鸡蛋夹住,所以用'捏',而不是'抓在手中',也没有用手指去拨动鸡蛋,而是像拧螺丝一样把鸡蛋拧转的。"

老师说:"你观察得很仔细,所以表达才更准确。谁再来把所见所感说一说?"

又一个学生说:"今天的作文课上,老师又是新招迭出,竟然给我们表演起透视鸡蛋的拿手好戏,我们不由得瞪大了眼睛,仔细观看。只见老师从同学手里拿来两个鸡蛋放在讲桌上,然后双手分别捏着一个鸡蛋,用力一拧,鸡蛋便在桌上旋转起来,就像两个小陀螺。突然,老师将两手同时在旋转的鸡蛋上一按,又迅速抬起手来。有趣的现象出现了,一个鸡蛋顿时停止了转动,另一个转了几圈才慢慢停下来。我正奇怪呢,老师举起了那个后停止转动的鸡蛋,自信地说:'这个是熟的,另一个是生的。'磕破一看,果然如此!同学们惊讶不已,议论纷纷。"(全班学生为他的发言鼓掌)

【评析】

儿童学写作文,首先得获取作文材料,这便要求他们平日留心观察周围事物,进而养成良好的观察习惯,老师在这个过程中充当引导者的角色。学生知道观察,但不知怎么观察。我们常常叹息学生的习作缺乏细腻的感知、细致的描写。殊不知,是我们没有给学生创设一个他们感兴趣的感知环境。

事实证明,这位老师通过让学生全面参与,获取直观体验后,

习作的材料自然就产生了。学生纷纷踊跃发言，个个争相表达，才思泉涌。（此案例由四川省成都市新生路小学的王靖华老师推荐）

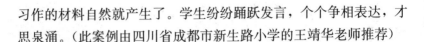

5.34

用情境激发表达的欲望：《难忘的＿＿＿》的指导

有位老师很善于在课堂上寻找练笔的契机。她在刚刚教完十二册时，先让学生郑重地重新把这小学阶段的最后一本书认真地翻看，让他们从第一页开始看，看着上面的文字和自己做的每一处笔记，用两只眼睛看，一只眼看实实在在的字，另一只眼透过纸看到背后的点点滴滴……老师轻声地问："孩子们，此时此刻，捧着你手中的这本书，静静地看，你一定有许多不一样的感受。从头到尾地看，你仿佛看到了些什么，透过这些课文的字里行间，你的眼前一定浮现出往日的许许多多……"这时候教室里静静地只听到翻书声，大概就两三分钟的样子，好多学生看着看着就低下了头，教室里渐渐有了抽噎声和啜泣声。老师见学生们此时的情绪已经被唤醒了，于是相机抽了一个学生，他眼睛红红的，说："老师，我此时很想哭，时间过得真快，一转眼就要结束小学的生活了，我真舍不得离开你和同学，舍不得离开这曾经让我多么讨厌的书……"说着说着，已是泣不成声。这时候，其他学生都红着眼争先恐后地说。老师也被学生们的真情所感动了，哽咽着读了自己编写的《最后一课》。学生们听着听着，泪流满面。于是，老师趁势让学生写下《难忘的最后一节课》。结果学生们个个都写出了情真意切的好文章。

【评析】

著名特级教师李吉林曾经说过："言语的发源地是具体的情境，在一定的情境中产生语言的动机，提供语言的材料，从而促进语言的发展。"案例中的这位老师正是创设适宜的教学情境，激发学表达的欲望，从而潜移默化地对学生进行写作方法的指导。语文课中常有即兴的课堂生成，并不需要老师如何精心地指导。只要我们老师善于引领学生即兴提炼活素材，引导他们用心去感受，这样生成的作文就必定会有真情实感。（这位老师就是四川省邛崃市北街小学的王芹老师）

5.35
一年级看图写话方法

有一位小学语文老师在进行看图写话教学时，首先让学生回忆一个完整句子的四个要素：时间、谁、地点、干什么。学生对基本句子了解之后，老师展开讲解。

首先，老师讲解："看图写话可能是一幅图，也可能是多幅图，所以遇到看图写话时第一要观察是由几幅图组成，一幅还是多幅。弄清图与图之间的顺序。"接着老师出示了一幅图问学生："确定图的数量后可以用什么顺序观察？"学生回答："由近到远，由远到近，从上到下等。"老师同时在黑板上写出以上顺序。

老师接着讲解："一幅图无论我们采用什么顺序观察，一定要观察全面。先确定图中的主要人物是什么？是人还是动物？"同时老师出示一幅图片让学生观察图中的主要人物。学生回答："图中的主要人物是人。"老师接着引导："有几个人？男的还是女的？老的还是小的？"学生顺着老师的提示一一观察回答。接着，老师出示另一幅图，学生继续观察图中主要人物并回答："这幅图中的主要人物是两只小动物，小熊和小兔。"

老师继续讲解："图中主要人物确定后，认真观察每个人物的动作表情。"老师利用范图进行引导。

学生观察后，老师问："我们再观察地点在哪里？"老师再次出示范图让学生找出地点。学生回答："家里、学校、森林、公园、草原、小河等。"

最后，老师让学生分小组用完整的句式来说一说图中的主要内容，并抽学生回答。

【评析】

看图写话是小学一年级学生必须掌握的内容。看图写话符合一年级学生的特点，让他们养成观察的好习惯，并能够在练习中发挥想象力，增加认字的能力，并能准确使用标点，给以后写作文打下基础。

在这节课上，老师教授学生观察图画的顺序方法，让学生都能按照一定顺序观察图片，准确找到信息，并能通过观察人物的表情、动作，结合环境将人物的语言想象出来。（这位老师就是四川省成都市沙河堡小学的张宇老师）

第六章　口语交际教学案例评析

6.01

言语是一种技巧：表达训练教学

有一位老师在执教《两个名字》一课时，引导学生运用"我有……我也有……哈哈，我们都有……"这个表达形式。他主动和一个学生握手，并举起一支铅笔，说："你好，我有一支铅笔。"学生高兴地站起来，也举起自己的铅笔，说："你好，我也有一支铅笔。"接着，老师亲切地示意这个学生和自己一起说："哈哈，我们都有一支铅笔。"老师又走到一个戴眼镜的学生跟前，取下自己的眼镜，高高举起说："你好，我有一副眼镜。"这个学生迅速做出了反应，认真地取下自己的眼镜，学着老师的样子，说："你好，我也有一副眼镜。""哈哈，我们都有一副眼镜。"轻松愉快的对话引起了学生们的兴趣，大家纷纷争着和老师对话。这时，老师却让学生先说，自己后说。学生们跃跃欲试，被激活的思维如潮水冲出闸门。"你好，我有一件漂亮的衣服。""你好，我有一头乌黑的头发。"不一会儿，全班几十个学生，差不多人人都说了一次。这时，老师又说："你们能不能说说看不见、摸不着的东西。"沉静了一会儿之后，一只小手高高举起："你好，我有一颗爱心。"老师竖起大拇指，深情地说："你好，我也有一颗爱心。""哈哈，我们都有一颗爱心。"接着，学生的发言越来越精彩，例如"你好，我有一个幸福的家庭"等。

【评析】

言语是一种技巧。要掌握它，必须通过多次反复的训练，让学生听得清楚，说得明白。言语表达是练出来的，而绝非"讲"出来的。"我有……我也有……哈哈，我们都有……"虽然是一句简单的平常话，但这位老师循循善诱，抓住低段学生的特点，把言语训练放入具体的语境中反复"练"，润物无声。教学中，老师先做出示范。从简单具体的、学生熟悉的身边事物开始，与学生一问一答，不经意中学生就能模仿老师的语言。这时，老师又加大难度，让学生先说，唤醒了学生的思维，调动了学生的生活经验，语言在反复的对话中得到了进一步的训练。但老师并没有因此满足。"你们能不能说说看不见、摸不着的东西。"一句话，就把学生的思维由具体引向抽象，使表达训练上了一个新的台阶。整个教学都是扎扎实实地、有层次地"练"，学生的表达能力应该就是这样练出来的。（这位老师就是上海市小学语文特级教师贾志敏。此案例由四川省邛崃市宝林小学的倪晓静老师推荐）

6.02

语感是防病毒软件：语句诊断

课堂上，有个学生写作文时写了一句话："暑假里，我和爸爸有幸到杭州来。"老师马上说："你这句话有四个毛病。"这句话听起来也可以呀，怎么有四个毛病呢？老师讲解如下。

第一，"我"和爸爸这个"和"用得不当，爸爸是大人，"我"是小孩，应该用"我随爸爸"。

第二，"有幸"也有问题，到杭州，是你有幸，还是你爸爸有幸，还是你和爸爸都有幸呢？因此，应该是"我有幸随爸爸"。

第三，你在上海，不能说"到杭州来"，应该是"到杭州去"。

第四，如果你到杭州去奔丧，也叫"有幸"吗？因此，到杭州去干什么呢？你应该写出来，写出有幸的事，如旅游等，与"有幸"呼应。

【评析】

这位老师对语感的敏锐几乎达到了自动化的程度，这令大家感到非常惊奇。这位老师严格要求自己：教给学生的知识必须是准确无误的。他语感敏锐，治学严谨，咬文嚼字，例子很多。

"妈妈在冰箱里找东西呢。"应该是"妈妈在找冰箱里的东西呢。"

"我从小就看着你长大的。"应该是"我看着你从小长大的。"或"我看着你长大的。"（长大包含了从小）

"把球打出了界外"应该是"把球打出界"或"把球打到了界外"。（打出界外不是打到界内了吗？）

"我的家住在白玉兰小区。"应该是"我住在白玉兰小区。"或"我们一家人住在白玉兰小区。""我的家在白玉兰小区。"

"我喝了口水，站了起来。"应该是"我喝了一口水，站了起来。"（人流出的口水，谁喝啊？）

"妈妈，我肚子饿了。"应该是"妈妈，我饿了。"（难道还有鼻子饿了不成？）

学生们从小在老师这种严格的、正确的、敏锐的、强烈的语感熏陶之下，才能够提高语文综合水平。（这位老师就是上海市著名的小学语文特级教师贾志敏）

6.03
抓重点句，层层追问：与阅读结合练口语交际

有一位语文老师在教学《难忘的一句话》时，问："孩子们，

这位慈祥可亲的老师、这位善良的老师，在耳语测验的时候对这个残疾的女孩、自卑的女孩说了一句话，这句话仿佛是什么直射我的心田？"学生读："这句话仿佛是一束温暖的阳光直射我的心田，抚慰了我受伤的、幼小的心灵，这句话改变了我对人生的看法。"老师问学生，作者把这句话比作了什么？学生回答："比作了温暖的阳光。"老师接着问："为什么这样比喻呢？"学生结合上文说："因为以前女孩认为没有人爱她，心是冰冷的，但是老师却说出这样的话，让她感到了温暖，所以把老师的话比作了阳光。"老师继续追问："这句阳光般的话抚慰了我受伤的、幼小的心灵。作者为什么用抚慰呢？谁能联系上下文理解？"学生们争先恐后地举手，其中一个学生说："因为以前，同学们都嘲笑她、讥讽她，我想她的心都已经千疮百孔了，而这句话看出老师是多么的喜欢她，使她的心不再受伤。"还有学生说："她的心被老师的话抚平了。""老师的话让她的心灵得到了安慰的意思。"老师点评："所以抚慰就是抚平、安慰。这句话不仅抚慰了她，还改变了她对人生的看法。你觉得她现在对人生的看法是什么呢？"学生高兴地回答："她现在一定觉得世界是多么的美好，充满了阳光。""她一定觉得不再只有家人爱她，其余的人也很关心、爱护她。"老师顺势总结："是啊，一句平常的话却让女孩从自卑到自信，到最后越来越发觉自己'与众不同'。在今后的学习生活中，我们与人交往时应该注意语言的表达，让自己的话别人听起来舒服，促进人与人之间的沟通交流。这就是语言的魅力所在。"

【评析】

这个单元的主题是"话语"，老师根据文中的重点句引导学生阅读，联系上下文理解课文。学生在老师的引导下层层深入地剖析句子，采用比喻的修辞手法，重点抓住"抚慰"一词理解，让学生的情感与作者产生共鸣。同时也教育了学生：语言的作用实在是太大了，有时一句话就可以照亮一个人的心扉，可以抚慰一个人受伤的心灵，可以改变一个人的一生。用我们的语言传递对他人的关心和爱护，用我们的语言搭起爱的桥梁，特别是对社会上的弱势群体，爱的话语越多、越普遍，我们这个世界就会越和谐、越美好。

（这位老师是四川省成都市天涯石小学锦东分校的冯淑敏老师）

6.04
阅读与口语交际的有效整合：做好事情

有一位一年级的语文老师在《好事情》这篇课文的阅读教学之后，紧密结合文本，创设真实的生活情境，展开了有效的口语交际训练。

老师先展示了偷拍的照片，内容是：一个女孩子想抬凳子，却两手不空，正为难地望着同桌。而同桌也只是看着她，并没有伸出援助之手。这两个孩子都真真实实的，就坐在教室里。

老师问照片里的女孩：“请告诉大家，你遇到了什么麻烦？”女孩说：“没办法抽凳子，多想请同桌帮忙。”老师说：“那你现在就请求同桌帮助吧。”女孩十分会意地转向同桌，说：“我的凳子太重了，你可以帮我抬一下吗？”同桌赶忙站起来说：“可以，我很愿意帮助你。”

老师相机引导全班学生：“我们遇到困难时可以礼貌地请求别人帮助；同时，也要主动地从身边的小事情做起去帮助别人。现在就分小组再交流交流：我们还可以为身边的哪些人做什么样的好事情？”老师还提示：各小组要有秩序地交流，汇报时可以由一个代表或者全体成员一起汇报。

老师巡视、指导各小组的交流活动后，请了第一个小组汇报。这个组是四人一起汇报，每个学生都完整地说出了自己想做的好事情，比如“我为老师倒杯水、抱本子。”“我为妈妈摘菜、扫地。”

等等。老师又问："哪个小组的代表能够说清楚你们组每个人想做的好事情？"第二个小组的代表站起来汇报了，他很连贯、清晰地把组内四个人的发言都复述了一遍，特别是在使用"我""他"时准确无误，赢得了老师、同学们的热烈掌声。

【评析】

新课标对小学生的口语交际能力培养提出了"文明地进行人际沟通和社会交往""学会倾听、表达与交流""发展合作精神"的总体目标。在日常的教学中，除了开展专项的口语交际训练课外，更应该将口语交际训练融入各种课型之中，进行有效的整合，在语文课堂这个阵地上，让学生充分地去实践"倾听""表达""交流""合作"。

就本案例而言，老师紧密结合阅读教学内容，在学生对文本已经有完整的阅读理解、文字积累后，创设出十分真实自然的交际情境，进行口语交际训练。交际话题"做好事情"既来源于文本，又来源于现实生活；既能够在交际中让学生体会到文本蕴涵的道理——"好事情要从小事做起"，又能够让学生在话题交流中真实地去倾听表达，去交流合作，学会解决自己生活中的问题。这样的口语交际训练才是有效的、有现实意义的。另外，在本训练中，口语交际能力的训练层次也得以彰显，从"自我表达"到"转述他人"，表达内容由少到多、由此及彼，步步落实了训练的各项目标！（这位老师就是四川省成都市石室双楠实验学校的门雨红老师）

6.05
激发想象，训练口语：《想飞的乌龟》拓展延伸

有一位小学语文老师在教学北师大版一年级上册的《想飞的乌龟》时，在拓展训练这一环节中，先让学生表演课本剧。然后，老

师说："梦想是不能轻而易举就实现的，在追求梦想的过程中，我们要不怕失败和挫折。如果小乌龟也懂得这个道理，它还想飞，谁能为它想出一个好办法来？大家先在小组内讨论一下，想一个最好的办法帮小乌龟实现梦想。"然后，学生讨论。接着，老师又说："现在咱们比比谁是小小诸葛亮？"有一个学生说："可以把乌龟的四只脚用绳子系好，把绳子的另一头拴在风筝上。"另一个学生说："最简单的方法是在热气球下挂个篮子，乌龟就在篮子里坐着。"还有一个学生说："用个泡沫纸盒挖几个很小的孔，让乌龟在盒子里伸出头来透气、看地上，用绳子把盒子穿起来，把绳子两端系在两只小鸟的脚上。"老师说："你们真是一个个可爱的智多星。"

【评析】

新课标指出：教师是学生学习的参与者和合作者，更是促进者。因此，教师应让教材作为开发学生知识和能力的手段，而这位教师设计的拓展训练这个环节，真是一石激起千层浪，鼓励学生大胆想象，在生生互动、生生互补的合作性学习中，大面积、有效地提高了学生的整体能力。学生也争先恐后地想出了许多富有童趣、体现爱心的方法，大大拓展了思维，丰富了学习内涵，培养了创新精神。在这一系列创造性的学习中，学生的演、听、说能力得到充分训练，个性得到张扬，让学生真正走进了乌龟的内心世界。而在交流的过程中，学生获得了成功的体验，真正做到了把课堂还给学生。（这位老师就是四川省邛崃市南街小学的孟二良老师。此案例由四川省邛崃市南街小学的汤光玉老师推荐）

6.06

角色体验，口语交际：《浅水洼里的小鱼》的教学

有一位小学语文老师在进行《浅水洼里的小鱼》的教学时，设置了一个体验角色，融入口语训练环节。"假如你就是这位叔叔，见到小男孩把小鱼一条一条费力地扔回大海，你会对他说什么呢？"学生们纷纷模仿说："孩子，你真好心。""我帮你一起捡吧！""傻孩子，你一天到晚也捡不完的。"……老师微笑着接着问："小男孩又会怎么回答呢？"学生再模仿说："保护动物，人人有责。""谢谢你，叔叔。""我替小鱼、小鱼的爸爸妈妈、还有大海妈妈谢谢你。""只要我努力了，捡一条就救了一条小生命。"

接着，老师说："叔叔听了小男孩的话，可能会怎么想、怎么做？"学生们一个个激动起来，举着小手站了起来，似乎心里的话要一吐为快。有的说："叔叔被小男孩的话和行动感动了，他也很在乎每一条小鱼，就跟他一起捡。"有的补充："为了让更多小鱼活下去，他会打电话叫家里人一起来捡，他们也一定会感动的。"此时，老师抓住时机进一步拓展升华："看来，不仅小男孩和叔叔在乎小鱼的生命，还有……""还有小鱼的爸爸妈妈在乎，还有大海妈妈在乎。""我在乎，大自然也在乎……"学生们更加激动了，有几个女生眼里闪着泪花。此时，老师用深情而有些颤抖的嗓音说："看来，所有爱小鱼的人都在乎！"最后，对文章主题的挖掘也就水到渠成了。很多学生都能想到要保护环境，爱护小动物，珍惜生命，要富有爱心等。

【评析】

口语交际能力的培养和提升，在小学低段是很关键、很重要的

内容。低段要求学生有表达的自信心，积极参加讨论，对感兴趣的话题发表自己的意见。

案例中的老师可以说是口语交际教学的典范。她利用低年级学生爱说、爱动、爱表现的特点，营造平等温馨的师生关系、民主和谐的教学氛围，促使学生积极思考、敢于发言、乐于发言。她为学生创设了一个合理的拓展机会，一个广阔的想象空间，一个思想争锋的平台。把课文内容延伸并拓展，走出课本，走进生活，开展角色体验，加强对话训练，加深了学生对课文内容的理解，对主题思想的把握。她巧妙地挖掘语言训练点，激活学生的想象思维，发展发散思维、求异思维，融真情于口语训练，使语言训练与情感熏陶有机结合，相得益彰。学生答得精彩，便是老师教得得法、教得艺术、教得生动的展示！（这位老师就是四川省成都市高新区锦晖小学的罗义蘋。此案例由四川省成都市高新区锦晖小学的张树花老师推荐）

6.07
联系生活的说话训练才是生动鲜活的

有一位语文老师在教学一年级上册《家》单元后，及时组织学生联系生活进行了说话训练。他是这样做的：上课伊始，老师起头和同学们一起背诵《家》，然后复习本课所讲的内容。老师以此作为切入点，打开话题。

老师问："小朋友们，你们家里都有些什么人呢？"学生们争相回答："我家里有爸爸、妈妈、爷爷、奶奶……"

老师接着启发："爸爸、妈妈、爷爷、奶奶爱你吗？你从哪里感觉到他们很爱你？"有的说："爸爸教我读书，关心我的学习。"有的说："妈妈给我买新衣服，关心我的生活。"有的说："奶奶喂我吃药，关心我的健康。"有的说："爷爷接我上学和放学，教我注意安全。"

然后，老师又问："家里人那么爱你，你又是怎么爱他们的呢？你能说一说吗？"学生们的话匣子又打开了："我也很爱爸爸，我天天监督爸爸戒烟，希望他的身体健康。""我陪爷爷看电视，我知道他一个人很无聊。""我最听妈妈的话，常常在她怀里撒娇，说好听的话让她高兴。""我给奶奶洗脚、捶背，让她也舒服地享受一回。"

最后，老师问："你们觉得在家里幸福吗？"然后老师总结："我听出来了，孩子们和家里的爸爸、妈妈、爷爷、奶奶等人生活在一起，组成了'家'。家庭成员之间相互关爱，家里便有了幸福。"

【评析】

老师如何设计一个话题来激发学生们的兴趣，打开学生们的话匣子？这位老师巧妙地在学习了《家》单元后，设计了这一教学内容。由于学生在学习课文时了解了"小河是鱼儿的家，蓝天是白云的家，树林是小鸟的家"等相关知识，很容易联系生活理解"家"这个抽象的概念。在这个教学案例中，老师引领学生对"家"的解读很深刻：并不是有一个房子就叫家，家里有人，家庭成员之间相互关爱才是家。在这个说话过程中，学生们还具体地感受了家人对自己的爱，体会到自己也为家人付出了爱。正是因为有爱，所以才感到幸福。

只有这样联系生活的说话训练才是生动鲜活的，才在学生们的心里留下深刻的印象。写话就是"我手写我心"。只有让学生联系生活，有了真情实感，他们才会口有所说，手有所写。（这位老师就是四川省成都市崇州中山小学的晏文强老师）

6.08
生活是语境、资源和阵地：反问句的教学

有一位语文老师在进行反问句的教学时，先煞有介事地问：

"同学们，接下来我要说好几个问句，你们能明白我说的问句是什么意思吗？"同学们的目光立刻聚焦到老师身上。老师一字一顿地说："难道太阳不是从东方升起，西方落下的吗？"话音刚落，同学们按捺不住激动的心情，说："太阳是从东方升起，西方落下。"（笑声）学生们脸上洋溢着得意的笑容，仿佛在说"太简单啦"。老师接着再问："难道星期天我们还要来学校上课？"学生们赶紧应和："星期天我们不要来学校上课！"（笑声）老师也会意一笑："难道现在我们上的不是语文课吗？"话音刚落，学生们就迫不及待地回答："现在我们上的是语文课。"

老师点头赞许："看来同学们已经在不知不觉中学会了怎样把反问句改成陈述句。不知道大家能不能将陈述句改成反问句，敢不敢试一试？"同学们摩拳擦掌，等不及了。老师指着黑板说："黑板是黑色的。""难道黑板不是黑色的？"学生们的脸上再次浮现出做游戏时所具有的轻松愉快。老师接着说："下了课我们就可以休息了。"学生们情绪高涨："难道下了课我们不可以休息吗？"老师竖起大拇指："恭喜你们答对了。同学们太能干了，无论是反问句还是陈述句，大家都轻松地转换了过来。要不我们再来做个游戏。老师随便点一个同学，请他说一句话，大家把它改成另外一种句式，我们来比比谁说得又对又快。"同学们在快活的气氛中练习着反问句的转换。

【评析】

许多语文知识当它很正式地出现在学生的眼前时，不少学生都会被一种虚无的"神秘感"甚至是"畏惧感"难倒。其实，生活早就教会了学生许多语文知识。这堂课中老师用"太阳从东边升起西方落下"这个常识引入反问句，这样的问题具体形象，学生们都能轻松地回答。这就为轻松的课堂铺上了底色。接下来的问句都与学生的生活息息相关，由此学生可以正确、自信地在课堂上发言。最后再由学生就生活中触手可及的事物互相提问，借以巩固知识。这样的一堂课能巧妙地联系学生的生活实际，引起学生经验世界的共鸣，使得学习更加轻松快乐。（这位老师就是四川省成都市双林小学的蒲鑫明老师）

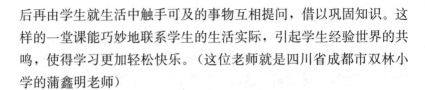

6.09
口语交际，无处不在

有一位小学语文老师在上公开课时，是这样教学的。

上课初始，老师很自然地对同学们说："同学们真精神！"学生异口同声地回答："老师真精神！"老师听到同学们的声音后说："嗯，对得不错，能异口同声。"老师又说："孩子们真可爱！"部分同学也说老师真可爱。当这一句话说出来时，随即引来其他同学的笑声。老师马上问："我这么大岁数的人了，还能可爱吗？发觉不妥了吧？应该用什么词呢？"同学们想了想又说："老师真潇洒！"老师说："我倒是想潇洒，可潇洒不起来了。"这时，学生反应过来了。有的说老师真英俊，有的说老师真和蔼。

老师对同学们说："嗯，老师暂时还没有发火。同学们，再过两年，我就七十岁了，古人有'人生七十古来稀'的说法。现在'七十'已不稀了，但也算是位老人了。老人最企盼的就是健康。"同学们听了老师的这一番话后，马上又说："老师真健康！"于是，老师请同学们坐下。同学们真坐下了。老师又说："别忙坐下，还没回答我呢。"同学们这才说："老师请上课！"

【评析】

轻松幽默的开场白一下子拉近了师生的距离，在轻松愉快的笑声中，既锻炼了学生在具体语言环境中运用语言的能力，又自然地形成了和谐民主的教学氛围。在这样的氛围中开始课堂教学，教学

效果是可以想象的。（这位老师就是河北省小学语文特级教师支玉恒）

6.10
口语交际：抓住最佳的合作切入点

有一位语文教师在进行《黄山奇石》"金鸡叫天都"一段的教学时，采取小组口语交际的形式开展争辩、合作学习，探究为什么景点取名"金鸡叫天都"。

教师说："你认为哪些词语写出了这几块巨石的神奇？"学生通过争论，在小组合作学习后进行了汇报。一组的学生说："'伸着''啼叫'这些词语写出了巨石的形状、姿态像一只真的鸡一样。所以我们理解了为什么取名'金鸡叫天都'。请问大家同不同意？"二组的同学说："我们组认定你们只是抓住了鸡的姿态，这些还不算神奇，'金光闪闪'这个词才更能反映巨石的奇。请问其他组同不同意我们的看法？"争锋相对的发言还没有完，三组的学生激动地说："不对，我们组认为'每当太阳升起'这句话更能说明为什么石头是'金光闪闪'的。如果没有太阳的照耀，再怎么'伸着'，再怎么'啼叫'，它也只能是一只普通的鸡，而不能成为发光的'金鸡'。所以我们组认为这句话把巨石的神奇写出来了。"……

【评析】

新课标认为，合作学习是学生学习的重要方式之一，主要是以生生互动合作为教学活动取向，以学习小组为基本组织形式，系统利用教学动态因素之间的互动来促进学习，以团体成绩为评价标准，共同达成教学目标。

合作学习虽然具有明显的优势，但是也不是时时都管用。如果没有开放的课堂，怎么会有独立思考的学生？没有学生之间的交流互动，怎么会有思维的碰撞？没有抓住最佳的合作切入点，怎么会有合作的实效性？如何抓住最佳的合作切入点，不能仅凭教师的意愿，想什么时候合作就什么时候合作，尤其是有时候一遇到学生不能回答的问题，就通过合作学习来解决，这样只是形式上的合作，根本无法体现合作的功效。

在这个案例中，恰恰是教师选择了最佳的合作时机，通过学生的有效合作才激发了学生的思考，增强了学生的理解能力，加深了对看似平常、实则精妙的句子的深入理解，效果远比传统的启发教学好得多。课堂教学是达成口语交际训练目标的主要阵地，而合作切入点的选择却是决定交际目标达成效果的关键。合作切入点不仅可以选择，更能通过创造获得。选择合适的合作切入点，合作便会事半功倍，更重要的是它能达到教学的最终目的。（这位老师就是四川省成都市沙河堡小学的杜利老师。此案例由四川省成都市沙河堡小学的胡君老师推荐）

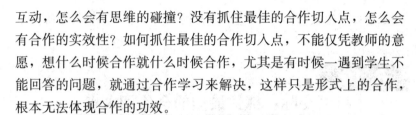

6.11 情境激兴趣，说话求完整：低段口语交际

有一位语文老师在教学一年级上册第十二单元看图讲故事《妈妈，你看》一课时，首先采用了故事引入的方法，激发了学生学习本课的兴趣。老师说："在一片美丽的大森林里生活着许许多多的动物。有一天，虎大王过生日，猴妈妈带着小猴子去祝寿。一路上，小猴子可高兴了，他给妈妈表演了自己最拿手的本领。可正当他得意洋洋的时候，却发生了一件可怕的事。大家想知道吗？让我们一起来学习看图讲故事《妈妈，你看》。"听了老师绘声绘色的讲解，学生们一个个瞪圆了眼睛，迫不及待地想知道故事的结局。于是，老师马上让学生翻开课本，开始观察书上的图画。

第二个环节，老师让学生将图和图旁的文字结合起来，弄清楚故事的梗概。老师说："静下心来，仔细看这五幅图，看看小猴子能做什么?"马上板书"能"字。有一个学生站起来一口气说出了"跳过河、爬山、上树、荡秋千"四个词。老师说："你这样回答，对是对了，可是人家猛一听，不知道谁会做这些事，最好把意思说得更清楚一些，说说谁能做什么?"这个学生站起来重新说了一遍："小猴子能轻轻一跳，跃过小河。小猴子还能爬山、上树和荡秋千。"接下来，老师将四个重点词板书在黑板上，强调"山""上""树"的读音，然后把这四个词送到句子里，指导学生有感情地读好图旁的四句话。

【评析】

小学低段的学生由于受年龄的限制，说话过程中主要依赖形象思维组织内部语言。所以，我们应该创设具体、可感的情境，让学生在情境中感受、体验，在情境中自然地交流表达。这堂课创设的一个故事情境激发了学生学习的兴趣，为下面的口语交际打下了良好的基础。此外，一年级的学生在回答问题时大多只说简单的几个字，而很少有把问题回答完整的。要求学生把话说完整，这样有利于学生积累语言，提高语言能力。"重积累"是新课标的显著特点。积累丰富的语言靠什么? 除了靠熟读、背诵、博览大量的文章，听话、说话也是积累语言的一个重要途径。低年级的学生识字量有限，还不能进行大量的阅读。这种情况下，要求并指导学生"说完整的话"尤其重要。通过教师的引导，我们可以看到学生第二次的回答是很精彩的。(这位老师就是四川省邛崃市北街小学的张学霞老师)

6.12

倾听的乐趣：一次愉快的口语交际

有一位语文老师为了培养学生倾听的习惯，自行设计了一次

"愉快的倾听"口语交际课。其中有一个游戏叫作"造句接力"。老师先告诉学生："这个游戏的难度挺大的，就是要把前面同学造的句子全都连接起来。"学生说："那得有双好耳朵、静嘴巴。"老师接着说："对呀，别人造句你要听，然后拿过来往上加，这样造的句子就会越来越长。"游戏开始了，老师起头："春节到了，大街上火树银花。"一个学生迅速举手接道："春节到了，大街上火树银花，灯火通明。"另一个学生又赶紧接着说："春节到了，大街上火树银花，灯火通明，人们喜气洋洋。"又有很多学生举起了手，但都很安静。其他学生接着说："春节到了，大街上火树银花，灯火通明，人们喜气洋洋，到处张灯结彩。""春节到了，大街上火树银花，人们喜气洋洋，到处张灯结彩。家家户户欢聚一堂，男女老少其乐融融。"老师看着大家专注的表情，问："你们现在明白什么是倾听了吗?"有的学生说："倾听就是安静地听。"有的站起来补充："倾听就是眼睛看着说话的人听。"还有学生说："要发言就得先举手，才听得清别人说的话。""倾听就是不能打断别人说话，别人说话的时候不能发出声音。"……老师微笑地看着学生说："同学们说得真好。倾听就是专注而细心地听，具体的做法就如同学们刚才说的一样。"然后，老师大屏幕出示倾听的要领。

【评析】

在交谈中认真倾听，能把握说话人的主要内容进行简要转述。这是新课标中口语交际部分对三年级学生的要求之一。教师为了让学生明白倾听就是非常投入、十分专注地听，并知道倾听的要领，特意设计了这个游戏。学生为了完成游戏，努力把所有句子都连接起来，这比过去用一个词语说一句话的练习要难得多，学生们不得不屏气凝神地听。而且运用游戏形式既完成了目标，又把学生寓于游戏中，让学习变得轻松而富有情趣，让教育无痕而有效。有了这种倾听的习惯，以后的口语交际就容易多了，语文学习也会轻松许

多。（这位老师就是四川省邛崃市宝林小学的高仙琼老师）

6.13

授之以渔，润物无声：在对话中训练语言

有一位语文老师在进行《我最喜欢吃的水果》的口语交际教学时，在学生畅所欲言交流了自己喜欢吃的水果后，问学生："孩子们想知道老师爱吃的水果吗？"学生齐答："想。"老师接着说："请大家问一问，看老师爱吃的是什么水果？想一想，你准备怎样问老师？"学生纷纷发言，一个学生问："老师，您最喜欢吃什么水果？"另一个学生站起来说："请问老师，您最喜欢吃什么水果？"老师及时表扬："声音洪亮，还很有礼貌，用上了'请'。还可以怎么问？"又一个学生说："老师，请你告诉我，你最喜欢吃什么水果？"老师又启发："再想想，还能怎么问？"沉思了片刻，一个学生举手："老师，你最喜欢吃什么水果，请你告诉我，好吗？"老师马上点评："问得好，同样的意思可以有不同的问法。老师爱吃的水果是圆圆的，猜一猜是什么？"学生纷纷猜测是苹果、橘子、葡萄、桃子、桂圆。老师摇摇头："刚才，老师告诉你的是水果的什么？"（边说边用手比划）学生马上举手说："是水果的形状。"老师微笑着点头："真聪明！可是，圆圆的水果很多，有大有小，到底是什么呢？该怎么办呢？"学生在下面窃窃私语，然后七嘴八舌地说："老师老师，你喜欢吃的水果多大呢？什么颜色呢？是酸的还是甜的？"老师向学生竖起大拇指，继续点拨："看来，要把水果的形状、大小、颜色、味道说清楚，别人才知道你喜欢吃的是什么水果。老师爱吃的水果像小皮球那么大，橘黄色的，酸酸甜甜的，猜到是什么了吗？"学生齐答："橘子（橙子）。"老师进一步启发："其实，老师喜欢吃的水果还有很多，有西瓜，有荔枝，还有苹果，最喜欢吃的是橘子。"现在谁能像老师这样，用上"我爱吃的水果

有……，有……，还有……，最爱吃……"的句式说话。

【评析】

口语交际应培养学生倾听、表达的能力，是听与说双方互动的过程。这个案例中，教师站在理性的高度，用心设计，循循善诱，巧妙而又不着痕迹地引导学生得到实实在在的语文能力训练。在师生对话中培养学生倾听、语言表达和应对的能力。教师以"你准备怎样问老师爱吃的水果是什么？""还可以怎么问？""猜不到老师爱吃的水果是什么，怎么办呢？"这些问题为纽带，引导学生围绕话题进行对话，深入交流，这样，怎样介绍自己爱吃的水果的方法便在春风化雨、润物无声的师生对话中被学生领悟了。（这位老师就是四川省邛崃市南街小学的廖霞老师）

6.14

在语文综合性学习中练口语交际："我们的画"的教学

有位老师在上语文综合性学习课时，先展示自己的作品："同学们，今天我们的学习课题是'我们的画'。看，老师创作的几幅图，有可爱的小鸭子、京剧脸谱、热带风光。好看吗？"学生兴奋地说："好看。"老师顺势说："这些图都是有故事的。我在乡下看见农民养的鸭子可爱极了，就创作了小鸭戏水；京剧是我国的国粹，我就创作了脸谱；我去海南玩，觉得海边美极了，就创作了热带风光图。同学们想自己绘制自己的作品吗？"同学们齐声回答："想！"老师提出要求："老师要求你们不仅要创作图，而且要运用语言、表演等方法将自己的图意告诉大家，能做到吗？"同学们跃跃欲试："能！"老师说："那现在就分小组完成你们的作品，然后选择你们喜欢的方式来汇报。"

经过 20 分钟的创作和排练，大部分小组完成了图画的创作，而且学生因为感兴趣的事物不同，有的画的是寓言故事，有的画的是班上的老师、同学，有的画的是自己佩服的英雄等。展示的时候，有的排练课本剧，有的讲故事……老师在学生汇报的过程中不断进行语言的训练、点拨。

【评析】

语文综合性学习课是以学生的综合素质发展为目的的教学，着重在活动整个过程中发展学生的各种能力。新课标中对低段综合性学习的要求之一就是：结合语文学习，观察大自然，用口头或图文等方式表达自己的观察所得。在这一课的设计、教学过程中充分体现了对学生综合素质的培养，观察生活，用口头或图文来表达自己的观察所得。

这节课要培养的能力有小组合作能力、创新能力、探究能力；在整个创作、展示过程中，落实语文听话、说话的训练，在同学评价中培养口语交际能力；在创作及展示时，学会运用语文知识编成语故事、寓言故事，排课本剧，描绘身边的景物，拓展语文课本知识。

现在的教学应重在活动过程中培养人，也就是以过程中学生的各种能力的提高为教学目的。这一课，从学生准备、学习、创作、汇报这几个过程来看，学生小组配合能力大大提高。学生会运用语文基础知识编故事，作文能力也提高了，想象力也培养了。在课本剧排练、表演中锻炼了学生的说话、朗诵、表演能力。在同学互评中锻炼了口语交际能力……（这位老师就是成都实验小学的林华老师）

6.15

利用地域资源开展综合性学习：小油娃爱家乡

有一位语文老师十分热爱自己的家乡——山东省东营市胜利油

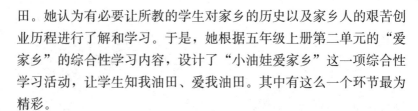

田。她认为有必要让所教的学生对家乡的历史以及家乡人的艰苦创业历程进行了解和学习。于是，她根据五年级上册第二单元的"爱家乡"的综合性学习内容，设计了"小油娃爱家乡"这一项综合性学习活动，让学生知我油田、爱我油田。其中有这么一个环节最为精彩。

这位老师在班级家委会成员的大力协助下，组织这批石油娃亲临名牌采油队参观学习。学生们不断地向现场的工人叔叔提出心中的疑问，他们不仅认识了皮带抽油机、注水井等采油设备，还明白了地下的石油是怎样从地下开采出来的，并目睹了工人叔叔阿姨们的工作环境。她还组织学生举行了"走进黄河口"一日游的特色活动，石油娃们相继参观了华八井、胜利大桥、黄河入海口、黄河三角洲地质博物馆等地，领略了黄河口独具特色的地理风貌，欣赏了一望无际的芦花飞雪的自然景观，感受了黄河三角洲的特有文化。她还组织学生来到了胜利油田科技展览中心进行参观学习，学生们观看到了更加翔实的图片、文字资料和录像，更深入地了解了油田这四十多年来的发展变化，认识了老石油工人住的"干打垒""地窝子"，目睹了石油工人就着风沙啃干粮的艰苦场面，看到了当年石油工人在井场上打套管、战井喷的感人景象，领略了发展中的油田日新月异的变化……

这位老师又利用整整一个星期每天下午的自习课时间，让学生汇总、整理活动资料。学生们将自己这一系列活动所搜集、采访、记录的资料进行归纳总结，充分发挥自己的才能，根据个人的兴趣爱好，自由结合，采用不同的形式，将自己在活动中的收获一一呈现出来：有优秀的文章、精美的手工作品、展望家乡美好未来的画卷、介绍家乡的网页等。

【评析】

这位老师和学生借助工具书、网络查找大量有关油田发展的资

案例铺路：**小学语文教学案例评析**
anli pulu xiaoxue yuwen jiaoxue anli pingxi

料，一起交流探索。老师精心设计每一项指导方案，实地参观，她和学生对油田艰苦创业的历程有了深刻的认识。通过这项语文综合性学习，学生不仅获得了亲身参与实践的积极体验和丰富经验，形成了从自己的周围生活中主动地发现问题并解决问题的态度与能力，还发展了实践能力、创新能力，养成了合作、分享、积极进取等良好的个性品质。学生们搜集信息的能力、与他人交往能力、小组合作意识、探究性学习能力都有了不同程度的提高。小油娃们对家乡有了更多的深刻认识和了解，不仅开阔了他们的视野，增长了知识，还激发了他们对家乡的热爱之情，为自己身为石油工人的接班人而骄傲。（这位老师就是山东省东营市胜利实验小学的郭东美老师）

第六章

口语交际教学案例评析

后 记

语文教师的专业成长，路在何方？《案例铺路：小学语文教学案例评析》与《理念指路：语文教育观念的革命》《名家引路：小学语文特级教师评介》《能力开路：小学语文教学能力训练》合为一套（4 本），勾画出了语文教师的专业成长之路，属国家教师教育创新平台西南地区小学语文教师教育共建共享优质课程资源，是语文教师发展、教育、培训的优质课程资源，是致力于语文教育的师范生和在职语文教师、小学语文教育研究者的专业发展用书。

本书由张先华负责全书的策划，由张先华、罗良建共同负责全书的组稿和统稿工作。本书中的"语文教学经典案例 200 例"来自教学一线。在此，编写组感谢案例的推荐者、原创者，并请与我们联系，以便致谢。为了保证案例的典型性、代表性、广泛性、实用性，我们发动了两百多位小学语文教研员、小学语文教学一线教师及师范生收集、推荐、筛选。在此，编写组对参与、关心、支持的各位朋友表示由衷的感谢！

学无止境。尽管书中不乏典型的案例和精彩的评析，我们也总觉得还需要不断完善；尽管我们努力追求完美，我们也不可能达到完美。因此，本书出版后，会引起人们的关注和议论，很正常。被人议论，总比没人议论强。

这本书能否得到你的青睐？这需要借你一双慧眼，把这世界看个清清楚楚、明明白白、真真切切……

张先华

2013 年 3 月